해방 한국
1945~1950

사진으로 보는
해방 후 매일의 한국 현대사

해방 한국

1945~1950

김형석·이상아 엮음

청아출판사

우리는 영상을 찾아왔습니다

KBS 현대사 영상 프로젝트팀은 2020년부터 한국 근현대사를 담은 영상 자료를 수집, 아카이빙 하고 있습니다. 우리 타깃은 영상 산업이 처음 시작되었던 1896년부터 1950년대 말까지 제작된 영상 중 한국이나 한국인이 촬영된 것이었습니다. 1960년대부터는 국내 방송국이 설립되고, 많은 기록영화와 뉴스 등이 상영되고 방송됐습니다. 따라서 주요 수집 기간을 영상 촬영 카메라의 사용이 흔하지 않았던 1896년에서 1950년대로 설정했습니다.

1945년 8월 16일, 카메라맨 유장산은 서울역과 시청 등지에서 해방의 뜨거웠던 열기를 카메라에 담았습니다. 카메라맨 이용민은 서대문형무소를 촬영했고, 김학성은 평양으로 향했습니다. 역사적인 사건을 다시 살피는 자료로서 문서는 객관적인 사실을 제공합니다. 사진도 상황 파악에 효과적인 자료이지만, '그날'을 촬영한 영상에서는 해방의 뜨거운 열기와 형무소의 차가운 벽, 독립 직후 평양의 분위기를 느낄 수 있습니다. 움직이는 사람들, 카메라맨의 시선으로 사진이나 문서에서 잘 드러나지 않는 상황과 맥락 또한 파악할 수 있습니다.

이렇게 촬영한 내용은 '해방뉴스'라는 제목으로 1945년 10월 21일 서울 경성극장에서 상영됩니다. 대구에서는 각 기관 대표자 500여 명이 참석한 가운데, 1945년 11월 3일 만경관에서 시사회가 열렸습니다. 1945년 11월 3일 밤 8시에는 서울 서대문의 김구 주석 숙사에서 임시정부 요인의 환국을 환영 축하하고, 8월 15일 이후 조선의 실정을 알리고자 〈해방뉴스〉 상연회가 열렸습니다.

해방 당시의 환희와 혼돈, 남북한 분단에 따른 경제 생활상, 정치와 국방 상황의 격변을 더 생동감 있게 파악하고 전하기 위해 우리는 세계 곳곳의 도서관과 아카이브를 뒤졌습니다. 우리가 주로 수집한 영상은 뉴스영화와 미군이 생산하거나 노획한 필름입니다. 뉴스영화는 해당 기간 한국 사회에서 일어났던 일을 스토리로 알게 해 준다는 점에서 특정 사안의 개요를 파악하는 데 든든한 기둥이 되기 때문에 중요한 자료입니다. 해방 정국의 뉴스영화 기 수집본을 보강하고 새롭게 발굴 및 수집하기 위해 ① 이미 수집해 실물로 가지고 있는 뉴스영화들을 정리한 후, ② 1945~1950년의 신문 자료와 문서 자료 등을 통해 뉴스영화와 관련된 내용을 추가했습니다. 이를 바탕으로 존재를 파악하고 있던 해방 정국 뉴스영화는 고화질로 재수집하고, 비어 있는 '호(에피소드)'를 메워 가는 작업을 진행했습니다.

이 작업을 통해 1945년 8월부터 1950년 10월까지 한반도와 우리의 모습을 기록한 뉴스영화인 〈해방뉴스〉, 〈시보〉, 〈전진조선보〉, 〈전진대한보〉 4종류 중 〈해방뉴스〉 전체 20여 편 중 4편이, 〈시보〉 전체 28편 중 4편이 수집됐습니다. 1945년 9월 8일 한반도에 진주한 미군은 군정을 실시하고, 1946년 1월부터 자체적으로 〈시보(Korean Newsreel)〉라는 뉴스영화를 제작, 상영합니다. 〈시보〉는 1948년부터

〈전진조선보(Progress of Korea)〉로 제목이 바뀌어 제작되고, 대한민국 정부가 수립된 이후에는 공보처 영화과에서 〈전진대한보〉를 제작합니다. 〈전진조선보〉와 〈전진대한보〉는 전체 54편 중 약 30여 편이 수집되었습니다. 이는 비단 KBS 현대사 영상 프로젝트팀만의 노력이 아닌, 선행 연구자들과 영상 수집을 지속한 KBS PD들의 노력이 더해진 결과입니다.

사라졌던 뉴스영화 한 편을 찾아내기도 했습니다. 미국의 한 사설 아카이브에서 찾아낸 영상 소제목의 디자인과 영상 구성이 〈전진대한보〉의 다른 에피소드와 비슷해 보였습니다. 영상은 1949년 이승만 대통령과 영부인을 포함한 정부 인사들이 인천에서 정부 수립 1주년 관함식에 참석한 내용을 담은 뉴스영화였습니다. 전문가의 의견을 구한 결과, 사라졌던 〈전진대한보〉의 한 에피소드인 42호로 추정된다는 의견을 받았습니다. 뉴스영화 전체 목록에 있는 빈칸을 채울 수 있다는 가능성을 보았습니다.

미 육군이 제작한 영상 중 무편집본 등은 뉴스로 만들어지지는 못했지만, 당시 사회 곳곳의 일상을 살펴볼 수 있다는 점에서 가치가 있습니다. 미군은 제2차 세계 대전 당시부터 기록을 목적으로 여러 국가의 주둔지에서 영상을 촬영하고 촬영한 내용을 '인덱스 카드(Index card)'라는 이름의 한 장의 카드로 요약해 촬영한 필름과 함께 캔에 보관했습니다. 미군이 생산한 영상은 정치적, 사회적 이벤트뿐 아니라 미군이 현지에서 원주민과 부딪히고 생활하며 촬영한 영상도 포함하고 있습니다. 그래서 중요하지 않다고 생각해 지나칠 수 있는 소소한 일상을 잘 담고 있습니다. 미군은 1945년부터 1950년까지 한국에서 직접 영상을 촬영했을 뿐 아니라 북한에서 생산한 필름들을 수집하기도 했습니다. 미국 국립문서기록관리청은 이들을 '노획 필름'이라는 이름으로 보관하고 있습니다.

미국 국립문서기록관리청(National Archives and Records Administration)은 우리의 수집 타깃인 뉴스영화와 미군이 생산한 영상 등의 필름을 보관하고 관리해 연구자와 시민이 이용할 수 있게 제공합니다. 긴 세월을 거치며 유실된 자료들도 있지만, 많은 양의 필름이 좋은 상태로 보존되고 있다는 점에서 한국인에게, 나아가 많은 나라에 중요한 역사적 가치를 지닌 자료의 보고입니다. 미국 국립문서기록관리청뿐 아니라 미국, 독일, 영국, 호주, 체코, 일본, 러시아, 중국 등의 국가기록관이나 도서관, 사설 아카이브에도 한국인과 한반도를 기록한 뉴스영화와 영상들이 아직 우리를 기다리고 있습니다.

사라졌던 영상을 찾아내 수집하는 것만큼 드러난 영상의 내용과 제작 맥락을 정확히 파악하고 올바르게 사용될 수 있도록 하는 것 또한 중요한 과제입니다. 《해방 한국 1945~1950》은 1945년 8월부터 1950년 10월까지 한반도와 우리 모습을 기록한 뉴스영화와 미 육군 제작 영상, 노획 필름 등을 중심으로 일자별 사건을 정리하였습니다.

1차 자료와 신문 기사들을 공부하며 수집한 영상을 더 적확하게 사용하려는 KBS 현대사 영상 프로젝트팀 노력의 일환입니다. 후에 해방 정국을 연구하시는 분, 이 시기에 관심을 가진 독자, 콘텐츠를 제작하시는 분이 더 정확히 사건을 파악하고 당시 분위기를 파악해 '자연스럽고 풍부한 한국 현대사'를 만나는 데 도움이 되기를 바라는 마음으로 이 책에 우리의 노력을 담았습니다.

《해방 한국 1945~1950》은 KBS 현대사 영상 프로젝트팀이 모아 온 영상 전량을 일자에 맞게 정리, 수록한 책입니다. 책에 수록할 사건을 어떤 기준에 따라 고르지 않고 최대한 많은 영상을 이용자가 접할 수 있도록 구성했습니다.

하나의 사건이 서로 다른 필름 일련번호에 걸쳐 소개되기도, 여러 사건이 하나의 필름 일련번호에 소개되기도 합니다. 당시 뉴스 영상들은 매일 방송되지 못했고 주간 단위로, 월 단위로 발생한 사건들을 모아 영사기로 상영하는 뉴스 필름의 형태였기 때문에 한 뉴스 필름에 여러 날짜가 들어가 있습니다. 하나의 필름에 여러 날짜가 들어 있는 경우 해당 필름을 날짜별로 쪼개 정리한 이유입니다. 반대로 하나의 사건을 여러 영상에서 다루고 있다면 그 영상들도 최대한 전량을 수록하려고 노력했습니다.

오래된 영상들이라 오디오가 잘 들리지 않거나 기술의 한계로 오디오가 같이 녹음되지 않은 경우 정확한 내용 파악에 어려움을 겪었습니다. 지지직거리거나 탁탁거리는 잡음이 사람의 말보다 더 크게 들리는 오디오를 수십 번 반복해 들으며 들을 수 있는 부분은 최대한 적어 옮겼고, 들리지 않는 단어는 (……)으로 표기하였습니다. 지명과 인명 등의 고유명사는 사실 확인을 위해 당시 발간된 신문 기사를 전부 확인하며 한 번 더 확인하는 과정을 거쳤습니다.

동시녹음이 되지 않던 당시 기술로는 오디오를 따로 녹음한 경우가 많아, 영상이 생산될 당시 작성된 미군의 인덱스 카드와 영상에 담긴 사건이 일어난 날짜를 확인, 대조해 사건을 특정했습니다. 미군의 인덱스 카드는 각 영상의 상세 정보를 담고 있지만, 일부에는 영상의 생산 날짜와 실제 사건이 발생한 날짜가 다르게 기록되기도 하는 등 완전히 의존하기에는 부족함이 있었습니다. 이 경우에도 신문 기사는 우리에게 큰 도움을 주었습니다.

내레이션이 포함된 영상의 경우 원문 내레이션을 최대한 복기했습니다. 시대성을 살리기 위해 지금 사용하지 않는 단어나 지금의 맞춤법과는 다른 문장이 있더라도 원래 영상의 내레이션을 그대로 사용하였습니다. 오디오가 없는 영상의 경우에는 이미지와 간단한 설명을 첨부하였습니다.

영상은 책으로 출판하기에 까다로운 자료라고 합니다. 움직이는 그림을 그대로 싣기 어렵고, 영상에서 추출한 스틸 이미지는 영상만큼의 생동감을 표현하지 못하기 때문입니다. 그러나 영상 콘텐츠를 활자화한다면, 에피소드 내용 파악을 위해 시청 시간을 들이지 않아도 된다는 점, 한눈에 내용을 파악할 수 있다는 점에서 유리합니다.

《해방 한국 1945~1950》에서 소개하는 영상 자료는 총 322개 에피소드입니다. 영상을 찾아 수집하고, 많은 양의 영상을 꼼꼼히 살피고, 들리지 않는 오디오를 듣고, 생산자와 생산 일자 등의 메타데이터를 정리한 김형석 PD, 홍현진 PD, 김정아 영상리서처, 이상아 전문리서처, 이선옥 아키비스트의 노력으로 KBS 현대사 영상 아카이브의 여러 TV 프로그램과 한국 현대사 영상 백과와 같은 《해방 한국 1945~1950》이 탄생할 수 있었습니다. 까다로운 작업임에도 영상 콘텐츠를 한눈에 볼 수 있는 백과로 만들기 위해 여러 제안과 시안, 아름다운 결과물을 만들어 낸 청아출판사에도 감사를 드립니다.

2024년
김형석, 이상아

목차

- 미소공동위원회
- 8·15 1주년
- 한글 반포 500년
- 북조선 도, 시, 군 인민위원회 선거
- 남조선 과도입법의원 개원

1945 ≋ 036

100 ≋ **1946**

1947 ≋ 170

- 해방
- 소련군 진주
- 미군 진주

- 미소공동위원회
- 북조선 인민위원회
- 3·1절 행사, 좌우익 충돌
- 서윤복, 보스턴 마라톤 우승
- 올림픽 빙상선수단 구주 출발
- 여운형 영결식
- 북한 화폐 개혁

- UN 임시조선위원단
- 조선인민군 창설
- 올림픽 예선: 권투, 자전차, 마라톤, 원반투, 레슬링
- 남북연석회의
- 5·10 총선거
- 국회 개원
- 올림픽 팀, 런던으로
- 초대 대통령 이승만 당선
- 대한민국 정부 수립식
- 조선민주주의인민공화국 제1차 최고인민회의
- 여순사건
- 소련군 북한 철수

- 6·25 전쟁

232
1948

1949
370

556
1950

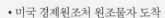

- 미국 경제원조처 원조물자 도착
- 월북 사건들
- 주한 미군 철수
- 호림부대 공판
- 미 군사고문단 활동

▦ 이 책에 실린 근현대사 영상 자료

1. 해방뉴스

해방뉴스와 관련한 뉴스, 기록영화는 다섯 종류이다. 해방 직후, 조선 영화인이 직접 제작(초기 조선영화건설본부, 이후 조선영화사)한 〈해방뉴스〉(이하 〈해방뉴스〉(국내판)이라 칭함), 〈해방뉴-쓰〉(일본판), 〈해방조선을 가다〉 기록영화, 〈해방뉴스〉(영미판), 〈서울영화주식회사〉 기록영화가 있다. 이 중 〈해방뉴스〉(국내판)는 지금까지 실물이 발견되지 않았다.

1) 해방뉴스 분류 및 실물 내용

현재 실물로 존재하는 해방뉴스 내용은 아래와 같다.

(1) 해방뉴-쓰(일본판)

재일본 조선인과 일본인에게 해방된 조선 모습을 소개할 목적으로 〈해방뉴스〉(국내판)를 일본 민중영화주식회사가 재편집한 뉴스영화이다. 〈해방뉴-쓰〉 특보, 특2호, 특3호, 호수 불명 한 편 등 4편을 일본 고베영화자료관에서 수집했다.

〈해방뉴-쓰〉 특보는 특산품 전람회, 제1회 8·15 기념식, 충령탑 폭파식, 조미 대항 야구경기, 특2호는 서울 소방서 분열식, 우리 농촌 생활 소개, 수마내습, 특3호는 군정장관 주최 내외신문기자 초대, 사관학교 제1회 졸업식, 한글 기념 보이스카웃 운동회, 김구 총리 지방 시찰, 호수 불명 한 편은 도시 대항 야구대회, 현안의 좌우합작회담, 하지 장군 폭동방지 권고를 담고 있다.

〈해방뉴-쓰〉 특2호 화면 구성

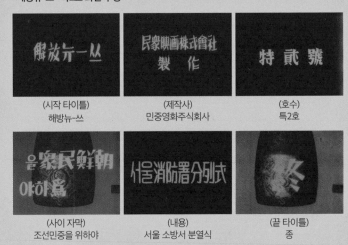

(시작 타이틀)	(제작사)	(호수)
해방뉴-쓰	민중영화주식회사	특2호
(사이 자막)	(내용)	(끝 타이틀)
조선민중을 위하야	서울 소방서 분열식	종

(2) 해방조선을 가다

〈해방뉴스〉(국내판)를 일본 민중영화주식회사가 재편집한 20분 분량의 기록영화이다. 1945년 9월 연합군 진주와 여운형의 휘문중학교 연설, 건국준비위원회 활동, 귀환동포, 소련군의 평양 진주, 현준혁 암살, 1946년 남북한 3·1절 기념식, 민족문화건설 전국대회, 민주주의 민족전선 결성, 민주의원 결성식, 미소공동위원회, 미소공동위원회 환영 민주주의 임시정부 수립 촉진대회 등을 담고 있다.

(3) 해방뉴스(영미판)

〈한성일보〉 1946년 5월 17일 자에는 '해방뉴스 해외판이 편집되어, 영미판 제1집이 완성되어 재미한족연합회에 발송할 것'이라는 내용이 있다. 미국 서던캘리포니아 대학이 소장 중인 서울영화주식회사 뉴스영화가 〈해방뉴스〉(영미판)로 추정된다.

이 뉴스영화는 내레이션은 한국어로 되어 있으나, 내용 자막은 영어로 되어 있다. 연합군 환영 미사, 전국인민위원회 대표자 회의, 김구 귀국, 3·1운동 27주년 기념식 등 총 20개 아이템이다.

(4) 서울영화주식회사 기록영화

〈조선연감〉(1948, 조선통신사)의 '(……) 서울영화회사의 〈조선뉴-쓰〉는 2보를 제작하여 제1보만이 공개되었고, 고 여운형 씨의 장례를 중심으로 고인의 소투쟁사를 수록한 제2보는 검열관계로 아직 공개되지 않고 있다'라는 내용으로 보아 전경무 장례식(6분), 서윤복 귀국(4분), 여운형 장례식(10분) 3편은 서울영화주식회사가 제작한 기록영화로 추정된다.

이 기록영화는 〈해방뉴스〉(영미판)의 제작사인 서울영화주식회사가 제작했고, 영문 자막의 형식과 나레이션 방식 등이 〈해방뉴스〉(영미판)와 유사해 해방뉴스 계열로 포함했다.

2) 신문 기사와 문서 자료를 통한 보강

〈해방뉴스〉에 관련한 신문 자료와 문서 자료를 국립중앙도서관 신문 아카이브 및 국사편찬위원회 한국사데이터베이스와 전자사료관에서 추출한 내용을 정리하면 아래와 같다.

① 〈중앙신문〉 1945년 11월 16일 자는 '〈해방뉴-스〉 제3보 근일 완성'이라는 제목으로 '조선의 해방뉴스 제3보는 이승만 박사가 소집한 각 정당 대표자 회합의 광경과 광주학생사건 기념일을 당한 광주와 서울의 학생의 날 행사 그리고 연합군 환영경기 등의 역사적 기록을 채집한 것이라 한다. 편집 박기영 촬영 김학성 이숙민 외 아나운스 이계원'이라고 보도하고 있다.

이 기사의 세 아이템은 〈해방뉴스〉(영미판)에 수록돼 있다.

② 〈영남일보〉 1946년 2월 23일 자는 '〈해방뉴-쓰〉 상영, 3·1절 기념행사로'라는 제목으

로 '해방 후 처음으로 마지하는 3·1운동 기념을 제하야 전반적으로 다채한 각종 행사
를 실시해서 (……) 대구에서는 이 행사에 발마추어 조선영화건설본부와 대구영화협회
의 공동주최, 도 학무과와 경북문화건설연맹의 후원으로 오는 27일부터 3월1일까지
부내 만경관에서 해방뉴-쓰 제1보부터 제5보까지 또 특보1보로부터 제3보까지를 동
시상영할 터인데 매일 주간은 학생, 야간은 일반에 공개할 터인데 상영할 뉴-쓰의 내
용은 다음과 같다.

패잔 일인 퇴거 실황
해방조선의 약○상
평화사도 미군 주둔상황
왜군의 무장해제실경
여운형 이승만 김구 제선생의 사자후
미군환영실황
조선정당신○○
중경임정요인귀환실황
성○○학생순사사건실황 및 ○장의
학병동맹○○○ 및 동 장의
미소 회담(이상 삼팔선 이남 편)
조만식 위원장의 사자후
소련군 진주
삼팔도 이북의 면면상(이상 삼팔도 이북 편)'

기사에 실린 아이템중 일부는 〈해방조선을 가다〉에, 또 일부는 〈해방뉴스〉(영미판)에
있는 내용이지만, 다수의 내용은 실물이 없다.

③ 〈자유신문〉 1946년 9월 1일 자에 실린 〈해방뉴스〉 5보 관련 아이템은 메-데(메이데이),
민족문화 건설 전국대회, 육십만세운동 시민대회이고, 이 중 민족문화 건설 전국대회
는 〈해방조선을 가다〉에 수록된 내용이지만, 다른 두 아이템은 실물이 없다.

④ 주한 미군정청 자료 중 〈해방뉴스〉 관련 기록은 〈Libertation News〉의 Industrial
exhibit of korean products(한국공업품 전람회), Current civic events including
the presentation of the charter to the city of seoul(서울시 차터 수여 등), The
opening of the korean interim legislative assembly(과도입법의원 개회식) 등이
다(출처 Summation of United States Army Military Government Activities in Korea). 세 아
이템 중 '과도입법의원 개회식'은 시보에도 수록되어 있다.

〈표1〉에서는 이미 수집된 실물 자료와 신문 기사 및 기록에서 추가된 내용을 시간 순서대로
정리했다.

<표1> 해방뉴스에 관련된 내용 목록

번호	제목	내용(자막)	날짜	비고
1	해방조선을 가다	1945년 8월 16일 상황 - 거리 풍경 - 여운형 휘문중학교 연설 - 대전형무소	45.08.16	**실물** (자막, 오디오 있음)
		건국준비위원회 회의 모습	45.08	
		소련군 평양 진주(미군 진주, 항복식도 있을 것으로 예상)	45.08.29	
		현준혁 장례식	45.09.03	
2	관련 기사 <신조선보> 1945년 10월 21일 자	하-지 중장 조선 상륙	45.09.09	
		전 아베 총독 항복 조인식	45.09.10	
3	3보 관련 기사 <중앙신문> 1945년 11월 16일 자	이승만 박사가 소집한 각 정당 대표자 회합	45.10.23	해방뉴스 영미판 수록
		광주학생사건 기념일을 당한 광주와 서울의 학생의 날 행사	45.11.03	
		연합군 환영경기	45.10.27	
4	1~5보 및 특보1보~특보3보 관련 기사 <영남일보> 1946년 2월 23일 자	패잔 일인 퇴거 실황		
		해방조선의 약○상		
		평화사도 미군 주둔 상황		해방조선을 가다 수록
		왜군의 무장해제 실경		
		여운형 이승만 김구 제선생의 사자후		
		미군 환영 실황		
		조선정당신○○○		
		중경임정요인 귀환실황	45.11.22	해방뉴스 영미판 수록
		성○○학생 순사사건실황 및 ○장의		
		학병동맹○○○ 및 동 장의		
		미소회담(이상 삼팔선 이남 편)	46.01.	해방뉴스 영미판 수록
		조만식 위원장의 사자후		
		소련군 진주		해방조선을 가다 수록
		삼팔도 이북의 면면상(이상 삼팔도 이북 편)		
5	해방조선을 가다	민족문화건설전국회의	46.04.15 ~ 닷새간	**실물** (자막, 오디오)

번호	제목	내용(자막)	날짜	비고
6	5보 관련 기사 <자유신문> 1946년 9월 1일 자	메-데(메이데이)	46.05.01	해방조선을 가다 수록
		민족문화건설전국대회	46.04.	
		육십만세운동시민대회	46.06.10	
7	해방뉴스 영미판 관련 기사 <한성일보> 1946년 5월 17일 자	조선영화사에서는 <해방뉴-스> 해외판 편집에 착수하였는바, 위선 영미판 제일집이 완성되어 근일 재민한족연합회에 발송하게 되었다.		
8	해방뉴스 영미판	연합군 환영미사	45.09.26	실물 (영어 자막, 한국어 오디오)
		보이스카웃 재발족 23주년 시가행진	45.10.05	
		연합군 환영대회	45.10.20	
		이승만과 정당 대표자 회의	45.10.23	
		연합군 환영 종합경기대회	45.10.27	
		광주학생의거 기념	45.11.03	
		전국인민위원회 대표자회의	45.11.20	
		김구 귀국	45.11.22	
		전국농민조합 총연맹 결성	45.12.08	
		전국부녀총동맹 결성대회	45.12.21	
		순국열사 추모대회	45.12.23	
		우리말 교과서 발간	45.12.	
		태극기 게양식	46.01.14	
		미소공위 첫 회합	46.01.16	
		대한국민대표 민주의원 결성식	46.02.14	
		민주주의 민족전선 결성대회	46.02.15	
		3·1운동 27주년 기념식	46.03.01	
		미소공동위원회 2차회의	46.03.20	
		미소공위 환영 민주주의 임시정부 수립 촉진대회	46.04.11	
		루스벨트 추도식	46.04.12	
9	해방뉴스 상영 관련 기사 <중앙신문> 1946년 8월 16일 자	해방이후 역사적 기록영화의 총결산! <해방뉴-쓰> 대회 제일보부터 제구보까지 일제상영 주최 조선영화동맹 14일부터 중앙극장		
10	해방뉴스 일본판 특보	특산품 전람	46.06.16	실물 (자막, 오디오)
		8·15 기념식	46.08.15	
		충령탑 폭파식	46.08.15	
		조미대항 야구경기/끝	46.08.16	

번호	제목	내용(자막)	날짜	비고
11	해방뉴스(일본판) 특2호	서울 소방서 분열식	46.07.10	"
		우리 농촌 생활 소개	46.04.26	
		수마내습/ 끝	46.07.	
12	해방뉴스(일본판) 특3호	군정장관 주최 내외신문기자 초대	46.09.24	"
		사관학교 제일회 졸업식	46.09.23	
		한글 기념 뽀이스카웃 운동회	46.10.07	
		김구 총리 지방시찰/ 끝	46.10.	
13	해방뉴스(일본판) 호수 불명	현안의 좌우합작회담	46.10.07	"
		하지 장군 폭동방지를 권고	46.10.24	
		도시 대항 야구대회/ 끝	46.06.07	
14	관련 기록 조선연감 (1947, 조선통신사)	10월(1945)에 제1보를 공개한 이래 9월(1946)까지 일 년간에 꾸준히 10보를 공개하였다.		
15	관련 기록	해방뉴스 한국공업품 전람회	46.11	
16	<summation of United states army military government activities in korea>	해방뉴스 '서울시에 차터 수여' 해방뉴스 '과도입법의원 개회식'	47.01	
17	제13보 상영 기사 <한성일보> 1947년 3월 18일 자	해방뉴-스 제13보 국제극장		
18	서울영화주식회사 기록영화	전경무 장례식	47.06.18	실물 (자막, 오디오)
		서윤복 귀국	47.06.22	
		여운형 장례식	47.08.03	
19	관련 기록 조선연감 (1948, 조선통신사)	해방 후 건국 도상의 제반양상을 꾸준히 채록보도하여 온 조선영화사의 <해방뉴-쓰>는 겨우 4보를 제작하여 제14보까지를 공개		조선연감(1948, 조선통신사)

3) 해방뉴스 소략

〈해방뉴스〉 관련 내용을 정리하면 아래와 같다.

① 해방뉴스 1보부터 5보는 관련 자료를 통해 아이템 대략의 내용은 확인할 수 있다. 일
　부는 〈해방뉴스〉(영미판)에 수록되어 있다.

② 1946년 6월부터 1946년 9월 사이에는 〈해방뉴스〉 6보에서 10보가 제작되었고, 그 내
　용은 〈해방뉴스〉(일본판) 특보, 특2호, 특3호에 수록됐다. 그런데 〈영남일보〉 1946년 2월

23일 자 기사에 의하면, 〈해방뉴-쓰〉 특1보에서 특3보는 1946년 2월 이전의 내용이다 (표1의 4번 항목). 따라서 〈해방뉴-쓰〉(국내판)와 〈해방뉴스〉(일본판)는 호수가 다르다는 것을 알 수 있다.

③ 1946년 11월부터 1947년까지를 기록한 〈해방뉴스〉는 정보가 전혀 없다. 앞으로 찾아서 메워야 할 부분이다.

④ 1947년까지 조선영화사가 제작한 〈해방뉴스〉(국내판)는 전체 14편(특보 제외)이고, 현재까지 실물은 발견되지 않았다.

2. 시보(時報)

1) 실물 시보 내용

미군정청 공보부(Department of Public Information, DPI)에서는 1946년부터 자체적으로 뉴스영화를 만들었다. 영문명은 'Korean Newsreel', 한국명은 '시보(時報)'다.
현재 실물이 확보된 것은 미국 국립문서기록관리청(NARA)에서 수집한 ADC10049, ADC10050, ADC10051, ADC10052 등 4편이다.

〈시보 특보(ADC10049)〉 화면 구성

(시작 타이틀 및 제작처)
시보 공보부 제작

(호수)
특보

(사이 자막)
조선 민중을 위하야

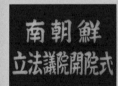

(내용)
남조선 입법의원 개원식

(끝 타이틀)
종

<표2> 실물 시보 내용

번호	호수	날짜	내용
ADC10049		1946년 12월	과도 입법의원 개원식
ADC10050	시보 1보	1946년 1~2월	경복궁 옛터에 감격의 태극기 게양, 삼천만 시청 속에 제1차 미소회담 개막, 친일파 모리배 김계조의 말로 등
ADC10051	시보 2호	1946년 2월	남조선대한민국대표 민주의원 성립식
ADC10052	시보 5호	1946년 3월	1차 미소공위, 38선 우편물 교환 등

2) 신문 기사 및 문서 자료를 통한 보강

이하는 당시 신문 기사 및 관련 문서 등 시보 관련 내용이다.

① 미군정청은 1946년 말까지 시보 15호를 제작했다.(예술통신, 1948년 12월)

② 미군정청 자료 Summation of United States Army Military Government activities in Korea no.22 July 1947, Information Programs and Public opinion motion pictures에는 '7월 26일에 릴리스된 뉴스릴은 다음 내용이다. 7월 26일의 미소공동위원회와 한국인 리더들과의 만남, 개성의 소년 교도소, 피난민 캠프, 수원에 있는 경기도 농업클럽 활동, 7월 13일의 미소공동위원회의 가든 파티' 등이 담겨 있다.

③ 〈독립신보〉 1947년 12월 9일 자에는 '시보 완성'이라는 제목으로 '중앙청 공보부장 이철원 씨 발표에 의하면 공보부 제작 〈시보〉 제25호가 완성되어 금주부터 각 영화관에서 상영되리라 한다. 내용은 올림픽 초대접수 웨드마이어 장군 조선방문 등이라 한다'라는 기사가 있다.

④ 〈수산경제신문〉 1947년 12월 7일 자에는 '시보 25호 상영'이라는 제목으로 '공보부 제작 시보 제25호를 래주부터 남조선 각 영화관에서 상영하기로 되었다하는바 동 25호의 내용은 다음과 같다. 1. 조선 올림픽 초대접수, 2. 미국으로부터의 곡물양륙상황, 3. 웨드마이어 장군 래조, 4.조선아동의 원유회, 5. 미국 유학생의 출발, 6. 서울시의 청소작업' 등의 기사가 있다.

⑤ 시보는 1947년 말까지 총 28호가 제작되었다.(서울신문, 1949년 3월)

시보 실물 내용과 신문 기사 및 기록에 나오는 시보 관련한 내용을 시간순으로 정리한 것이 〈표3〉이다.

<표3> 시보 관련 내용 목록

번호	제목	내용(자막)	날짜	비고
1	시보 1호	景福宮 엣터에 感激의 太極旗 揚揚!!	46.01.14	**실물**(타이틀 없음, 오디오 없음) NARA Korean Newsreel 1 ADC10050
		페터슨 美陸軍壯觀 突然 入京! 十四日 新聞記者團과 會見	46.01.14	
		三千萬 視聽 속에 第一次 美蘇會談 開幕!	46.01.16	
		建國을 좀먹는 火災!		
		民族의 總意를 統一에 集結! 非常國民會 開幕	46.02.01	
		朝鮮國防警備隊 새로 編制!	46.01.14	
		親日派 謀利輩! 金桂祚의 末路!!	46.01.17	
		奉仕와 秩序의 기빨! 朝鮮警察學校市街行進!	46.02.07	
2	시보 2호	感激도 又新! 南朝鮮大韓國民代表 民主議院 成立式	46.02.14	**실물**(타이틀 없음, 오디오 없음) NARA Korean Newsreel 2 ADC10051
3	시보 5호	내용 자막 없음(1차 미소공위 내용)	46.03.20	**실물**(타이틀 없음, 오디오 없음) NARA Korean Newsreel 5 ADC10052
		三八線 郵便物交換	46.03·15	
4	時報 公報部 製作 特報	南朝鮮 立法議院開院式	46.12.12	**실물**(타이틀 없음, 오디오 없음) NARA ADC10049
5	Summation of United States Army Military Government activities in Korea no.22 July 1947	미소공동위원회와 한국인 리더과의 만남	47.07	
		개성의 소년 교도소		
		피난민 캠프		
		수원에 있는 경기도 농업클럽 활동		
		7월 13일의 미소공동위원회의 가든 파티		
6	25호 관련 기록 <수산경제신문> 1947년 12월 7일 자	조선올림픽 초대 접수	47.12	
		미국으로부터의 곡물양륙상황		
		웨드마이어 장군 래조		
		조선아동의 원유회		
		미국유학생의 출발		
		서울시의 청소작업		
7	<서울신문> 1949년 3월	영화산업의 현황과 문교부의 영화정책 시보 28호까지 나왔음		

3) 시보 소략

① 전체 28호 중 실물 확인된 것은 4편뿐, 특호가 몇 개나 있는지는 확인할 수 없다.

② 실물이 확인된 1호, 2호, 5호는 1946년 1월부터 3월까지를 기록하고 있다.

③ 〈시보〉 특보는 46년 12월 상황을 기록하고 있다.

④ 1947년 7월을 다룬 아이템이 확인되고, 〈시보〉 25호는 1947년 12월 상황이다.

〈시보〉는 특호를 제외하고도 24편을 더 찾아야 한다.
〈시보〉와 관련해 특이한 점은 〈해방뉴스〉와 〈시보〉가 '조선민중을 위하야'라는 사이 자막과 '終'이라는 끝 타이틀에 같은 화면을 사용하고 있다는 것이다. 〈해방뉴스〉를 제작한 조선영화사와 시보를 제작한 미군정청 공보부가 단지 동일한 화면 소스를 사용한 것인지, 두 기관은 어떤 협력관계를 가졌던 것인지 등에 대해서는 좀 더 깊이 있는 연구가 필요하다.

〈해방뉴스〉 특2호 화면 구성

〈시보〉 특보 화면 구성

3. 1948~1950년 뉴스영화, 〈전진보〉를 중심으로

1948년에서 1950년 사이의 뉴스, 기록영화는 〈전진보〉 및 미 공보원에서 제작한 기록영화가 있다. 미군정청 공보부(DPI)는 1947년 말까지 뉴스영화 〈시보〉를 제작했고, 1948년 1월 19일부터 격주로 〈전진조선보(Progress of Korea)〉를 제작했다.
〈전진조선보〉는 1948년 8월 15일 대한민국 정부 수립 이후에 제작 주체가 대한민국 공보처로 바뀌고, 제호도 '전진대한보'로 바뀐다.

현재 실물로 수집된 〈전진보〉는 1990년대 중반 KBS가 수집한 영상, 미국 국립문서기록관리청에서 수집한 〈전진대한보〉 54호, 2023년 존 E. 앨런 아카이브(John E. Allen Archive)에서 수집한 '정부 수립 일주년 기념 관함식' 등 세 종류가 있다.

1) 전진보 실물 내용

(1) 1990년 중반 KBS 수집 영상

1994년 5월, KBS 영상자료실은 개인으로부터 약 120여 롤의 필름을 수집했다. 이 필름에는 1948년 이후 뉴스영화인 〈전진조선보〉와 〈전진대한보〉, 1950년대를 다룬 세계뉴스, 리버티 뉴스 그리고 미국 공보원이 제작한 각종 문화영화가 포함돼 있었다. 이 중 1950년 이전 뉴스영화만 선별한 내용은 아래와 같다.

① 미군정청 공보부가 제작한 〈전진조선보〉는 6편, 32개 아이템으로, 1947년 말부터 1948년 6월까지를 다룬다.

〈전진조선보〉 1보 화면 구성

| (검열) | (시작 타이틀 및 제작처) | (호수) |
| 공보부 | 전진조선보 공보부 제작 | 제1보 |

(내용)
UN임시조선위원단초회합

(끝 타이틀)
완

② 대한민국 공보처가 제작한 〈전진대한보〉는 18편, 86개 아이템으로, 1948년 8월부터 1949년 11월까지를 다룬다.

<전진대한보> 화면 구성

| (시작 타이틀 및 제작처) | (호수) | (내용) |
| 전진대한보 공보처 영화과 제작 | 제17호 | 무쵸 미국 특사 서울에 오다 |

③ 필름의 앞부분이 소실되어 정확한 정보를 알 수 없으나, 내용 자막의 형식과 내레이션 등으로 미루어 <전진대한보>로 추정되는 5편, 18개 아이템이 있다.

④ 주한국 미국 공보원이 제작한 기록영화로 1948년 7월 '초대 대통령 당선'을 다룬 내용이 1편, 주한 미 공보원이 제공하고 공보원 영화부가 제작한 <대한영화통신> 3호 '대한민국 자주독립 일주년 기념 축하성전'(1949.08.15.), 4호 '미국 하원 예산분과위원 극동경제사절단 래한'(1949.09) 등 2편이 있다.

<대한영화통신> 화면 구성

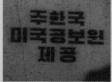  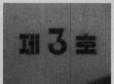

| (제공) | (시작 타이틀) | (호수) |
| 주한국미국공보원 제공 | 대한영화통신 | 제3호 |

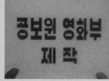 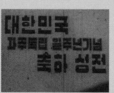

| (제작) | (내용) |
| 공보원 영화부 제작 | 대한민국자주독립일주년기념
축하성전 |

'대한영화통신'이라는 제목의 뉴스영화는 지금까지 학계에서도 전혀 논의된 적이 없는 것으로, 앞으로 좀 더 세밀한 연구가 필요해 보인다.

⑤ 필름의 앞뒤 내용이 소실되어 전혀 아무런 정보가 없는 5편, 5개 아이템이 있다.

(2) 미국 국공립문서기록관리청 수집 영상

KBS 다큐멘터리 한국전쟁(1990년 방송) 제작팀에서는 1980년대 후반에 미국 국공립 문서기록관리청(이하 NARA)에서 다양한 영상을 수집했다. 그중 주한국 미 공보원 제작 제공 〈전진대한보〉 54호 '6·25 사변' 기록이 있는데, 이는 1950년 한국전쟁 발발부터 1950년 10월까지의 상황을 담고 있다.(미국 NARA 111-ADC8625, 8626, 8627)

〈전진대한보〉 54호 화면 구성

  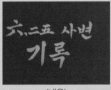

(타이틀 및 제작처)	(호수)	(내용)
전진대한보	제54호	6·25 사변 기록
제작 제공 주한국미국공보원		

(3) 2023년 수집 영상

KBS 현대사 영상 아카이브팀에서 2023년에 존 E. 앨런 아카이브에서 수집한 영상 중 1949년 8월 21일 '대한민국 정부수립 일주년 기념축하 관함식'이 있다. 이 영상은 타이틀은 소실되어 없으나, 내용 자막의 형식과 내레이션 등으로 미루어 〈전진대한 보〉의 한 아이템으로 추정된다.

2) 전진보 관련 신문 기사 및 문서 자료를 통한 보강

① 미군정청 자료인 〈Department of public information daily report〉 1948년 2월 17일 자는 코리안 뉴스릴 No.3에 '박 대령의 장례식', '한국 드라마 〈춘향전〉을 본 유엔 위원단', '사직공원의 소년 수용소', '부랑아에 대한 보살핌과 치료' 등이 담겨 있다고 보고한다.

② 〈신한민보〉 1948년 2월 17일 자 기사에는 '전진조선보 완성'이라는 제목으로, 3호의 내용이 '삼십년 내의 대설', '유엔 위원단의 춘향전 관람' 등이 실려 있다.

③ 〈Department of public information daily report〉 1948년 3월 9일 자는 코리

안 뉴스릴 No.4에 '메논 박사와 후 박사의 레이크 석세스를 향한 출발'(02.13), '왜관 다리의 오프닝'(02.24), '동인리 발전소의 재오픈'(02.23), '유엔 위원단의 활동'(2월 중)을 담고 있다고 보고한다.

④ 〈Department of public information daily report〉 5월 11일 자에서는 1948년 5·10 총선거 관련한 보고가 눈에 띤다. 그 내용은 5월 11일 '서울 전역에 걸친 선거 활동과 투표', '딘 장군의 서울 선거투표소 시찰과 그의 춘천을 향한 출발', 5월 12일 '의사당 건물 앞에 선거 신고서를 게시하는 것', 5월 15일 '서울과 영등포의 성공적인 후보자들' 등의 내용을 보고하고 있다.

〈표4〉 1948~1950년 뉴스영화 목록

번호	제목	내용(자막)	날짜	비고
1	前進朝鮮譜 第一報	U.N. 臨時朝鮮委員團 初會合	48.01.08	실물
		朝鮮올림픽 氷上選手團 1948年 올림픽 大會參加兼歐洲出發	47.11.30	
		暗算의 天才 裵成珍氏 競技會 /完	48.01.02	
2	前進朝鮮譜 第二報	U.N. 臨時朝鮮委員團 印度代表 메논博士 第一聲	48.01.21	실물
		U.N. 臨時朝鮮委員團 歡迎會	48.01.14	
		朝鮮國防警備隊 創立二週年紀念 査閱式/ 完	48.01.15	
3	전진조선보 3호 관련 문서 Department of public information daily report	15. 뉴스릴 No.3 c. 박 대령의 장례식 - 한국 드라마 〈spring frangrance(춘향전)〉를 본 유엔 위원단(01.21) - 사직공원 소년 수용소, 부랑아에 대한 보살핌과 치료(01.13)		
4	전진조선보 3호 관련 기사 〈신민일보〉 1948년 2월 17일 자 '前進朝鮮譜 완성'	- 삼십년내의 대설(大雪) (01.25) - UN 위원단의 춘향전 (01.21) - ○새모○으로 변한 거천 의리시		
5	전진조선보 4호 관련 문서 Department of public information daily report	Korean Newsreel No.4, Volume 2 - 메논 박사와 후 박사의 레이크 석세스를 향한 출발(02.13) - 왜관 다리의 오프닝(02.24) - 동인리 발전소의 재오픈(02.23) - 유엔 위원단의 활동(2월 중)		
6	Department of public information daily report	어제 의사당 건물에서 열린 세레머리를 찍었다. 이것은 조선 적십자 창립기념(03.15)이었다.		5호 혹은 6호 아이템으로 추정

번호	제목	내용(자막)	날짜	비고
7	前進朝鮮譜 第七報	太田,大慈 保育院	48.04.	실물
		植木日	48.04.05	
		土地分讓	48.04.03	
		서울釜山間 國道修繕(上鳥川 橋梁架設)		
		美國 少年赤十字社로부터 귀여운膳物到着		
		朝鮮國防警備隊 士官學校 五回 卒業式	48.03.27	
8	前進朝鮮譜 第八報	光州 文化硏究所 開所	48.04.09	실물
		올림픽 豫選 拳鬪 / 自轉車競走	48.04.25	
		美國赤十字社 膳物配給		
		올림픽 豫選 마라톤 / 圓盤投 / 레스링	48.04.29	
		올림픽 豫選 마라톤 / 圓盤投 / 레스링	48.04.24	
		五月十日 國慶日	48.05.10	
9	Department of public information daily report	38도선 근처의 의정부에 있는 학교에서 교육적인 play 5월 3일 대전, 대구, 부산, 한국인들의 사전 선거활동 (5월 5일) 서울의 수송동 초등학교에서 운동기구를 선물하는 모습		전진조선보 9호 아이템으로 추정
10	前進朝鮮譜 第十報	總選擧 實況 : 서울市	48.05.10	실물
		日蝕觀測 五月九日	48.05.09	
		滿洲歸還同胞 仁川 倒着	48.05.12	
		遠洋漁業團 作業實況		
		電力代價로 줄 倉庫의 物資 / 完		
11	Department of public information daily report	서울 전역에 걸친 선거 활동과 투표 딘 장군의 서울 선거투표소 시찰과 그의 춘천을 향한 출발 어제, 의사당 건물 앞에 선거 신고서를 게시하는 것 부양가족 학교에서의 오픈하우스 활동 서울과 영등포의 성공적인 후보자들 딘 장군과 선거관리위원회 리셉션 OCI 후원 Korea Dramatic Group의 창덕궁에서의 표창식 오퍼레이션 38을 위한 인천에서의 자재 하역		전진조선보 11, 12호 아이템으로 추정
12	앞부분 소실	자막 없음(과도입법의원 폐원)	48.05.29	실물 한글 사용 전진보의 하나로 추정
		국회 개회 축하행렬	48.05.31	
		역사적 국회 개회식/끝	48.05.31	

번호	제목	내용(자막)	날짜	비고
13	전진조선보 13호	미국 전기기술 사절단 도착		**실물** 제목, 자막에 한글 사용
		올림픽팀 결성식	48.06.18	
		올림픽팀 서울 떠나 론돈으로 떠나다	48.06.21	
		제주도서 비행기로 옴겨온 고 박대령의 시신	48.06.19	
		고.박대령의 장례식	48.06.22	
		학생들의 손으로 지여지는 조선대학(광주)		
		모내기		
14	Department of public information daily report	한국 적십자회원들에게 서비스 핀을 수여하는 것 청평 근처의 발전소와 댐을 조사하는 미국 전력위원회 전문가들	48.06.28	전진보 14, 15, 16호 아이템으로 추정
15	앞부분 소실 뒷부분 제작 자막	초대 대통령으로 이승만 박사 당선됨	48.07.20	**실물** 재한국미국공보원제작
16	History of the Department of Public Information (An Outline) 중 22p	짧은 feature films 제작 "How to Vote"		**실물** 15번 초대 대통령 관련 기록영화로 추정
		"Dr. Syngman Rhee's Election to the Presidence of Korea"		
17	앞부분 소실	대한민국 독립의 날 대한민국정부수립선포식에 참례하기 위하야 맥아-더원수내경 이대통령 맥아-더 원수 하지 중장 역사적 회견 정부수립축하 사열식/끝	48.08.15	실물
18	전진대한보 제17호	무쵸 미국특사 서울에 오다	48.08.23	실물
		하-지중장 송별회	48.08.26	
		대한을 떠나는 하지중장	48.08.27	
		대한육군 간호부대 결성식	48.08.26	
		올림픽선수 일행 귀국	48.08.26	
		개성시민 산업전람회	48.08.18	
19	전진대한보 제19호	한미협정조인식	48.09.11	실물
		이승만대통령의 신정부 직원에게 보내는 훈시	48.09.14	
		서재필박사 미국으로 도라간다	48.09.11	
		서울을 떠나는 쩨-콥씨와 유박사	48.08.26	
		고.라-치장관 추도회	48.09.11	
		대한육군사관학교 훈련광경/ 매즘		

번호	제목	내용(자막)	날짜	비고
20	전진대한보 제24호	한미협정 조인식	48.12.07	실물
		대한민국정부 유엔정치위원회 승인축하 남녀중학생대회	48.12.11	
		육해군전몰 장병 합동위령제	48.12.01	
		국립경찰 전문학교 제이기 간부후보생 졸업식	48.12.07	
21	전진대한보 제26호	대한민국정부 각 부처 장관과 차관 사령관 수여식	48.12.31	실물
		육,해군 오장군 준장 임관식	48.12.22	
		육군사관학교 제일기 배속장교 입교식		
		국제 무선통신 개통	48.12.01	
		새해인사	49.01.01	
22	전진대한보 제28호	국제연합 한국대표 환영회	49.02.02	실물
		우리나라를 방문한 미국육군장관 로-얄씨 방한	49.02.07	
		"유엔" 신한국위원단 내한		
		제 일차 배속장교 졸업식	49.02.05	
		천주교 주교 축성식-대구 천주교 대성당/ 끝	49.01.30	
23	전진대한보 제29호	미국군함 인천기항-대한민국정부 승인축하	49.01.23	실물
		학도특별 훈련생 제일기 수료식	49.01.28	
		최초 미국경제협조처 원조물자 인천도착	49.02.17	
24	앞부분 소실	국제연합 한국위원회 제일차 공개회의 - 덕수궁 -	49.02.12	실물 내용 자막 형식이 전진대한보와 일치 <전진대한보> 30호?
		유엔 한국위원단 환영 국민대회 - 서울운동장	49.02.12	
25	전진대한보 제31호	기미독립선언 기념대회	49.03.01	실물
		취주악의 은인 "엑켈트"씨의 추념식		
		복운 정기예금 추첨식	49.02.26	
		경찰간부 후보생 춘기종합 야외전투훈련/ 끝		
26	전진대한보 제33호	이승만대통령 75회 탄신축하	49.03.26	실물
		주한미대사 "무쵸"씨 귀임	49.03.29	
		신구국방장관 사임급 취임식	49.03.23	
		"필리핀" 특사 "깔레고"씨 이대통령에게 친서봉정	49.03.24	
		고 함대훈씨의 장례식/ 끝	49.03.25	
27	전진대한보 제34호	주한미국 무쵸대사 신임장 봉정식 환영 반도호텔 증여식/ 끝	49.04.20	실물

번호	제목	내용(자막)	날짜	비고
28	전진대한보 제35호	이대통령 남한순시 마치고 서울역에	49.04.29	실물
		불란서 대리공사 "코스티에"씨 신임장 봉정식	49.04.13	
		미국 경제협조쳐 원조물자 부산항에 입하		
		고 "언더웃 부인 추도식	49.04.25	
		제이십회 어린이날/ 끝	49.05.05	
29	앞부분 소실	오월십일 총선거 기념식전	49.05.10	실물 전진대한보 36, 37호 중 하나로 추정
		국회 임시회의 개회식	49.05.21	
		한미친선사절단 김포비행장 출발	49.05.24	
		제주도파견 경찰 특별부대 귀환	49.05.18	
		제삼회 전국순직경찰관 합동위령제	49.04.28	
		정부 각부처 대항 "뻬스-뽈" 연맹전/ 끝		
30	전진대한보 제38호	대한민국은 농업의 나라 관민일치하여 농사를 지읍시다	49.06.15	실물
		새로 준공된 합천 남정교	49.05.30	
		기독교 신도 총궐기대회	49.07.04	
		제이회 전몰군인 합동위령제	49.06.06	
		대한적십자사 서울지부 부녀 봉사대		
		제27회 여자 정구대회	49.06.11	
31	전진대한보 제39호	완성을 보게된 목포 중유발전소	49.06.27	실물
		주한미국대사 "무쵸"씨 38선 동두천 시찰	49.07.10	
		"로-마" 교황대표... 서울에	49.06.13	
		서울 "카톨릭"교회 방주교 승품식	49.06.14	
		국제연합 한국위원단 38선 시찰/ 끝	49.06.26	
32	전진대한보 제40호	대한민국 헌법 공포 일주년 기념식	49.07.18	실물
		한중 친선을 약속하는 "소유린" 중국대사 신임장 봉정식	49.07.25	
		미국군함 대한민국을 방문함	49.07.08	
		새 방법을 가져온 "라웰바크"박사		
		국립서울대학 졸업식/ 끝	49.07.15	
33	전진대한보 제41호	이승만대통령과 장개석총통 진해에서 역사적 회담	49.08.07	실물
		제이고향 찾어온 고 "헐버트" 박사 마춤내 이땅에 기리 잠들다	49.07.27	
		제일기 임시공훈 기장 수여식/ 끝	49.07.15	

번호	제목	내용(자막)	날짜	비고
34	대한영화통신 제3호	대한민국 자주독립 일주년기념 축하 성전	49.08.15	실물 주한국미국공보 원 제공 공보원 영화부 제작
35	대한영화통신 제4호	미국 하원 예산분과위원 극동경제사절단 일행 래한	49.09	공보원 영화부 제작
36	정보 없음	대한민국 정부수립 일주년 기렴축하 관함식	49.08.21	실물 존 E. 앨런 아카이브 내용, 자막 형식이 전진대한보와 일치
37	전진대한보 제43호	철도 50주년 기념식	49.09.18	실물
		우리나라 최초의 항공 기렴일	49.09.15	
		천문 기상 전람회	49.09.15	
		즐거운...초등학교 개학날(종로)		
		합동... 결혼식/ 끝	49.08	
38	전진대한보 제44호	월남한 전 공산군 대한민국 국군편입식		실물
		개천절 축하식	49.10.03	
		중국 항공사절단 래한	49.09.23	
		리대통령 주만국 미국인 연극단을 초대하시다/ 끝	49.10.01	
40	앞부분 소실 (정보 없음)	자막 없음(통상 관련 공동성명서 추정)	49.10.05	실물 2번째 아이템 이후 내용 자막 등 전진대한보와 일치 전진대한보 45호, 혹은 46호로 추정
		구라파 재난민 구호협회 원조물자 수여식	49.10.17	
		대한로총 제이회 대의원대회	49.09.27	
		중앙고녀에 대화재	49.09.26	
		전국 지방대항 중등학교 "빼-스뽈"시합	49.10.04	
41	전진대한보 제47호	한미친선 미국함대 래한	49.10.28	실물
		영월선 철도 일부개통 -제천서 송학까지-	49.11.15	
		군경 친선행진	49.11.02	
		제철당한 국화	49.10.20	
		쏘련을 탈출한 일본인 전재민들/ 끝		
42	전진대한보 제48호	제1회 모형항공기 경기대회	49.10.30	실물
		춘천 미국문화연구소 유원지 개원식		
		기차사고를 방지하는 모범 "교양열차"	49.10.09	
		전국 과학전람회	49.10.20	
		우리나라 최초 전송사진/ 끝	...	

번호	제목	내용(자막)	날짜	비고
43	전진대한보 제49호	많은 성공을 거두어가지고 도라온 조병옥 특사	49.12.17	실물
		미국 군의협회 명예회원이 된 윤치왕 대령	49.12.10	
		북한에 억류되였다가 도라온 미국대사관 경제고문 두 사람	49.12.11	
		전국 임시 증병검사실시	49.12.11	
		제일회 전국미술전람회/ 끝	49.12.11	
44	앞부분 소실	임병직 외무부장관 담화발표 "UN과 한국", (육성)	49.10.24	실물 내용 자막 없음 49.12.12 유엔 한국 승인 1주년 담화 가능성 있음
45	앞부분 소실	굉장히 큰 무, 배추, 고구마		실물 내용 자막 등이 전진대한보 형식 전진대한보 50, 51, 52, 53호 중 하나로 추정
		제칠사단 장병의 원농작업		
		"호"부대 산악전투훈련		
		대한민국 최초 민간항공로 개통	49.11.27	
46	전진대한보 제54호	六·二五 사변 기록	50.06~ 50.10	실물 제작, 제공은 주한국 미국 공보원 미국 NARA에서 수집

3) 전진보 소략

① 〈전진조선보〉 13호는 1948년 6월 상황을, 〈전진대한보〉 17호는 1948년 8월 상황을 다루고 있다. 만약 〈전진대한보〉가 1호부터 시작한다고 하면, 1948년 6월에서 8월 사이에 16호를 제작해야 했다. 따라서 〈전진조선보〉와 〈전진대한보〉의 호수는 이어진 다고 추정된다.

② 〈전진조선보〉 실물은 1, 2, 7, 8, 10, 13보로, 6개 보가 수집되었다. 시기상으로는 1948년 1월부터 1948년 5월까지의 내용이다. 〈전진대한보〉 실물은 17, 19, 24, 26, 28, 29, 30, 31, 33, 34, 35, 36 혹은 37, 38, 39, 40, 41, 43, 44, 45 혹은 46, 47, 48, 49, 50~53 중 하나, 54호로 전체 24개 호가 수집되었다. 시기상으로는 1948년 6월부터 1950년 10월까지의 내용이다. 1948년 5·10 선거 전후는 '전진조선보'에서 '전진대한 보'로 제목이 바뀌는 시점이고, 5·10 선거라는 중요 사건을 다룬 내용인데, 실물 수집을 하지 못했다. 〈전진보〉 전체 54호 중 30여 호가 수집되었고, 24개 호를 더 찾아야 한다.

▓▓ 이 책에 실린 뉴스영화

■ **해방뉴스**(解放뉴스)

조선영화사(朝鮮映畫社)가 제작한 뉴스영화. 1947년까지 총 14편이 제작되었다.

■ **해방뉴스 영미판**(서울영화주식회사 뉴스영화)

해방뉴스 시리즈를 영문으로 제작해서 미국으로 보낸 것

■ **시보**(時報, Korean newsreel)

주한 미군정청(US Army Military Government In Korea, USAMGIK) 공보과(Department of Public Information, DPI)가 제작한 뉴스영화. 1946년 1월부터 1947년 12월까지 총 28편이 제작, 방영되었다.

■ **전진조선보**(前進朝鮮譜, Progress of Korea)

1946년 12월부터 1948년 6월 사이에 주한 미군정청 공보과에 의해 제작, 방영되었다.

■ **전진대한보**(前進大韓譜)

대한민국 정부 수립 이후 전진조선보는 전진대한보로 이름을 바꿔 호수를 잇는다. 대한민국 공보처가 제작한 뉴스영화인 전진대한보는 1948년 6월부터 1950년 10월까지 제작, 방영되었다.

▓▓ 이 책에 실린 기록영화

■ **고 백범 김구 선생 국민장의식**

■ **대한민국 임시정부 주석 고 백범 김구 선생 국민장**

■ **전 대한민국임시정부 고 백범 김구 주석 국민장의**

■ **남북연석회의**(북조선 국립영화촬영소 제작)

■ **인민군대**(북조선 영화촬영제작소 제작)

■ **8·15**(북조선 국립영화촬영소 제작)

■ **건국투쟁사**(1945~1948년 기록)

안경호는 해방 직후부터 정부 수립까지의 역사를 이승만 활동을 중심으로 구성한 기록영화 〈민족의 절규〉 3부작을 제작했다. 이를 30분 분량으로 축약, 재편집한 것이 〈건국투쟁사〉다.

제작 제공 안경호 프로덕션 | **후원** 대한부흥협회 | **기획** 김이남 | **구성** 김광섭 | **촬영** 안경호 | **음악** 이홍렬 | **시** 공중인

■ **해방조선을 가다**

해방 직후 조선영화사에서 제작한 〈해방뉴스〉를 일본으로 가져가 민중영화주식회사가 재편집한 것. 해방부터 1946년 4월까지를 기록했다.

기획 편집 아사노 후미오, 김상기 | **촬영** 조선영화사 | **음악** 김영길 | **연주** 조선취주악단

■ **서울영화주식회사 기록영화**

▐▐ 이 책에 실린 미국 국립문서기록관리청 수집 영상

■ **ADC**(Signal Corps Army Depository Films)

미국 국립문서기록관리청이 보관하고 있는 자료 중 미 육군통신대(US Army Signal Corps)가 생산한 자료. 제2차 세계 대전 기간 독일 내 미군 주둔지, 모든 전구(戰區)와 군사 작전, 종전 후 독일과 일본 점령, 전범 재판, 한국전쟁을 다룬다. 미 육군통신대 자료 중 활동 영상(motion picture)은 35mm 필름으로 촬영된 무편집 흑백 영상으로, ADC(Army Depository Copy) 그룹으로 분류되어 전쟁 연구에 가장 중요한 자료 중 하나로 여겨진다. 1만 개의 필름 릴 중 대부분은 전쟁 기간에 생산되었다. 태평양 전구와 유럽 전구 상황을 보여 주는 ADC의 무편집 영상은 많은 영화와 다큐멘터리 제작에 귀중한 자료로 사용되었다.

■ **MID**(National Archives Collection of Foreign Records Seized)

미국 국립문서기록관리청이 보관하고 있는 자료 중 독일, 이탈리아, 일본, 영국, 소련, 북한 등 타국에서 수집, 노획한 자료.

■ **유니버설 뉴스**(Universal Newsreel)

미국 유니버설 스튜디오에서 제작한 뉴스영화. 한 편에 7분~10분으로 구성된 뉴스영화는 1929년부터 1967년까지 일주일에 두 편씩 상영되었다.

1945

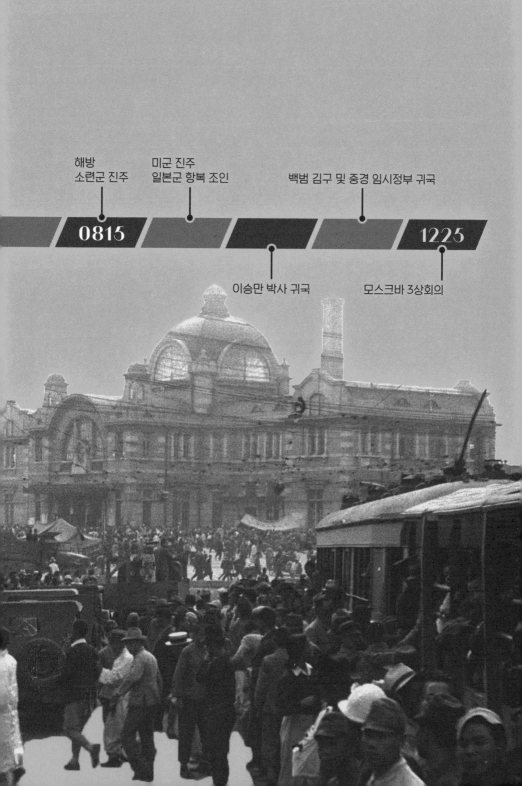

해방
소련군 진주

미군 진주
일본군 항복 조인

백범 김구 및 중경 임시정부 귀국

0815

1225

이승만 박사 귀국

모스크바 3상회의

1 9 4 5
8월 16일

해방

일본 제국주의의 압박과 설움 속에서 해방되던 그날.
햇빛을 보지 못하던 태극기는 날으고,
국민의 열광적인 환호 소리는
삼천리 방방곡곡에서 천지를 진동시켰다.

서울역 앞 군중

建國鬪爭史
自 檀紀 4278年 記錄
至 檀紀 4281年

世界弱小民族運動史上 韓國
의 獨立은 勝利로 記錄되었다
解放後 祖國의 歷史는 偉大한
愛國者의 指導아래 全民族을
뭉치는데서 出發했다
아름답고 줄기찬 江山 精氣속에
서 偉大한 領導者와함께 이루
어진 民族의 歷史를 다시보라

건국투쟁사

자 단기 4278년 기록
지 단기 4281년

세계 약소민족 운동사상 한국
의 독립은 승리로 기록되었다
해방후 조국의 역사는 위대한
애국자의 지도 아래 전 민족을
뭉치는 데서 출발했다
아름답고 줄기찬 강산 정기 속에
서 위대한 영도자와 함께 이루
어진 민족의 역사를 다시 보라

1 (현수막) 조선독립만세-조선연극인단
2 (현수막) 조선독립만세

1 9 4 5
8월

해방

1945년 8월 14일 연합군 비행기가 일본군의 패배를 조선 사람들에게 알렸는데, 이를 계기로 억눌려 있었던 조선 민중들은 궐기했습니다. 경성에서는 민중대회가 열렸고 해방운동 지도자 여운형은 다음과 같이 말했습니다.

"우리에게도 해방과 자유가 약속되었다. 또 다시 굴욕의 삶을 되풀이 하지 않기 위해서라도 우리는 굳게 뭉쳐 3천만 동포 누구나 행복한 삶을 영위할 수 있는 국가를 수립합시다."

사람들은 36년간 기다리고 있었습니다.

그리고 지금 민중의 요구에 의해 전국 교도소에 있던 수천 명의 해방운동가들이 무거운 문 안에서 구출된 것입니다.

구출된 당수를 포함해 남북한을 합쳐 건국준비위원회가 만들어져, 여운형을 위원장으로 새로운 조선을 세울 준비에 들어갔습니다.

▶❚❚ **몽양 여운형**(夢陽 呂運亨, 1886.5.25.~1947.7.19.)
  독립운동가이자 정치가. 대한제국 시절 계몽운동에 이어 국권 상실 후에는 독립운동을 했다. 해방된 후 조선건국준비위원회를 조직했으며, 1947년 암살당했다. 2005년 건국훈장 대통령장, 2008년 대한민국장이 추서되었다.

▶❚❚ **조선건국준비위원회**
  해방 직후 여운형이 중심이 돼 발족한 최초의 건국 준비 단체로, 조선인민공화국 수립을 발표한 후 해산했다.

6

소련군 평양 진주

1 9 4 5
8월 29일

8월 29일 소련군 진주. 이를 환영하는 해방 조선인들의 기쁨은 각지에서 환영시위가 되어 급속한 인민세력의 대두를 불러일으켰습니다. 이날, 일본군의 무장은 해제되고 평남지구 인민위원회에 모든 것을 인도하는 조인이 이루어졌으며, 청년들로 조직된 치안대의 활동으로 북한 건설이 시작됐습니다.

이러한 움직임 속에서 건국준비위원회가 조직되어 재빨리 토지를 농민에게 분배하여 민주주의 혁명의 출발을 시작했습니다.

1 소련군 환영식
2 회의장의 조만식

▶‖ **조만식**(曺晩植, 1883.2.1.~1950.10.18.)

독립운동가이자 정치가. 일제강점기에 조선일보사 사장을 지냈으며, 해방 후 평안남도 건국준비위원회 위원장이 되었다.

1945
9월 3일

현준혁 암살

현준혁 암살.

장래가 촉망된 유능한 지도자, 조선건국준비위원회 부위원장 현준혁이 살해되었습니다. 이는 출범한 지 얼마 되지 않은 조선 민주혁명에 큰 타격이었지만, 북한 사람들은 그 죽음을 넘어 혁명의 길을 계속 갈 것을 맹세했습니다.

1 현준혁 영정
2 현준혁 장례식

▶‖ **현준혁**(玄俊爀, 1906~1945.9.28.)

　　일제강점기 사회주의 운동가. 평안남도 건국준비위원회 부위원장.

태평양 방면 미24군, 인천 상륙

미 7사단 병사들이 인천 부두에 하선하자 건물 안 사람들이 호기심에 쳐다본다.

영국군 포로 석방

1 9 4 5

9월 8일

1 갓을 써 보는 영국 장교
2 석방된 영국군 포로

미군 진주(서울)

1 9 4 5

9월 9일

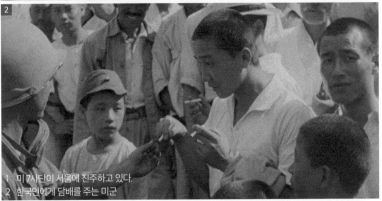

1 미 7사단이 서울에 진주하고 있다.
2 한국인에게 담배를 주는 미군

1945년 9월 9일 일요일 서울 거리는 가장 엄숙한 빛 속에 잠겨 있었다. 높고 푸르게 개인 첫가을 하늘에 찬란한 아침 해가 오르자 명치정 교회당에 평화의 종소리는 은은하게 들려 왔다.

오전 여덟 시 경성 거리에 이윽고 새 손님이 찾아왔다. 창파만리를 건너 8일에 인천항에 상륙한 미국 진주군이다.

_ 〈매일신보〉 1945년 9월 9일 자

연합군 환영행진 (서울)

©NARA

'연합군 환영' 현수막을 들고 거리 행진하는 한국인들

일본군 항복 조인식

©NARA

1945年 9月 9日 오후 4시 이날 연합군과 일본 측과의 종전협정에 대한 항복문서의 조
인식은 총독부 제1회의실에서 엄숙히 거행되었다.

식장 北便窓外로 보이는 근정전과 멀리 新秋의 창공 아래 흘연히 솟은 北岳은 오늘의
해방 조선을 축복하는 沈重한 中에 경축의 별을 띠운 것 같았으며 다시 이 조인식장의
상공으로는 연합군 측의 당당한 비행대의 鵬翼이 飛去飛來하여 의미깊은 조인식을 종
료한 데 대한 에포크를 지었다.

— 〈매일신보호외〉 1945년 9월 9일 자

1 항공 촬영된 서울
2 서명하는 하지
3 항복문서에 서명
4 환호하는 사람들

1 9 4 5
9월 9일

일본군 항복식(서울)

1 일장기 하강
2 성조기 게양

9일 총독부 앞뜰 한구석에 서 있는 기자의 회중시계는 오후 4시 35분을 가르키었다. 지금까지 펄럭이던 일장기가 소리 없이 내려왔다. 35년 동안 우리들의 고혈을 착취하고 우리들의 자유와 의사를 압박하여 오던 제국주의의 간판은 여지없이 땅 위에 떨어진 것이다. 참으로 역사적 일순이었다. 일장기 대신에 성조기가 푸른 하늘 아래 찬연히 휘날리며 올라갔다. 우리는 하루빨리 저 깃대에 성조기 대신 우리들의 국기가 자유롭게 휘날릴 날이 실현되도록 힘을 합쳐야 할 것이라고 느끼었다.

_〈매일신보호외〉 1945년 9월 9일 자

1945
9월 9~10일

서울역, 영국군 포로

1 연합군 병사들을 태운 트럭
2 서울역 앞 환호하는 인파에 둘러싸인 영국군 포로와 한국 소년 김구춘

연합군 환영(서울)

1 9 4 5
9월 10일

1 경성일보를 파는 소년
2 미군 지프차가 지나갈 때 민간인이 손을 흔들며 환호한다.
3 동맹군 환영 벽보를 보는 한국인
4 (현수막 번역) 한국은 연합군을 환영합니다
5 의연금을 모금하는 사람들
6 만원 상태의 세종로 노면전차

일본군 무장해제(서울)

1 9 4 5
9월 10~11일

1 무장해제를 위해 이동하는 일본군
2 미군이 무기를 찾기 위해 일본군 수레와 가방 등을 검사하고 있다.

하지 중장 기자회견

1 9 4 5
9월 11일

미군 사령관 하지 중장은 진주 후 첫 신문기자단과의 회견에서 다음과 같이 말했습니다.

"나는 조선 민족이 유구한 역사를 갖고 있다는 것도, 조선 사람들이 하루빨리 독립을 희망한다는 것도 잘 알고 있습니다. 하지만 그 시기를 여유 있게 기다렸으면 좋겠습니다."

하지 중장

존 R. 하지(John R. Hodge) 중장
당년 51세 군인중의 군인이요 전쟁을 가장 잘 아는 전형적 군인이다. 하지 중장은 일본군과 쩡글전투의 권위이다. 1944年 3月에는 뿌겐빌전투에 참가하였다. 이 전투에 참가한 일본군은 가장 맹열한 것이었으나 이를 격파하였다. 그가 제일 싫어하는 것은 장발이다. 그는 짧게 기른 회색 머리털을 갖고 있다. 그는 병졸에게 가장 길어서 2인치 이상의 머리를 인정하지 않고 있다. _〈매일신보〉 1945년 9월 11일 자

미군 환영식(개성)

1 9 4 5
9월 11~12일

1 개성 인근에서 미군을 환영하는 시민들
2 어린이들의 환영행진

소련군과 미군 만남(개성)

1 9 4 5
9월 11~12일

1 개성 인근에서 서로 악수하는 미군과 소련군
2 미군과 소련군

조선에 자주독립이 실시될 때까지 당분간 북위 38도를 경계선으로 소련군과 미군은 남
북선에 주속(駐屬)해 있게 되었으며 후일의 조선의 새 정부가 수립되면 물론 이 경계선
은 철폐될 것이다.

따라서 이 경계선의 구획은 양군 사이에 협정될 것인데 이에 대한 협의를 하고자 미군
측 제35보병여단장 존 덩큰 소좌는 12일 소련 측 장교와 회견하였다.

_〈매일신보〉 1945년 9월 12일 자

부산으로 들어오는 귀환동포들

©NARA

외무과에서 발표한 바에 의하면 일본에서 조선인 동포가 347,373명이 고국에 돌아왔는
데 여기에는 9월 1일부터 27일까지 귀국한 조선인 106,000명이 포함되어 있다고 하며
9월 중에 부산 당국에서 귀환동포 인원수를 매일 발표하지 못한 것은 그동안 부산항이
미어지도록 귀환동포가 많았던 까닭인데(……) 그동안 우리 동포는 347,737명이 귀국

_〈자유신문〉 1945년 11월 14일 자

연합군 환영행진(부산)

1 9 4 5
9월 16일

연합군을 환영하는 보이스카우트, '환영 자동차 운전수협회' 현수막을 든 사람들

미군의 서울 시내 구경

1 9 4 5
9월 24일

(공고) 금지오개사항

1. 파괴적 행위를 하지 말라

2. 함부로 일반 주택에 침입치 말라

3. 풍기를 소란케하는 언동을 피하라

4. 이국인에 대하야 덕의와 명예를 손상할 언행을 금하라

5. 투기적 매매행위를 하지 말라

_ 조선건국준비위원회

조선건국준비위원회의 공고문을 보는 미군들

연합군 환영 미사

1 9 4 5
9월 26일

조선의 자유 해방을 삼가 하나님께 감사하고 우리들의 연합군을 환영하고저 조선천주교회의 독립미사제와 미군 환영식은 9월 26일 서울 명동 천주교당에서 성대히 거행되었다.

이날 아침 10시 정각, 미군 측에서 아놀드 장관 이하 천여 명이 참석한 가운데 노기남 주교의 환영사와 함께 아놀드 장관에게 소녀가 꽃다발을 선물로 바치자 이에 응답해서 아놀드 장관은 모인 교도들에게 정중한 답사를 했다.

©USCKHL

1 최초의 한국인 주교 노기남
2 미군정청 초대 군정장관 아치볼드 아놀드(Archibold V. Arnold)

38선에서
미군과 소련군이 만남

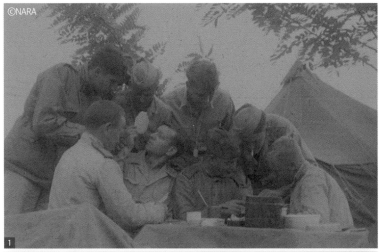

©NARA

1 이야기를 나누는 미군과 소련군
2 기타를 치는 소련 군인을 구경하는 미군

1 9 4 5
10월 1~6일
제주 주둔 일본군 무장 해제

1 미군 함정 갑판에 실린 일본군 무기
2 일본군 무기를 바다에 버리는 미군
3 폭파되는 일본군 탱크들

1 폭파되는 일본군 비행기들
2 지켜보는 할아버지
3 해군 포
4 부서진 포
5 제주도의 일본군 동굴 진지

▶‖ 제주도의 일본군 동굴 진지

1945년 6월까지 일본 육군에서 제주도에 판 동굴 진지만 67개 호, 3.2km 길이에 달한다. 중화기를 배치하려고 두꺼운 철근 콘크리트 등으로 공고하게 구축한 토치카 형태로, 격자형 내부 공간과 밖을 관측할 수 있는 총안이 사다리꼴 모양으로 만들어져 있다.

1 9 4 5
10월 5일

보이스카우트 재발족,
23주년 시가행진

23년 전(1922)에 고 조철호 씨의 손으로 처음 소집된 조선소년군은 8년 전에 일제의 탄압으로 해산당하였다. 해방 후 다시 발족 처리되어 10월 5일 날 23주년 기념 시가행진을 성대히 거행하였다.

1, 2　보이스카우트 재발족식
3　(현수막) 소년군은 소년동무들의 구락부인 낙원이다
4　시가행진

▶Ⅱ **조선소년군**

　1922년 조철호가 조선보이스카우트 경성 1호대 발대했고, 1937년 일제가 강제해산했다.

3

4

서울역 풍경

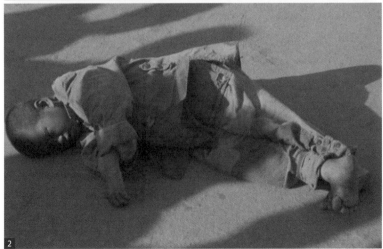

1 기차를 기다리는 사람들
2 역 근처에 버려진 아이

철수하는 일본 민간인이 가득 찬 기차

일본인의 철거문제는 3천만의 큰 관심사인바 드디어 이들 일반 일본인의 송환은 10월 10일부터 개시되었다. 3천 명의 일본인을 태운 열차는 10일 경성을 출발해 일본으로 돌아가는데, 이 열차가 부산에서 돌아올 때에는 일본에서 귀국한 3천 명의 동포가 돌아 오게 된 것이다.

_ 〈매일신보〉 1945년 10월 10일 자

이승만 박사 귀국 방송

1945
10월 17일

(……) 김구 씨와 같이 오는 것이 중국 방면으로 장애가 너무 많아서 잘되지 않은 까닭에 부득이 군용비행기로 태평양을 건너서 오게 된 것입니다. 동경에서 하지 장군을 만나서 친밀히 담화한 후, 하지 장군은 그 익일에 떠나서 서울로 회정하고 나는 수일 쉬어가지고 오면 좋겠다고 해서 나는 3일 쉬어서 어제 아침에 동경을 떠나서, 어제 오후에 서울에 와서 내렸습니다.

내가 소문 없이 이렇게 온 것은 무슨 비밀관계가 있거나 무슨 정당 연락으로 온 것이 도무지 아닙니다. 모든 정당이나 당파가 다 합동해서 한마음 한뜻으로 우리 조선의 완전무결한 독립을 찾자는 것이 나의 제일 원하는 것입니다.

지금 우리의 기회는 전무한 기회요, 또 후무할 것입니다. 미국 사람들이 앉아서 우리 한인들에게 한번 기회를 줘 보자는 것입니다. 그러니 우리가 이때 모든 사정과 (……) 우리는 더욱 힘써서 이 기회를 기어이 성공해야만 될 것입니다. (……) 합심합력하여 회복하자는 것으로만 주장을 삼을 지경이면 이때 다 잘될 줄을 내가 확실히 믿습니다. 그러니 이 말을 일반 동포에게 일일이 전파해 주시오.

미국이 정부나 학생이나 시민 대통령 이하로 다 우리 독립을 절대 지지합니다. 또 일본으로 조선까지 오고 보니 맥아더 장군과 하지 장군과 아놀드 장군이 다 우리 동정자입디다. 그들이 믿기를 우리 한인들이 차차 자립 자주할 능력을 얻을 수 있을 것을 믿은 까닭으로(……)

그러나 우리 친구들이 아무리 우리를 도우려고 할지라도 우리가 우리 일을 안 하거나 못하거나 하면 (……) 내가 또다시 말할 기회가 있을 것이기에 이만 그치며, 여러분에게 부탁하는 것은 부디 합심협력해서 이 기회를 놓치지 맙시다.

이승만 귀국 연설

초등학교 교육 현장(부산)

1 9 4 5
10월 19일

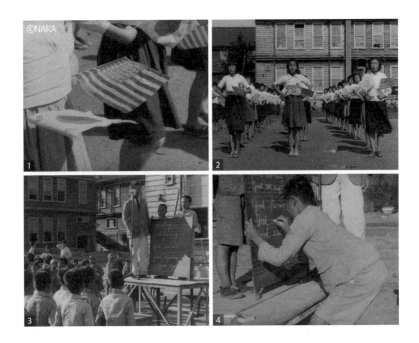

1, 2 학교 운동장에 줄을 서서 작은 성조기와 태극기를 들고 율동하는 소녀들
3, 4 운동장에서 영어 수업을 받는 학생들

1 9 4 5
10월 20일

연합군 환영대회

감격 깊은 연합군 환영식

10월 20일, 서울 군정청 넓은 마당에서 승리에 빛나는 연합군과 때마침 30여 년 만에 돌아오신 이승만 박사를 환영하는 식이 성대하게 개최되었다.

우리 태극기를 한복판에 연합국 4개국 국기로 장식된 중앙 연대 위에서 이날의 주빈 이승만 박사, 하지, 아놀드 두 장군은 120만 서울 시민의 환영을 받았다. 그러고는 하지 장군과 아놀드 장군이 조선의 자주독립을 축복하는 뜻깊은 인사 말씀을 했다. 이어서 이승만 박사는 우리의 강토를 회복하고 우리의 독립을 속히 이루기 위해서 삼천만이 한 덩어리가 되자고 열렬히 외치었다.

이 민족적 성전에 참여한 수만 시민들은 권동진 씨의 선창으로 조선 독립 만세, 연합국 만세를 화창한 후 뜻깊은 환영식의 막을 마쳤다.

1 중앙청에 걸린 태극기와 연합국 국기
2 이승만 박사

연합군 환영식(서울 중앙청)

1 9 4 5
10월 20일

1 연합군 환영식
2 (왼쪽부터) 아놀드 군정장관, 이묘묵 통역, 하지 중장, 명제세, 오세창, 이승만

연합군 환영식(서울 중앙청)

1 9 4 5
10월 20일

1 하지 중장, 장택상 당시 수도경찰청장(통역)
2 연설하는 이승만 박사

이승만과 정당대표자 회의

1945 10월 23일

이승만 박사는 10월 23일 오후 2시부터 서울 조선호텔에서 각 정당 대표 200여 명을 초청해 가지고 자주독립의 역사적 단계를 의논했다. 가장 주목을 끈 몇 대표의 발언이 있었다.

조선공산당 이현상 씨는 민족통일전선은 친일파 민족반역자를 깨끗이 소탕한 다음에 진보적 민주주의 정부를 세우는 데 있다고 설파하였다. 이어서 조선학병동맹 대표는 우리는 생명을 바쳐 민족반역자를 소탕할 결의가 필요하다고 강조했다.

이렇게 논의되고 난 후 자주독립을 위해서 우리의 요망인 통일전선을 결성할 것을 만장일치로 결정했으니, 그 통일전선은 국민당 안재홍 씨의 발언으로 드디어 독립촉성중앙협의회 형태로 발족하게 된 것이다.

ⒸUSCKHL

1 이승만 박사
2 국민당 안재홍

연합군 환영 종합경기대회

1 9 4 5
10월 27일

10월 27일, 서울운동장에서는 조선체육회 주최로 연합군 환영 종합 경기대회가 화려하게 개막되었다. 엄숙한 입장식에 이어서 10여 가지 운동 종목의 전국에서 모여든 수천 선수들의 열전은 사흘 동안이나 찬란한 경기가 벌어졌었다.

조선의 젊은이는 운동경기마저 그 얼마나 억압당해 왔던가. 이제는 해방과 함께 왕년의 체육 조선의 면모를 다시 살리게 되었다. 이날의 경기를 보려고 운집한 관중들은 창공에 펄럭이는 태극기 아래서 청춘의 미전에 도취했으니 이 얼마나 고대하던 체육 조선의 경사인가. 그리고 이날의 총수익금은 전재 동포 구제금으로 쓰이게 되어 한층 뜻깊은 대회가 되었다.

1 육상 경기
2 관중

연합군 환영 종합경기대회

1 9 4 5
10월 27일

1 이승만 박사
2 연합군 환영 전국체육대회(서울운동장)

1 9 4 5 **10월 27일**	미군과 조선 선발군 야구시합

서울운동장에서 조선 주둔 미국군의 야구단과 조선의 선발군의 야구시합이 있었다. 이제 다시 살아날 조선의 야구단이 야구를 일상 즐기는 미국군을 맞아 교환시합을 한 것은 참으로 뜻깊은 일이었다.

1 야구경기
2 관중

광주학생의거

1 9 4 5
11월 3일

광주, 1929년 11월 3일, 일본의 권리 침해에 대항해 학생들의 의거가
일어났던 역사적인 장소.

장하다. 오늘은 학생의 날. 생각하라 광주학생 사건을.
1929년 11월 3일, 호남의 한 도시 광주에서 발단한 전국적 학생 사건
은 민족해방투쟁이 되고, 나아가 인도, 비율빈(필리핀)까지에도 큰 파
문을 일으켜 약소민족 공동전선에 결부된 위대한 영웅적 투쟁이었
다. 이제 조선이 해방된 오늘날 이 역사적 투쟁일을 우리들의 빛나는
기념일로서 이날을 학생의 날로 상정했다. 이날 광주에서는 광주고
보(高普, 고등보통학교) 마당에서 전 광주 남녀학생이 모여 아침 아홉 시
부터 성대한 기념식을 지냈다. 그 당시 학생들과 함께 싸운 선생님들
도 오늘의 감격 깊은 기념식에 참가해서 청년학도들을 격려했다. 이
리하여 식은 감격과 흥분에 넘친 속에 애국가와 조선 민족 완전 해방
만세로써 끝났다.

광주학생의거 기념식

1 9 4 5
11월 3일

광주학생의거 기념식

같은 날, 서울에서도 학생사건 기념투쟁회의 지시 아래 환영회를 비롯해 뜻깊은 기념행사가 있었다. 서울운동장에서도 전 학도 3만여 명이 집합해서 열린 기념식에 학생의 아버지 여운형 씨가 나타나, 미래는 제군의 것이라고 격려의 말씀을 보내자 전 학도는 소리 높여 만세를 외쳤다. 학문의 자유, 학생 자치권 획득을 부르짖으며 학생들의 의지를 유감없이 나타내 뜻있는 기념일을 보냈다.

1 여운형
2 (현수막) 민족의 반역자 즉시 철퇴
3 (현수막) 학문과 연구의 자유
4 기념식의 학생들

이승만 박사 자택, 돈암장

1 송필만, 고희동 등과 이승만
2 이승만 박사

▶‖ **돈암장**

일제강점기에 건축된 한옥으로, 1945년 이승만이 귀국해 머물렀던 사저이기도 하다. 서울시 돈암동 인근에 있다 하여 '돈암장'이라 했다.

1945 11월 20일 전국인민위원회 대표자대회

전국인민위원회 대표자대회는 서울 천도교 대강당에서 11월 20일부터 사흘 동안 개최되었다.

중앙인민위원회 의장 허헌 씨는 민족반역자와 친일파의 소탕이 없이는 조선의 완전 독립이 있을 수 없다고 갈파하고, 반만년의 전통과 삼천만의 총력을 일제히 발휘해서 조국의 영광을 누리자고 열렬한 개회사를 했다.

그리고 650명 인민 대표들의 지방 정세 보고로서 인민들의 기치 아래서 완전 자주독립에 매진하고 있는 열의를 여실히 반영시키었다.

허헌 인민위원회 의장

우리말 교과서 발간

1 9 4 5
11월 20일

우리말 교과서가 군정청 학무국으로부터 처음 나오게 되었다. 38도 이남 국민학교 아동을 대표한 두 남녀 아동이 아놀드 장관으로부터 오랫동안 기다리던 교과서를 기쁨에 찬 얼굴로 공손히 받았다. 이리 하여 장구한 동안 어린 아동들을 괴롭히던 소위 황국신민 교과서는

©USCKHL

완전히 소탕되고, 이제야 배울 수 있는 우리의 글을 선생님들과 함께 열심히 배우게 된 것이다.

이 얼마나 어린이들이 기다렸던 기쁨의 날인가. 귀엽고 영리한 이 어린이들의 모습을 보라. 선생님들과 함께 춤추고 노래하며 배우자. 그리하여 우리나라를 지킬 씩씩한 인민이 되자.

 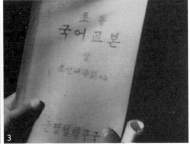

1 교과서를 받은 아동
2 교사
3 (표지) 초등 국어교본(상) 조선어학회 군정청 학무국

한국인의 짐 운송수단

1 9 4 5
11월 21일

1 나무짐을 지게에 지고 가는 남자
2 나무짐을 이고 가는 여자
3 머리에 항아리를 이고 있는 여자
4 지게를 진 남자

1945
11월 23일

김구 환국

서울에 개선 환국하신 김구 주석, 제일성으로 다음과 같이 말씀하시었다.

"친애하는 동포들이여, 27년간이나 꿈에도 잊지 못하던 조국 강산에 돌아오니 감개무량합니다. 여러분과 함께 독립 완성을 위해서 노력하겠습니다."

1 백범 김구
2 경교장

김구는 전 국민에게 환국인사의 말씀을 하고자 24일 밤 8시에 경성방송국의 마이크를 통하여 다음과 같은 간단한 방송을 하였다.

"친애하는 동포들이여, 나와 나의 각원 일동은 한갓 평민의 자격으로 들어왔습니다. 앞으로는 여러분과 같이 우리의 독립완성을 위하여 진력하겠습니다. 앞으로 전국동포가 하나로 되어 우리의 국가독립의 시간을 최소한도로 단축시킵시다. 앞으로 여러분과 접촉할 기회도 많을 것이고 말할 기회도 많겠기에 오늘은 다만 나와 나의 동료 일동이 무사히 이곳에 도착했다는 소식을 전합니다."

_ 〈자유신문〉 1945년 11월 26일 자

백범 김구 일행,
손병희와 안창호 묘소 참배

11월 28일, 김구 주석, 김규식 부주석, 이시영 원로, 유동렬, 엄항섭 씨 일행은 혁명의사의 묘소를 망우리와 우이동으로 찾았다.

먼저 우이동에 손병희 선생의 묘소를 찾아간 김구 주석은 묘전에 화환을 올리고서 묵상 배례를 드리었다.

그길로 일행은 또 한강수를 휘두른 망우리에 잠드신 안창호 선생의 묘소를 찾았으니 흉중에 거래하는 감회 오늘의 기쁨을 같이하지 못하는 원한일 게라 고요한 형기를 뚫고 들려오는 울음소리 산천초목도 마음이 있으면 읍하리라 고개 숙이리라. 고요히 지하에 잠드신 열사들도 한을 풀어 기뻐하시리라.

1 우이동 손병희 묘소
2 묵상배례

전국농민조합 총연맹 결성

**1 9 4 5
12월 8일**

전국농민조합총연맹 결성대회는 12월8일부터 사흘 동안 서울 천도
교당에서 대의원 670명이 모인 가운데 전농준비위원장의 사회로 성
대히 개최되었다.

대회 첫날 중앙인민위원회 홍남표 씨, 조선공산당의 이현상 씨 그리
고 임시정부 조소앙 씨, 장건상 씨, 김약산 씨, 또 연안에서 돌아온 김
태준 씨들의 축사가 있었고, 농민 문제, 토지 문제 해결을 부르짖었
다. 그리고 신국가 건설에 농민들의 한데 뭉쳐 나갈 기관으로 전국
농민조합 총연맹을 결성하였다.

1 전국농민조합 의장 백용희
2 (현수막) 농민은 전농의 기빨 밑으로

전국부녀총동맹 결성대회

1 9 4 5
12월 21일

오랫동안 일본 제국주의의 압박과 봉건사상에 억제당하여 오던 조선 여성들은 참된 해방과 진정한 노선을 찾고저 12월 21일 서울 휘문중학교 강당에서 대의원 158명이 모인 가운데 전국부녀총동맹 결성대회를 개최하였다.

1 유영준 전국부녀총동맹 의장
2 전국부녀총동맹 결성대회 모습
3 (포스터) 소탕!
4 (포스터) 참정권을 획득하자!

순국열사추념대회

1 9 4 5
12월 23일

갖은 압박과 질곡에도 불구하고 오로지 우리 민족의 해방을 위해서 꾸준히 싸우시다가 해방된 오늘 삼천리강산을 못 보시고 돌아가신 순국선열의 영혼을 추념하고저 12월 23일 서울운동장에서 김구 주석 이하 여러 요인들과 일반 각 단체가 모인 가운데 엄숙히 순국열사추념대회를 거행하였다.

1 (현수막) 순국열사추모
2 백범 김구

모스크바 3상회의

1 9 4 5
12월 16~25일

1 번즈 미국 국무장관
2 베빈 영국 외무장관
3 모스크바 3상회의 참가국 국기
4 회의장

▶‖ **번즈 미국 국무장관의 모스크바 3상회의에 대한 발언**

모스크바에서의 우리의 합의에 따라, 양측 군사령부는 즉각적인 경제 및 행정 문제를 해결하기 위해 미소공동위원회를 구성하기로 했습니다. 이 위원회에서는 미국, 소련, 영국, 중국 정부에 한국 임시 민주 정부 구성과 관련해 권고를 할 것입니다. 또한 한국이 5년 안에 독립할 수 있도록 준비하기 위해 4대국 신탁통치를 관련 국가들에게 제안할 것입니다.

(오디오 출처 Voice of America)

1946

미소공동위원회

이승만 박사 삼남 순시

0114

3·1운동 27주년

독립전취국민대회

비상국민회의
대한국민대표 민주의원 결성

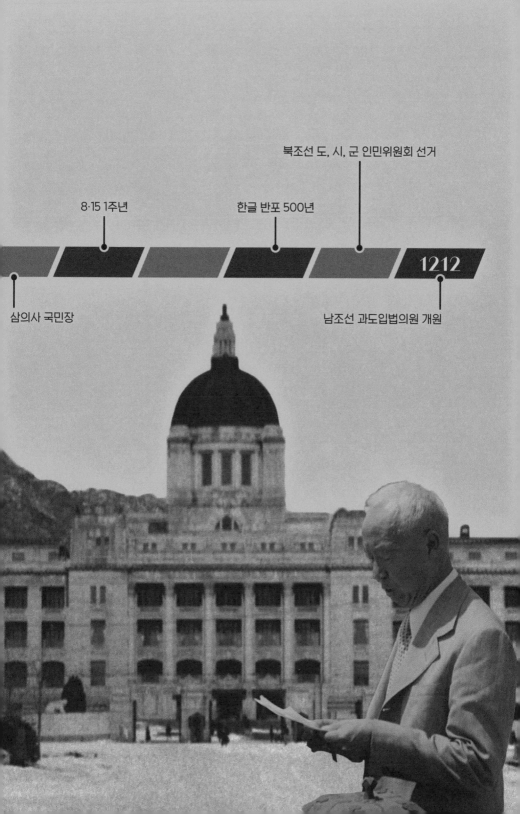

북조선 도, 시, 군 인민위원회 선거

8·15 1주년

한글 반포 500년

1212

삼의사 국민장

남조선 과도입법의원 개원

<u>1 9 4 6</u>
1월 14일

태극기 게양식

경복궁 뜰 안에 우리 태극기가 걸린다.
1월 14일, 때마침 서울에 들른 미국 페터슨 육군장관도 참석해서 태
극기 게양식을 엄숙히 거행했다.

(올드 랭 사인 곡조의 애국가)
동해물과 백두산이 마르고 닳도록
하나님이 보우하사 우리나라 만세
무궁화 삼천리 화려강산
조선 사람 조선으로 길이 보전하세

게양되는 태극기

태극기 게양식

1 9 4 6
1월 14일

©NARA

찬연한 조선의 앞날을 상징하는 듯 밤사이 소리도 없이 내린 눈이 발등이 묻히도록 쌓인 군정청 앞 순백의 정원에는 때마침 머리 위로 떠오르는 아침 햇살을 받아 모여든 군중들이 얼굴마다 눈을 찡그렸다. 태극기 우리나라 국기가 한 폭 은혜로운 희망의 빛을 안고 유유히 허공으로 올라간다. 이곳은 14일 오전 10시 군정청 앞에서 거행된 태극기 게양식장이다.

_〈조선일보〉 1946년 1월 15일 자

104

게양되는 태극기

1 9 4 6
1월 14일
페터슨 육군장관 기자회견

1월 14일 아침, 페터슨 미국 육군장관은 하지 중장과 함께 내외 기자단과 회견했다. 그 자리에서 조선 현상과 조선인에 관한 기자단의 질문에 페터슨 육군장관은 조선 사람들이 군정에 협조하는 것은 조선을 위해서 큰 공헌이 될 것이며, 미국은 조선의 완전 독립이 올 때까지 동정과 지지를 계속할 것이고, 조선의 지위에 대해서는 전번에 발표된 모스코우(모스크바) 협정 내용 이상으로 추가할 말이 없다고 대답했다.

기자회견 중인 페터슨 미 육군장관

페터슨 육군장관 돌연 입경

1946 1월 14일

기자회견장의 페터슨 미 육군장관

1 9 4 6
1월 16일

미소공동위원회(서울)

1 서울 중앙청
2 회의장 내부
3 연설하는 하지
4 스티코프 미소공위 소련 대표

▶‖ **제1차 미소공동위원회**

모스크바 협정에 따라 한국의 신탁 통치와 완전 독립 문제를 토의하기 위해 1946년 1월 16일 덕수궁 석조전에서 열렸다.

1 9 4 6
1월 16일
미소공동위원회 예비회담

모스코우 삼상회의 결정에 의하야 미소 양군 대표가 모인 역사적인 미소공동회의가 1월 16일 오후 1시 15분 서울 미군정청 제1회의실에서 개최되었다.

미군 측 하지 중장과 아놀드 소장 이하 7명, 소련 측 대표 스티코프 중장 이하 6명이 참석하자, 개회 벽두 하지 중장이 완전한 협력과 협조로 조선의 행복과 복리에 관하여 토의하겠다는 인사가 있었다. 이어서 스티코프 중장 역시 양군 회담으로 조선의 행복을 위하여 시급한 정치 경제 문제를 해결하자는 인사말이 있자, 마누잔 여사가 영어로 통역하고, 또 스티코프 중장의 인사말을 조선인 소련 장교 최 대위가 우리말로 통역했다. 그 후 양군 대표는 서로 소개 인사가 있은 후에 삼천만 동포의 크나큰 관심이 쏠린 정식회담이 오후 2시부터 비공개로 개시되었다.

©USCKHL

1 미소공동위원회 회담장의 하지, 스티코프
2 영어로 통역하는 마누잔

1 9 4 6 친일파 모리배 김계조의 말로
1월 17일

1 (제목) 친일파 모리배 김계조의 말로
2 재판을 받고 있는 피고인들

8월 9일 후 총독부의 총독 이하 각 수괴자들은 (……) 김계조에게 기밀자금으로 현금 250만 원과 물자설비 500만 원 이상 700만 원 총계 1,000만 원을 제공하여 (……) 조선독립발전의 방해와 일본인의 생명재산을 보호할 목적으로 탐정과 정치모략을 꾀하게 하였다는 것으로 이들에게는 많은 무기와 악질적 폭력단까지 배치하였다는 사실이 폭로된 것이다.

_ 〈조선일보〉 1946년 1월 5일 자

건국을 좀먹는 화재

1 9 4 6
2월

©NARA

화재에 주의하라. 화재 없으면 외국의 원조는 불필요 작금 매일같이 화재가 발생하야
방대한 손해를 보게 된 것은 개인은 물론이요 국가의 성쇠에 관련된 중요한 문제이다.
1945년의 통계를 보면 1개년동안 회진에 귀한 재원이 157건 금액으로 6백6십3만8천
4백원의 거액에 달하였으며 금년에 들어와서는 불과 20여일간 즉 1월 23일 현재로 16건
으로 손해는 물경 4천7백12만육천백원이라 하는 전고미증유의 거액에 달함에(……)

〈대동신문〉 1946년 1월 24일 자

비상국민회의 개막

1 9 4 6
2월 1일

©NARA

임시정부의 소집으로 과도정부수립을 목적하는 비상국민회의는 1일 오전 하오 11시
부터 서울시 명동 천주교대강당에서 저명민중지도자 임시의정부의원 각정당 종교문화
산업단체 각도대표자 ㅇ비위원회원 등 초청대표의원 202명 중 조선공산당 독립동맹
전평 등 좌익계 각 정당 단체 대표 전부 및 기타 51명 결석 불참가하고, 우익계 각 정당
단체대표 151명 출석하에 개최되었다.

_ 〈자유신문〉 1946년 2월 2일 자

1 (제목) 민족의 총의를 통일에 집결 비상국민회의 개막
2 김규식
3 김병로

▶II 비상국민회의

　　1946년 2월 1일부터 이틀간 정부 수립 문제를 논의한 비상정치회의.

1 9 4 6
2월
조선국방경비대 새로 편제

1   (제목) 조선국방경비대 새로 편제
2~4   새로 편제된 조선국방경비대가 운동장에서 훈련받고 있다.

봉사의 질서의 깃발,
조선경찰학교 시가행진

1   (제목) 봉사와 질서의 깃발, 조선경찰학교 시가행진
2, 3 경찰 행진
4   국립경찰학교 깃발

▶Ⅱ **조선 경찰학교**

경찰교육기관인 경찰종합학교의 전신으로, 1945년 출범했다.

1 9 4 6
2월 14일

대한국민 대표 민주의원
결성식

2월 14일 아침 10시, 군정청 제1회의실에서 남조선 대한국민대표 민주의원 결성식이 거행되었다.

민주의원은 비상국민회의를 토대로 이승만 박사와 김구 씨 이하 28명 위원으로 구성되며, 38도 이남 미군정 당국이 조선독립을 위해서 노력하는 데 대하야 하지 중장의 자문기관으로 협력하기로 했다.

©USCKHL

김규식, 이승만, 김구

▶‖ **대한민국 대표 민주의원**

1946년 2월 14일 발족한 미군정 사령관의 자문기관. 약칭 민주의원. 의장 이승만, 부의장 김구, 김규식.

민주의원 결성식

1 9 4 6
2월 14일

©NARA

1 김규식, 이승만, 김구
2 회의장 내부
3 백범 김구

1 9 4 6
2월 15~16일
민주주의 민족전선 결성대회

미군정하에서 민주주의로 전 민족적 통일을 준비하던 민주주의 민족전선 결성대회는 2월 15일부터 이틀 동안 종로 기독교 청년회관에서 열리었다.

출석한 대의원 492명, 조선공산당, 인민당, 독립동맹과 노동자, 농민, 청년, 부녀, 종교 문화 단체, 재외 동포 등 각 단체 대표와 지방대표 그리고 임정을 탈퇴한 김약산 씨 외 세 분, 모두 한자리에 모여 민주주의 국가 건설에 이바지할 것을 맹서하였다.

1   허헌
2   한빈 독립동맹 부의장
3, 4 민주주의 민족전선 결성대회

3

4

©USCKHL

1 9 4 6
3월 1일

3·1운동
27주년 기념식(서울)

해방 후 처음 맞이하는 3·1운동 27주년 기념행사는 남산 동산에 감격에 넘치는 국기 게양식을 비롯해서 성대히 열리었다.

이날 서울 종로 인정전 앞에서 독립선언기념식이 거행되었다. 단청도 새로운 보신각 앞 식장에서 이승만 박사의 식사와 하지 중장의 축사가 있은 후, 33인의 한 분 오세창 씨가 감개무량하게도 27년 전 이날에 선포한 독립선언문을 낭독했다.

이 밖에 각 학교에서도 뜻깊은 기념식이 있어 독립을 얻으려고 힘차게 일어섰던 3·1운동을 추모해서 새 조선을 짊어지고 나갈 어린이들의 의지를 돋우고, 창경원에서의 야외 연회와 씨름, 파고다 공원에서의 음악 연주, 덕수궁에서의 여학교 합창 등 여러 가지 모임으로 3월 1일 국경절을 뜻깊게 경축했다.

(자막)
1919년 3월 1일 독립운동 희생자
참가자 1,363,900명
수감자 7,900명
부상자 14,600명
사망자 6,700명

1 남산에서 거행된 태극기 게양식
2 보신각 앞에서 거행된 독립선언 기념식

1919년 3월 1일, 27년 전 이날이야말로 애국에 불타는 2천만 동포가 일본 제국주의의 잔혹한 총검에도 굴치 않고 일제히 봉기해서 피로 물들인 역사의 날이다.

이 운동의 뒤를 이어 일제에 피땀을 빨리던 조선 인민은 매년에 일만여 명의 희생을 내며 혹은 지하에서 혹은 해외에서 꾸준히 싸워 온 것이다.

삼천만 조선 동포여 이날을 당하여 우리는 삼일운동 이후의 혁명 투사들의 위대한 뜻을 본받아 우리 앞에 놓여 있는 역사적 과업을 용감히 실행할 것을 맹서하자.

민주주의적 임시정부 수립과 경제 위기의 극복, 토지 문제의 해결, 일제 시대의 잔재소탕, 이 모든 주요 과업의 해결은 오즉 민족통일과 민주주의 노선을 강력하게 실천함으로써 실현되는 것이다.

3·1기념 서울시민대회는 해방의 봄빛도 가득 찬 남산광장에서 열렸다. 각 민주주의 정당 단체 30여만의 인민 대중이 모여 27년 전에 외치던 조선 독립 만세의 부르짖음을 또다시 이 땅에 울리어 천지를 진동시켰다.

1 이승만 박사 식사
2 회장에 참석한 백범 김구
3 오세창 선생 독립선언문 낭독
4 창경원에서의 야외 연회. 이난영, 신카나리아, 장세정이 노래하고 있다.
5 파고다 공원에서의 음악 연주

3·1절 경축기념대회(평양)

1 9 4 6
3월 1일

1 3·1운동 생존투사 라인협, 임예환 선생
2 (현수막) 조선완전동립만세
3 기념대회 시가행진

남북 우편물 교환

1 9 4 6
3월 15일

ⓒNARA

1 (표지판) 토성-개성-풍동
2 우편물 검사 중

38도 남북의 우편물 교환은 15일 오전 10시 개성에서 소련 대표와 미군 대표 사이에서 거행되었다. (……) 이남 미군정 대표 체신보좌관 파이든 중위는 개성역 앞에서 소련 대표 쥬크린 중위와 교환의 악수를 한 후 소정한 장소에서 전기와 같이 오전 10시에 우편행낭을 교환하여 오랫동안 막혔던 남북의 소식은 해방 후 처음 정식소통을 보게 된 것이다.

_〈자유신문〉 1948년 3월 16일 자

미소공동위원회

1월 16일부터 서울서 열린 미소공동회담의 뒤를 이어 조선 임시정부 수립 문제를 해결할 미소공동위원회가 삼천만 인민의 절대한 기대와 세계의 시선이 집중된 가운데 3월 20일 오후 1시부터 서울 덕수궁에서 엄숙하게 열렸다.

이 위원회의 위원은 미국 측으로는 수석대표 아놀드 소장 외 4분, 소련 측으로는 수석대표 스티코프 중장 외 4분이었다.

이 미소공동위원회 개회식 석상에서 하지 중장은 "세계 2대 강국의 승리를 선양하야 조선의 장래와 세계 평화에 항구한 결과를 남기자." 는 인사말을 하고, 이어 소련 수석대표 스티코프 중장이 다음과 같은 인사말을 했다.

"조선 인민을 방조하야 자국의 부흥과 민주주의 과업을 능히 실행할 민주주의적 조선 임시정부를 창건하도록 하자. 민주주의 임시정부는 모스크바 3상회의의 결정을 지지하는 각 민주주의 정당과 사회단체를 망라한 대중단결의 토대 위에서 창건될 것이다."

1 덕수궁에 들어가는 대표단
2 미국 대표단과 소련 대표단의 악수

©USCKHL

<table>
<tr><td>1 9 4 6
3월 20일</td><td>미소공동위원회</td></tr>
</table>

1 덕수궁에서 열린 미소공동위원회
2 덕수궁 대한문으로 들어가는 대표단
3 하지, 아놀드, 스티코프

1 9 4 6
4월 11일

미소공동위원회 환영
민주주의 임시정부 수립 촉진대회

미소공동위원회 환영, 민주주의 임시정부 수립 촉성 시민대회가 4월 11일 서울운동장에서 열렸다.

이날 인민당수 여운형 씨, 조선공산당 대표 박헌영 씨, 중앙인민위원회 의장 허헌 씨, 민족혁명당 대표 김원봉 씨, 부녀총동맹 위원장 유영준 씨 등 자리를 나란히 하고, 전평, 전농 등 각 단체 근로대중을 중심으로 한 10여만의 시민이 참집한 가운데 오후 2시부터 성대하게 시작되었다.

우선 본회의 의장 여운형 씨의 열화와 같은 개회사에 이어 각 정당 대표 인사들의 열렬한 환영사가 있었다.

서울 덕수궁에서 열리고 있는 미소공동위원회에 뜨거운 감사를 보내는 동시에 동 위원회가 만란을 배제하고 신성하고 위대한 역사적 과업을 하루빨리 성공하도록 모든 성의와 힘을 합해서 적극적으로 협력 지지해서 인민의 이익을 대표할 정권을 세울 것, 인민 대중의 당면한 식량 기타 생활필수품 등 모든 문제는 오직 민주주의 임시정부가 수립됨으로써만 완전히 해결될 것이라고 했다.

1   미소공동위원회 환영, 민주주의 임시정부 수립 촉성 대회
2, 3   환영하는 군중
4   박헌영, 여운형
5   유영준, 김원봉, 허헌

1 9 4 6
4월 12일

루스벨트 추도식

민주주의적 조선 국가 건설을 위해서 미소공동위원회가 꾸준히 성의 있게 진행되어 가는 이때, 세계 평화와 자유를 위해서 위대한 역할을 하였으며 우리 민족 해방의 은인의 한 사람인 고 루스벨트 씨의 1주기를 맞이해서 민주주의 민족전선 사무국의 발기로 공산당, 인민당, 기타 50여 민주주의 사회단체가 참가해 가지고, 4월 12일 아침 9시부터 서울 국제극장에서 1주년 추도식을 엄숙히 거행하였다.

이 자리에서 고 루스벨트 씨의 정신을 받들어 세계평화와 민주주의 국가 건설에 이바지할 것을 맹서하고 고 루스벨트 씨의 명복을 충심으로 길이 빌었다.

1 루스벨트 전 미국 대통령 추도식
2 여운형

1 9 4 6
4월 15일

민족문화건설전국회의

조선민족의 문화적 각성을 배경으로, 조선문화단체총연맹 산하 33개
단체를 망라하여 민족문화수립전국회의가 서울에서 열려 민주주의,
민족문화의 초석을 다지고 있습니다.

1 포스터
2 참가한 인사들
3 회의 석상에서 연설하는 모습

우리 농촌 생활 소개

1946
4월 26~28일

남부 조선에 주둔하고 있는 미 군인에게 우리 농촌 생활의 가지가지
모양을 소개해서 조미 친선 교류에 이바지하려는 조선 농회 주최의
공예품과 농작법 전시회가 4월 스물엿새 날부터 사흘 동안 군정청
뒤뜰 경회루를 회장으로 개최되었습니다.

특히 선발된 삼십여 명의 실연이 있어 이들의 손으로 만드는 멍석,
바구니, 짚신, 가마, 다듬이, 물레질, 길쌈 등 향토색 짙은 우리 농촌
의 실생활 모습을 재현해서 러치 장관 이하 참관하는 이들을 감격케
했습니다.

©Kobe Planet Film Archive

1 물레질
2 길쌈

1 9 4 6
5월 1일
메이데이 60주년 기념대회

1 박헌영과 허헌
2 (상단) 만국 노동자여 단결하라, (우측) 60주년 메-데- 기념

해방 후 첫 번으로 맞이한 만국노동자의 명절날 5월 1일 '메이·데이' 행사는 이날 서울
운동장에서 성대히 거행되어 세계노동자와 한날 한마음으로 해방의 기쁨을 나누었다.
대한노동총연맹 주최의 기념대회는 육상경기장에서 오전 11시부터 각 소속 노동단체
내빈 약 3,000명이 모인 가운데 (……) 또 전국노동조합평의회주최의 대회는 야구장에
서 동시에 열리어 각 노동단체와 내빈 30,000여 명이 운집한 가운데 (……)

_〈조선일보〉 1946년 5월 3일 자

독립전취 국민대회

1 9 4 6
5월 12일

1 (현수막) 독립전취국민대회
2 이승만 박사
3 김규식 박사
4 이철승 전국학생연맹대표

▶|| **독립전취 국민대회**

　　1946년 2월 8일 결성한 대한독립촉성국민회가 개최한 집회. 반탁 운동을 전면에 내세웠다.

이승만 박사 삼남순시

1 9 4 6
4월~6월

이승만 박사는 환국 이래 국권을 세울려는 국민운동은 실로 다사다
난함에도 불구하고 남한동포들의 요청에 의해 영남 지방 순시의 길
을 떠났다.

노 박사 가는 곳마다 국부를 부르며 따르는 동포들은 유사 이래 처음
보는 인산인해를 이루었다. 나라를 빼앗기고 암흑 속에서 지내던 우
리 동포들은 오늘 우리의 유일한 영도자를 만나게 되어 이 나라 해방
과 함께 광명을 본 듯 희망과 기쁨에 넘쳤다.

세계 민주 우방들이 우리를 해방시킨 이 기회에 조속히 자주독립을
이루자는 간곡한 훈시를 남기고 오천 년 문화민족의 역사를 회상하
며 불국사 돌층계를 밟는 노 박사 또한 감회도 새로웠다.

삼남 지방 촌촌이 가는 곳마다 도로 연변에 열을 지은 동포들의 영접
을 받으며 군중이 모인 곳마다 노 박사 한데 뭉쳐야 산다는 외침은
동포들로 하여금 감명을 새롭게 했다.

1 이승만 박사 환영 인파
2 이승만 박사

제1회 전국도시대항 야구대회

1 9 4 6
6월 7일

전국 야구팬의 인기를 총집중하고 있는 제1회 전국도시대항야구대회는 조선야구협회와 자유신문사 공동 주최로 열한 도시의 야구팀이 참가해서 6월 7일 서울운동장에서 화려한 막을 열었습니다.

이날 첫 여름 좋은 날씨에 드디어 정각 12시 반. 늠름한 유니폼의 200여 명 선수는 각 팀 주장 손에 들린 태극기를 선두로 관중의 박수를 받으며 입장했습니다.

오랜 역사를 가진 우리 야구계가 왜정 밑에서 그 발달이 저해되고 최근 6~7년 동안에는 그마저 중단되던 것이 이제 해방 후 얼마 안 되어 이같이 화려하게 부흥된 것.

개회 선언과 애국가 합창, 이어서 서상국 대회장의 식사와 부산 주장 이상문 군의 선수 선서로써 식을 마치고, 오후 1시 뉴먼 공보부장의 시구식에 이어서 대전 대 개성의 게임으로 대회가 시작된 후 열한 도시의 야구팀이 열전과 열전을 거듭해서 조선 야구 운동계의 화려한 새 출발을 장식했습니다.

1 개성 대표팀 입장
2 대전-개성 점수판

©Kobe Planet Film Archive

1 9 4 6
6월 16일

제1회 특산품 전람회

조선금융조합연합회 주최 군정청 후원으로 6월 16일부터 서울 동화 백화점에서 전국 특산품 전람회가 열렸습니다. 일반 공개에 앞서 러치 군정장관 이하 내빈 다수가 모인 가운데 성대한 개장식을 지냈습니다.

이 전람회는 38 이남 조선 600여 군데의 금융조합과 그 산하에 있는 3만 5천여 개의 식산기를 동원해서 조선색이 농후한 축산품 2만여 점이 진열된 대전람회입니다. 진열장은 아홉 부문으로 나누어 종합 진열로 되었는데 특히 각 도별로 된 특설관, 중매소까지 있어 큰 평판을 거두고 특히 미군 군인들을 감탄케 했습니다.

그중에도 전남 특산품이오, 현 과학계의 귀중한 물자인 수산물의 우무와 정교하게 된 대로 만든 발 그리고 명주실 이런 것이 영예로운 특선으로 당선되고, 이 모두 장래의 수출품으로 화려하게 등장할 기대를 끌게 되었습니다.

새조선 건설에 우리는 우리의 산업경제를 어느 방향으로 발달시킬 것인가. 그러자면 우리의 산물이 무엇인가를 재인식해야 될 때, 이번 특산품 전람회는 비록 38 이북 것은 망라하지 못했다고 해도 다대한 성과를 거둔 것이라 하겠습니다.

그리고 앞으로 이 같은 특산품이 세계 시장에 진출되도록 힘써 외화를 얻어 들여 융성하게 하고 우리 국민 생활을 윤택하게 할 광명의 길이 되기를 기대하는 바입니다.

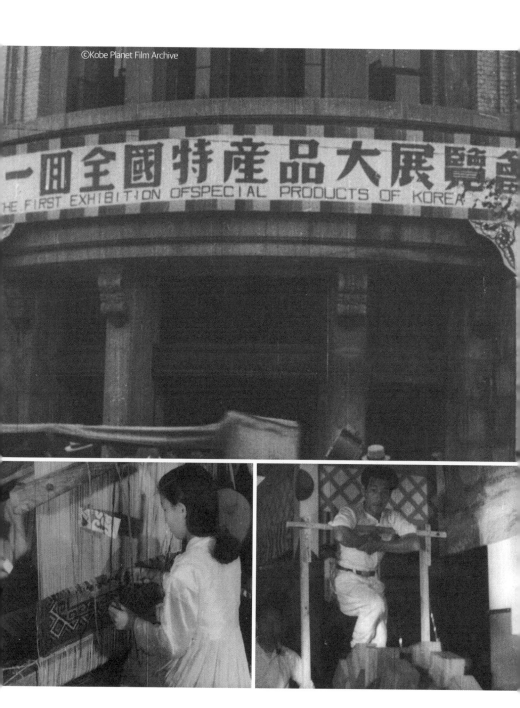

삼의사 국민장

1 9 4 6

7월 7일

1 삼의사 장례식
2 김구

▶❚❚ 삼의사 장례식
    1932~1934년 일본 감옥에서 순국한 윤봉길, 이봉창, 백정기 삼의사의 유해는 광복 이듬해에 한국으로 송환돼 효창원에 모셔졌다. 7월에 국민장이 치러졌다.

1 9 4 6
7월 10일

서울 소방서 분열식

자주독립과 건국을 좀먹는 화재.

이 화재라는 재화에 대처하기 위해서 그 조직과 장비를 개선한 서울 소방서에서는 칠월 열흘날, 조선 주둔 제이십사군 군악대를 선두로 일대 분열식을 거행했습니다.

식은 우선 군정청을 나와 광화문통과 구리개(지금의 을지로입구 역을 지나 을지로 2가에 이르는 구역) 거리를 지나 서울운동장까지 행진했습니다.

행진이 서울운동장에 닿자 거기서 소방법과 화재방지법을 실연하는 모의 연습을 겸해서 진용과 장비가 일신된 우리 소방대의 믿음직한 모습을 보여 주었습니다.

여러분 불을 조심하십시다.

성냥 한 개피가 원인이 되어 나라의 부력을 재로 만들고 우리 자주 독립을 좀먹는 불, 화재를 조심하십시다.

©Kobe Planet Film Archive

훈련 장면

조선정판사 사건 공판

1, 2   재판장 외부 방청객들
3   이관술 조선공산당 재정부장
4   재판장으로 들어오려는 방청객

신성한 법원 수라장화 발포 유혈의 불상사 야기(……) 한편에서는 경관의 지시를 무시하며 질서를 교란시켜 질서유지상 하는 수없이 경관이 공포를 발사하여 입사법원은 수라장화하였다. 법원 정문에는 피흘린 흔적이 있으며 이는 중상을 당한 부상자까지 있는 불상사를 일으키었다.

_〈한성일보〉 1946년 7월 30일 자

1 9 4 6
7월

수마 내습

수마, 근래에 드문 수해가 우리 조선 각지를 휩쓸었습니다. 우리는 이 같은 수마의 발호를 영원히 방지하기 위한 대책이 있어야 하겠습니다.

사실 이러한 재해는 인력으로 예방할 수 있습니다. 홍수의 주요한 원인은 산림의 남벌로 생기는 법. 수목이 지면에 덮여 있으면 우수가 지하로 통해서 나무뿌리로 흡수되지만, 만일 지면에 수목이 없으면 우수가 스며들지 않고 그대로 곧 분류가 되어 양전 옥토를 휩쓸고 가옥과 인축을 집어삼키는 무서운 홍수가 되는 것입니다.

첫째는 식목을 하고 둘째는 사방공사를 합시다. 이렇게 하면 단정코 수마의 참화가 막아질 것입니다.

©Kobe Planet Film Archive

1 장마로 불어난 한강
2 수해 예방을 위해 나무를 심는 사람들

세계 평화와
광복 1주년 기념식(서울 중앙청)

©NARA

세계 평화와
광복 1주년 기념식(서울 군정청)

1 9 4 6
8월 15일

일본이 무조건 항복한 날, 일본 제국주의에서 우리가 해방된 날, 8·15 1주년 기념일을 맞이해서 서울서는 조미 연합으로 기념 축하 행진. 아침 여덟 시부터 서울역에서 시작되어, 부청 앞에서 하지 중장과 이승만 박사 그 외 여러 요인의 사열을 받고 구리개와 종로 네거리 광화문을 거쳐 군정청 앞으로 향했습니다.

길이길이 열 지은 축하 행렬이 모두 군정청 앞에 모이자 곧이어서 정오부터는 하지 중장, 러치, 아놀드 두 장군, 이승만 박사, 김구 총리, 그 밖에 각 정당 단체 학생 (……)

왜적에게 빼앗겼던 국새와 합방 문서 등을 도로 찾아다 놓은 아래 미군기 B-29의 축하비행이 식장 상공을 나를 때, 오세창 선생의 사회로 장엄한 기념식이 시작되었습니다.

"(하지 축사, 이묘묵 통역) 조선 해방 일주년인 오늘은 전 세계를 통하야

중앙청으로 향하는 환영 행진, 중앙청에 모인 인파

성대한 축하가 있는 날입니다. (······) 여러분으로 더불어 이 성대한 식에 미국인의 수석 대표로 참여하도록 된 것은 사적으로나 공적으로 큰 광영으로 생각하는 바입니다."

©Kobe Planet Film Archive

"이 약독한 사람들을 벌주기로 시작한 것입니다."
_ 이승만 연설

"오늘은 우리 전 민족이 세계 무대로 발을 들여놓는 그런 시기를 맞았습니다. 그런즉 지금부터 우리가 일동일정, 모든 해방을 보필하는 것은 이 세계 각 민족, 각 나라와 우리 하고의 절대하는 관계가 맺어질 것입니다. 대한 독립 만세"
_ 김구 연설

8·15 1주년
대구 충령탑 폭파

한편 대구에서도 조미연합으로 8·15 기념행사를 성대히 거행하게 되어, 우선 대구 공회당 앞에서 각 단체 학생 시민들이 모인 가운데 기념식을 엄숙히 지냈습니다.

일본 제국주의 착취에서 해방된 조국, 이제 자주독립을 위해서 돌진할 것을 맹서한 민중들은 이어서 대열을 갖추어 가지고 시가행진으로 옮겼습니다.

그리고 또 이날 대구에서는 충령탑 폭파식이 있어, 평화의 가면을 쓰고 침략 전쟁을 해 온 일본이 신국 일본이니 일사보국이니 해서 우리 민족을 기만하려고 세워 놓은 저 충령탑을 깨끗이 시원하게 폭파해서 일제 잔재를 쓸어버려 감명 깊게 했습니다.

한편 부산에서도 각 단체 학생 시민들이 총동원해서 8·15 평화와 해방일을 기념하고 자주독립의 날이 곧 오기를 심축해서 성대한 기념식을 지내고 이어서 시가행진으로 이날을 축하했습니다.

1 대구에서 거행된 8·15 기념행사
2 폭파되는 충령탑

1 9 4 6
8월 15일
8 · 15 1주년 기념 행진(부산)

©Kobe Planet Film Archive

행진하는 스카우트 단원들

1 9 4 6	8 · 15 1주년
8월 16일	조미 대항 야구대회

8·15 평화 해방 1주년 기념 행사의 하나로 8월 16일 오후에 서울운
동장에서 조미 대항 야구경기가 화려하게 벌어졌습니다.

먼저 하지 중장의 축사와 시구식이 있은 후, 조선의 정예 선수로 짜
진 전 조선군과 미군의 최강팀 24군의 용호상박 열전이 벌어져서 관
중을 열광케 했는데 결국 4대 1로 미군 측이 우승했습니다.

©Kobe Planet Film Archive

1   하지 중장 시구식
2, 3   조미 대항 야구대회
4   점수판 24군 : 전조선

사관학교 제1회 졸업식

1 9 4 6
9월 23일

우리 국방경비대 소속 사관학교에서는 지난 9월 23일 초가을 날씨도 청명한 하늘 아래 빛나는 제1회 졸업식을 거행했습니다. 영예 있는 첫 졸업생, 그들은 지금 자기들을 훈육해 준 이 즐거운 마당에서 마지막 분열식을 거행하는 것입니다.

말할 것도 없이 이들은 육군의 전통적인 최고 정신에 있어 새 국가를 위해서 지성한 봉공을 할 것입니다. 정치력이나 사리가 그 직무를 그르치지 않을 것입니다. 평화를 수호하고 민중 침해자를 방해함이 그

들의 천직입니다.

군국주의 일본에서는 군벌이 그들의 세력과 정치력 때문에 자기 민중에게 멸망을 재래했습니다. 일본 제국은 그 군벌 밑에 수뇌부의 야욕 때문에 멸망했지만, 이제 국방경비대의 장교들은 군대의 근본정신과 기능이 평화 수호에 있고, 또 이를 파괴치 않을 것을 아는 고로 그들은 결코 국가의 파괴를 가져오지 않고 항상 이를 굳게 지켜 줄 것입니다. 오늘의 축복과 함께 우리들은 그것을 다시금 바라고 믿겠습니다.

1 　육군사관학교
2~5 　사관학교 제1회 졸업식

1 9 4 6
9월 24일

군정장관 주최
내외 신문기자 초대

9월 24일, 러치 군정장관은 내외 기자 80여 명을 덕수궁에 초대해서 즐거운 원유회를 열었습니다. 이날 장관은 이들 기자단과 자리를 같이하고 대략 다음과 같은 인사 말씀을 하시어서 일동에게 적지 않은 감명을 준 바 있었습니다.

"오늘날 신문은 민중의 대변자로 또는 인민 권리의 보호자로 그 보도는 우리 민주주의 생활에 가장 필요한 지위에 있습니다. 파쇼 독일이나 군국주의 일본은 백성을 속여 먹는 정부의 허위 선전 도구로 일삼았던 뿐이었습니다. 그러나 남조선이나 미국과 같이 민중을 위해서 노력하는 곳에서는 신문은 허구의 보도가 아니고 진실한 사실만을 보도하는 한 아무 제한도 받지 않습니다. 신문 보도의 자유 이것은 곧 민주주의의 기본이요, 자유 국가의 희망입니다."

©Kobe Planet Film Archive

덕수궁에서 열린 내외 신문기자 원유회

▶‖ **아처 러치(Archer L. Lerch)**
　　제2대 군정장관으로, 1946년 1월 4일부터 1947년 9월 11일까지 재임했다.

| 1 9 4 6
10월 7일 | 한글 반포 기념 경축
보이스카우트 운동회 |

한글 반포 500주년 기념일을 이틀 앞둔 10월 7일, 대한 보이스카우트에서는 이 영광 있는 날을 경축하고자 서울 덕수궁 광장에서 지축을 흔들 듯한 일대 운동회를 개최했습니다.

이날 총단장인 엄항섭 씨의 사열과 훈사에 이어서 보이스카우트는 특별 참석하신 러치 장관과 김구 선생에게 만장의 박수와 함께 격려의 꽃다발을 드렸습니다.

1 백범 김구
2 보이스카우트 선서

현안의 좌우합작회담

1 9 4 6
10월 7일

10월 7일, 우리 민족이 갈망해 마지않는 좌우 합작 회담은 드디어 이 날 오전 중에 정식으로 성립되었습니다. 이 회담 주석이신 김규식 박사는 서울 방송국 마이크를 통해서 다음과 같은 회담 결정의 지원책을 설명했습니다. 다시 박사는 군정청에서 발표된 입법기관에 대해서도 적극 협조할 것을 피력하는 동시에, 합작위원으로서의 7개조의 요망 조건을 발표하였습니다.

1. 본 입법기관의 목적은 국민통합과 완전 독립을 관철시키도록 협조함에 있음
2. 각 당파와 단체를 단합시키기 위해서 좌우 합작의 애국심에 의해서 탄생됨을 요함
3. 이 입법기구는 90명의 대의원 중 45명은 민선, 나머지 45명은 좌우합작위원회에서 추천하고, 군정장관의 동의에 의해서 정함.
4. 일정 시대의 도부회의원 또는 국장급 이상의 관직에 있던 자, 모리배 민족 반역자는 대의원 될 자격이 없음
5. 선거 방법은 동, 촌, 리 대표는 면 대표를 선거하고, 면 대표는 군 대표, 군 대표는 도 대표를 선출하되 투표는 무기명 투표로 함
6. 지방에 감시원을 파견함
7. 본 합작위원회는 새 입법기관을 대체할 법안을 제정케 할 것

1 (제목) 현안의 좌우 합작회담
2 송전탑
3 회담의 주석인 김규식 박사가 서울 방송국 마이크를 통해서 회담 결정의 지원책을 설명하고 있다.
4 (현판) KOREAN BROADCASTING SYSTEM SEOUL STUDIO

159

한글 500년 기념

1 9 4 6
10월 9일

세계의 자랑인 우리 한글, 그 반포 오백 주년 기념일인 10월 9일.
이날 오전 10시부터 서울 덕수궁 앞 넓은 뜰에서는 남녀 각 학교생들
을 비롯해 시민 1만여 명이 모인 가운데 성대한 기념식이 거행되었
습니다. 식은 먼저 이날 기념사업준비위원장 이극로 씨로부터 개식
선언이 있고, 곧이어서 이중화 씨의 개회사, 국기 배례, 애국가 제창
이 있고, 빛날세라 세종대왕 어친제 훈민정음 서문을 이병도 씨가 낭
독했습니다.
이어서 (······) 연주가 맑게 개인 축복받은 이때 장엄하고 회고적인 선
율을 빚어냈고, 정인승 씨의 훈민정음 연혁 말씀은, 멀리 500년 전 오
늘 세종대왕께서 한글을 창안하시기에 이른 고심의 경로와 500년이
지난 지금까지 이른 눈물겨운 수난 시대의 추억을 다시금 자아내게
했습니다.
다시 문교부장 유억겸 씨의 기념사와 하지, 러치 두 장군의 축사 낭
독으로써 식은 성대히 막을 내렸습니다.

1 한글 교본
2 이병도

1 9 4 6 10월 24일 하지 장군 폭동방지를 권고

남조선 각지의 소요 사건, 이 불상사야말로 자주독립을 앞둔 우리 동포 천추의 통탄사가 아닐 수 없습니다. 이 불미한 사실에 대해서, 24일 하지 장군은 방송국을 통해서 다음과 같은 특별 발표로 성명한 바 있었습니다.

"나는 선량한 국민 여러분에게 남조선 각지에 만연하는 부끄러운 선동적 폭동을 진압 정지시키라고 간청합니다. 이번 범죄자 선동자들이 남조선 각지의 살인 약탈 방화 등을 시작하기 전까지는 남조선의 치안이 훌륭히 되었었고, 따라 세계 각국에 조선인은 독립 국가를 운영해 나갈 수 있는 능력이 있다는 것을 명백히 보여 주었습니다. 그러나 최근 며칠 동안에 남조선은 세계가 여지껏 가져온 조선인 자치력과 통일에 대한 집념을 일거에 파괴 분쇄시키는 암담한 일장면을 상영시켰습니다. 조선 국가의 적인 선동자들이 동포들에게 범죄적 혁명을 감행하는 파멸적 폭동을 일으킨다는 것은 참으로 비참한 일입니다. 이 흉계자들은 각종 숨은 모략을 써 가지고 전후 조선과 전 세계가 당면한 고민 상태를 악용해서 거짓말과 날조한 선전으로 양민을 혼란케 했고, 그릇 인도하되 특히 세계 사정은 물론 제 마음조차도 모르는 어린 학생들과 노동자 농민들에게 부당 무모한 보상을 언약해 가며 그들을 잘못 인도했습니다. 그들은 조선 민중의 복리나 문제 해결에 원조하겠다는 데는 추호의 관심도 안 가졌습니다. 만일 그랬다면 조선인의 통일과 진화를 주창했을 것입니다. 그들의 서류에 나타난 이 폭동의 목적은 이러합니다. 조선 대중이 갈망하며 좌우 합작위원이 진력하는 민족 통일을 분쇄하려 합니다. 조선인에게 민주주의적 자치의 길을 열어 줄 남조선 입법기관 조직에 방해하자는 것입니다."

1　(제목) 하-지 장군 폭동방지를 권고
2　방송으로 연설하는 하지 장군
3　벽보를 보는 사람들
4　포고문 벽보

1 9 4 6
10월

김구 총리 지방 순찰

민주의원 총리 김구 씨는 환국 이래 업무에 분주하신 가운데서도 우리 민생의 정황을 손수 보시고 들으시며 또한 격려하시기 위해서 지난달부터 남조선 각지 순방의 길을 떠나셨는데, 오늘은 이곳 충청남도 공주에 나타나셨습니다.

굳은 비 내림에도 불구하고 미리부터 우리 김구 선생을 만나려고 영접 나온 군중 무려 5만, 김구 씨는 민주일보 사장 엄항섭 씨를 비롯해서 수시를 대동하고 환영회장에 나타나시어 우리의 자주독립을 위하면 오직 민족 통일 이것뿐이라고 역설해서 모인 청중에게 다대한 감명을 주었습니다.

1 백범 김구
2 모여든 군중

1 9 4 6
11월 3일

북조선 도, 시, 군
인민위원회 선거

1 11월 3일 민주주의 첫 선거 만세
2 장식된 노면전차

▶|| **북조선인민위원회**

　1946년 2월 8일 발족해 1947년 2월까지 존재한 북한 최초의 중앙 정권 기관.

1 9 4 6	남조선 입법의원 개원식
12월 12일	

남조선 과도입법의원 개원식은 12월 12일 12시 15분, 군정청 홀에서
대의원 57명이 참석한 날에 성대하게 거행되었습니다.

애국가를 부르는 어린이들

"(미군정장관 대리 헬믹 대장 연설, 이묘묵 통역) 조선 국민의 경제적 사회적 정치적 복리를 위하여 전력을 다함은 여러분의 엄숙한 의무입니다. 이것은 조선 국민에 대한 본관의 확고한 신념을 구체적으로 증명하는 것입니다. 조선은 이제 그 유구하고 찬란한 역사상에 신기원을 만드는 장도에 오른 것입니다. 입법의원 의원 제위에게 공평과 정의와 자유의 토대에서 위 국가를 재건하기 위하야 참혹할 기회가 놓인 것을 압니다. 여러분에게 중대한 책임이 있습니다. 여러분은 조선 국민의 문제를 현명하게 처리하야 조선 국민으로 하여금 세계 민주주의 국가 제국 간에 정당하고 명예스러운 지위를 점령할 수 있도록 하여 주시기를 바라는 바이올시다."

"(김규식 연설) 평화와 행복을 위하여 모든 민주주의 연합국과 협력 매진할 것이다. 본 의원의 성능에 있어서 현금 정세의 관계로 다만 미주둔군 사령장관 지배하에 있는 미군정청 제118호 법령으로 시설되는 것이지만은 이 (입법)의원이 결코 미 주둔군 사령장관이나 미군정청의 자문기관이나 공구적으로 할 것은 아니며 또 미군정을 연장시키기 위한 것도 아니다. 오히려 말하자면, 남에 있는 미군정이나 북에 있는 어떠한 군정이나 그 존재를 단축시키자는 것이다.

즉 말하자면 본원에서 여러 가지 법안으로 할 것 중에는 지방으로부터 국민자치제를 시작케 할 것이요, 군정청의 현재와 장래의 인사 문제에 대하여 검토 제안한다는 것보다도, 일체 행정권을 한인으로서 이양받도록 노력할 것이다.

또는 제일 시급한 우리의 신상문제에 있어서도 상당한 조처를 지키는 데 노력할 것이요, 우리는 우리의 땅에서 완전한 자격을 얻어 우리의 일은 우리의 손으로 하며, 우리에게 대한 법령 제정도 우리의 손으로 하고, 우리의 운명을 우리로써 자정하는 데 매진할 것이다."

"(하지 연설, 이묘묵 통역) 진정한 임무수행은 그리 용이한 일은 아니올씨다. 제반 문제를 강구할 때에 낭설과 편견을 배제하고 사실을 파악하여야 하고 건의된 개선안을 통과시킴으로 국가 장래에 최후로 미칠 영향이 어떠할까를 신중히 고려하지 않으면 안될 것입니다.

그리고 건전한 최종판단을 얻기 위하여는, 한 문제에 관하야 다방면의 의견을 청취하여야 할 것입니다. 국가의 복리와 상충되는 단순한 정치적 이견이 있다면, 이것을 당연 배격하고, 민중의 행복을 위하야 한결같이 그 협력안을 (……)"

(현재 곡조의 애국가)
동해물과 백두산이 마르고 닳도록
하느님이 보우하사 우리나라 만세

▶️‖ 남조선과도입법의원
　　　1946년 미군정이 설립한 과도적 입법기관.

1947

3·1절 기념식

미소공동위원회

0206

비상국민회의

서윤복, 보스턴 마라톤 우승

서윤복, 귀국

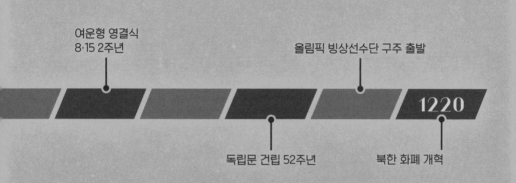

여운형 영결식
8·15 2주년

올림픽 빙상선수단 구주 출발

독립문 건립 52주년

1220

북한 화폐 개혁

1 9 4 7
2월 6~7일

서울 풍경

©NARA

1 서울의 암시장이었던 봉천시장
2 카메라를 신기하다는 듯 쳐다보는 사람들
3 우물에서 물을 긷는 여성
4 다양한 모습의 집

1 9 4 7
2월 14일

서울 풍경

비상국민회의 2차 회의

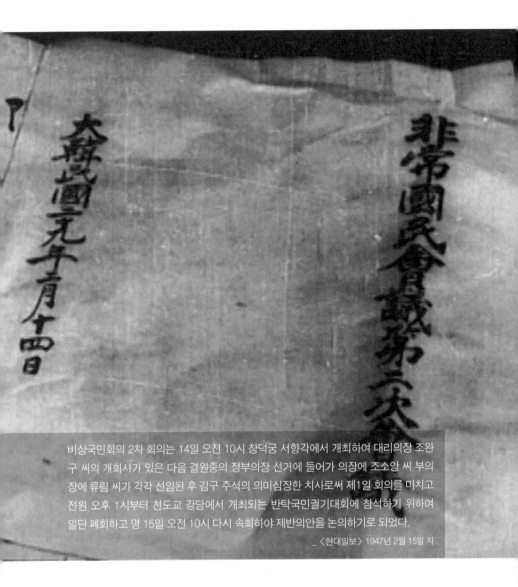

비상국민회의 2차 회의는 14일 오전 10시 창덕궁 서향각에서 개최하여 대리의장 조완구 씨의 개회사가 있은 다음 결원중의 정부의장 선거에 들어가 의장에 조소앙 씨 부의장에 류림 씨가 각각 선임된 후 김구 주석의 의미심장한 치사로써 제1일 회의를 마치고 전원 오후 1시부터 천도교 강당에서 개최되는 반탁국민궐기대회에 참석하기 위하여 일단 폐회하고 명 15일 오전 10시 다시 속회하야 제반의안을 논의하기로 되었다.

_〈현대일보〉 1947년 2월 15일 자

1 조성환, 조소앙, 김구, 유림
2 회의에 참석한 사람들

1 9 4 7
2월 14일
반탁 궐기대회

김구

김두한

조소앙

반탁 독립궐기대회는 예정대로 14일 하오 1시 시내 천도교 대강당에서 김구 선생 이하 반탁 각 요인의 임석하에 이종현 씨 사회로 열리었다. 김준연 씨의 개회사에 이어 민청의 김두한 씨 동 차국찬 씨 고려대학 송원영 군 대한노총 김헌 애국부녀동맹 황기성 여사 등 제씨의 장내를 진동시키는 열렬한 강연이 각각 있었고 김구 선생의 훈화가 있은 다음 (……)

_〈민주일보〉1947년 2월 15일 자

▶‖ **반탁 운동**

신탁 통치를 반대한 국민운동. 1945년 12월 27일 모스크바 3상회의에서 채택한 5년간의 신탁 통치 결정에 반대해 일어났다.

군정청 기념식

1 9 4 7
3월 1일

1 대열을 갖춰 선 경찰들
2 러치, 조병옥

군정청 기념식

군정청 경기도청 수도청 합동 3·1절 기념식은 1일 상오 10시 15분부터 천여명 직원
참집 밑에 군정청 앞뜰에서 성대히 거행되었다.

_ 〈민주일보〉 1947년 3월 3일 자

1 9 4 7
3월 1일
기미독립선언기념전국대회

©NARA

1 (현수막) 미소양군 즉시철퇴
2 백범 김구
3 서울운동장으로 들어가는 사람들

기미독립선언기념전국대회는 서울운동장에서 33인 중의 한분인 吳世昌을 비롯하여 金九, 趙素昻, 嚴恒燮, 曺成煥 등 정계요인과 미소공동위원회 미국 측 수석위원 브라운 소장과 러취 군정장관대리, 윔스 소좌와 劉 중국총영사 등이 참석한 가운데 청년단체 학생단체 노동단체 등 각 단원과 시민으로 만장한 가운데 1일 오전 12시경부터 李昷用 사회로 시작하였다.

_〈조선일보〉 1947년 3월 2일 자

1 9 4 7
3월 1일

3·1운동
28주년 기념 시민대회

©NARA

남산에 모인 사람들

民戰 주최 3·1운동 28주년기념 시민대회는 1일 오전 11시 30분부터 봄빛 어린 남산광
장에서 수만 시민 참가리에 성대히 거행되었다.

– 〈조선일보〉 1947년 3월 2일 자

좌우익 거리행진

1 9 4 7
3월 1일

©NARA

3·1절 기념식을 마친 좌우익 시위대가 충돌, 경찰 발포로 사상자

1일 오후 4시 3분 전 시위행렬을 지어 남대문에 이른 전국학생연맹(學聯)과 남산에서 식을 마치고 내려오던 3·1 측과의 돌팔매가 시작되자 경관 측에서는 이에 발포하여 다수의 사상자를 내었는데 (……)

_〈조선일보〉 1947년 3월 2일, 3일 자

1

1   좌우익 거리행진
2, 3 좌우익 시위대 충돌

권동진 장례식

1 9 4 7
3월

기미독립선언의 한 분인 권동진 선생은 해방을 맞이한 찬란한 3월 초하루를 앞둔 며칠 전 돌아올 수 없는 길로 떠났던 것이다. 서울 천도교당에서 거행된 영결식에는 오세창 선생, 김구 주석의 예전이 있었고, 칠십 평생 오직 조국광복을 위하여 그 고결한 성품은 청년운동의 선봉이 되시었다. 선생의 희생정신은 거룩한 민족혼의 금자탑일 것이다.

조성환, 조소앙

서윤복, 보스턴 마라톤 우승

1947 4월 19일

1 결승선에 들어오는 서윤복
2 월계관을 머리에 쓰는 서윤복

185

1947
4월 21일

이승만 박사 방미 활동 후
귀국

1   이승만 박사, 중국에서 지청천과 함께 귀국
2   백범 김구, 지청천, 이승만 박사
3, 4 환영 인파

▶‖ **지청천**(1888.3.7.~1957.1.15.)

독립운동가, 대한민국 임시정부 예하 한국광복군 총사령관을 지냈으며, 독립 후 대한민국 제
헌 국회의원과 초대 무임소 장관을 지냈고, 민주국민당 최고위원을 역임했다.

1 9 4 7
4월 24일

피난민 남행열차(백청)

©NARA

남조선은 한겨레의 사는 땅이라고 속속 남진하여 오는 전쟁 동포와 피난민들의 사태를
시급히 구호 지도하기 위하여 보건후생부에서는 막대한 예산으로

靑丹 500명

土城 750명

東豆川 1,000명

春川 250명

注文津 250명

이상과 같이 5개소에 매일 총수 2,750명을 수용하여 (……)

＿〈조선일보〉 1947년 3월 21일, 1947년 3월 30일, 1947년 4월 8일 자

1 철도 근처에 모인 피난민들이 남한 출신자와 북한 출신자 두 그룹으로 분류된다.
2 기차에서 내리는 피난민
3 남쪽으로 가는 열차에 탑승하는 피난민과 돕는 미군(2연대 32보병)

피난민 남행열차

1 9 4 7
4월 25일

1 역에서 기다리는 사람들에게 DDT를 뿌리며 소독하는 복지사들
2 피난민의 짐을 검사하는 미군 중위
3, 4 검문 중인 사람들
5 개성역으로 들어오는 열차
6 표에 도장을 찍고 기차에 탑승하는 난민들

▶|| **개성시 연혁**

1945년 광복 후 국토 분단 시 송악산의 남쪽에 있는 개성시는 대한민국 경기도에 속했으나, 6·25 전쟁 중에 북한 황해북도 관할이 되었다.

©NARA

노동절 기념식(서울)

1 9 4 7
5월 1일

1 행사장에 도착한 이승만 박사
2 노동절 기념행사

노동절 기념식(평양)

1 노동절 기념식 군중
2 행진을 관람하는 김일성과 소련 관계자들

금주 금연 단행대회

©NARA

절제회 주최로 기독교 청년회에서 거행

기독교 절제회 주최로 금주 금연 공창 폐지 등에 대한 부인들의 시위대회가 5일 오전 10시 기독교 청년회관 후정에서 열리었다. 시내 각 교회에서 수백 명의 부인대표가 모였는데 절제회 회장 최활란 씨의 연설이 있은 후 '금주 금연을 단행하자', '공창을 폐지하자' 등의 기치를 선두로 가두 행진을 하였다.

_〈수산경제신문〉 1947년 5월 6일 자

1 (현수막) 금주단연 서울 종교교회 부인회
2 구세군, YWCA 소속 여성들, 교회 단체들 행진
3 (현수막) 금주 공창폐지
4 최활란 대한기독교 여자 절제회 회장

제2차 미소공위 개최

1 9 4 7
5월 21일

5월 21일 전 인민이 갈망해 마지않던 미소공동위원회는 마침내 성공할 모든 조건을 갖춰가지고 삼천만의 열광적인 지지 성원 밑에 다시 열렸다.

이날 덕수궁 석조전 앞 층계에는 미국 측 수석대표 브라운 장군이 양면한 웃음을 띠우며 차에서 내리는 스티코프 장군 이하 소련 대표들을 뜨거운 악수로서 영접했다. 이어서 하지 장군도 석조전에 도착하여 회의장으로 들어간다. 이리하여 전 인민의 절대한 기대와 전 세계의 시청을 총집중한 가운데 이 역사적인 미소공동위원회의 막은 바야흐로 다시 열리려는 것이다.

스티코프 장군을 선두로 소련 측 대표단이 입장했다. 명랑한 얼굴과 얼굴 양 대표들 사이에는 뜨거운 악수가 교환되었다. 이번에야말로 공위 사업을 기어코 성공시키겠다는 굳은 결의가 화기 가득한 회장 안을 넘쳐 흐른다.

하지 중장이 입장한다. 장군의 개회사로서 공동위원회 재개의 막은 열린 것이다.

모스크바 삼상 결정은 그 실현방법도 확립되었으며, 공동위원회의 가장 절박한 임무는 통일조선의 임시정부를 수립하는 것이라고 장군은 말했다. 이어서 소련 측 수석대표 스티코프 장군은 조선 인민은 조선에 관한 모스크바 결정의 급속한 실천과 민주주의 임시정부 수립을 갈망하고 있다. 소련 대표단은 이의 실천을 위해서 전력을 다하겠다고 그 인사 가운데서 말했다. 이리하여 다시 열린 공동위원회의 역사적인 개회식은 명랑한 분위기와 양측 대표의 일치된 견해로써 삼천만 인민에게 한없는 기쁨과 확신을 주고서 막을 내렸다.

©USCKHL

하지 중장

▶‖ 제2차 미소공동위원회

1946년 제1차 미소공동위원회가 참가 단체 문제로 결렬됐으나 미국과 소련은 한반도 신탁통치 문제를 합의하고자 1947년 제2차 미소공동위원회를 개최한다.

피난민 수용소(개성)

1 피난민 수용소에 있는 피난민들
2 접종 후 울고 있는 어린이들

1 9 4 7
5월 24일

38선 초소

1 12번 전초기지
2 38도선 표지판

1947
6월 18일
전경무 조선체육위원회
부위원장 장례식

스포츠 조선의 용맹을 만리 해외에 떨치고자 세계 올림픽 위원회에 참석하려고 가던 도중, 비행기 사고로 말미암아 불의의 참변을 당한 조선체육회 부회장 고 전경무 씨의 체육장은 6월 18일 아침 서울에서 사뭇 엄숙하게 집행되었다.

영령이시여 고요히 잠드소서.

고인의 영구를 안치한 종로 YMCA 빈소에는 애통에 잠긴 고인의 유족, 친지, 체육인들 그리고 슬픔에 잠겨 힘없이 늘어진 각 체육단체 깃발들이 고인의 명복을 빌고 있다.

고인은 평북 출생, 7살에 부모를 따라 하와이로 건너갔고 시카고 미시간대학에서 정치학을 전공했다. 수학 시절부터 아메리칸 풋볼 선수로 이름을 날렸고, 대학 시절에는 웅변가로서도 이름을 날렸다.

해방 후 고국에 돌아와 친지 댁에 묵고 있었던 고인의 방 안에는 깨끗이 정돈된 가지가지 유물들이 고인의 생존을 더욱 슬프게 회상시키고 있다. 고인의 유족으로는 멀리 로스앤젤레스에 있는 따님 한 분과 영제가 있다.

영구는 체육인들의 품에 안겨 영결식장인 서울운동장으로 모셔졌다. 식장에는 군정 요인들, 체육인들 그리고 남녀 학생들이 참여한 가운데 체육회장 여운형 선생은 성공하고 돌아오는 날 이 자리에서 성대한 환영회를 개최하려 했더니 슬프게도 영결식장이 되고 말았다는 눈물겨운 식사를 했다.

하지 중장을 비롯한 제씨의 조사가 있어 한층 더 애도의 감을 자아냈다. 이어서 고인의 유훈이 낭독되어 참여자 일동에게 깊은 감명을 주었다.

조선의 체육 발전을 위하여 크나큰 업적을 남기고 떠나신 고 전경무 씨는 이리하여 녹음 우거진 우이동 국민체육장에 고요히 잠드셨다.

▶‖ **전경무**(田耕武, 1900~1947)

　　1945년 11월 귀국해 올림픽 대책위원회의 부위원장으로 우리나라의 올림픽 참가를 위하여 노력한 체육인.

서윤복 귀국

1 9 4 7
6월 22일

6월 22일 마라톤의 왕자 서윤복 선수 일행은 민족의 영예를 선물로 당당히 개선했다. 보스톤 세계 마라톤 대회에서 2시간 25분 39초의 세계 신기록을 세워 새 조선의 이름을 세계에 떨친 서윤복 선수 일행이 승리의 월계관을 쓰고 당당히 개선한 것이다.

귀국 제일보를 외친 인천항 부두에는 세 선수의 가족들, 체육관계자들 그리고 수만 군중들이 감격과 기쁨에 싸여 꽃다발과 박수와 환호로써 영예의 세 선수를 맞이했다.

군악대를 앞장세운 개선 가두 행진이 시작된다. 승리의 월계관을 쓴 서 선수를 중심으로 세 선수가 탄 자동차, 그 뒤에는 세 소년 마라톤 선수가 따르고 있다. 깃발을 날려 답례하는 서 선수, 거리거리 시민들의 열광적인 환호와 박수는 그칠 줄을 모른다. 11년 전 백림(베를린) 올림픽 대회에서 처음으로 마라톤의 패를 잡았을 때 축하는커녕 환영조차도 마음대로 못하던 당시를 회상하면 이날의 감격과 기쁨은

서윤복

한층 더 큰 것이었다.

인천서 귀국 제1 야를 쉰 서 선수 일행은 23일 아침, 서울에 당당히 개선했다. 군정청 앞뜰에는 세 선수를 맞는 환영대회가 수만 시민 참석하에 사뭇 성대하게 열렸다. 하지 중장, 김규식 박사, 여운형 선생 등 요인이 보내는 뜨거운 환영의 악수와 꽃다발의 집중공격은 세 선수를 감격과 기쁨 속에 옵싸버렸다.

젊은 조선의 위력을 세계에 떨친 세 선수는 이에 대답하여 명년 올림픽 대회에도 기필코 우승하고야 말겠다는 힘찬 결의를 말했다. 이리하여 감격이 고조에 달한 시민들은 기쁨에 넘친 만세를 높이 불러 세 선수의 개선을 환영했다.

김규식

서윤복

손기정

남승룡

1 9 4 7
6월 25일

미소공동위원회(중앙청)

1 미소공위 연단의 스티코프, 브라운
2 한국 대표단을 접견하는 스티코프

▶|| 제2차 미소공동위원회 실질적 결렬

공동위원회의 협의 대상 문제로 답보 상태에 있던 제2차 미소공동위원회는 8월 중순 미군정이 불법 파괴활동을 자행한다는 이유로 남로당 및 좌익계 인사들을 대대적으로 검거하면서 더욱 악화된 상황을 맞이했다. 소련 대표 스티코프는 "남한의 좌익 요인 탄압은 공동위원회 사업을 방해하는 처사"라고 강경하게 항의했고, 이에 미국 대표 브라운은 "남한 내정에 간섭하는 것"이라고 반박하며 오히려 북한에 감금된 중요 인사를 석방하라고 요구하면서 양측 대립은 점점 심각해졌다. 결국 1947년 여름 제2차 미소공동위원회는 실질적 결렬 상태에 이르렀다.

미소공동위원회(평양)

1 평양 거리
2 스티코프, 브라운

몽양 여운형 사망

삼천만 인민이 영원히 잊지 못할 비분의 날, 1947년 7월 19일, 오후 1시 15분.

일찍이 왜적의 감옥도 그 지조를 꺾지 못했고 일왕의 (……)도 그 생명을 감히 무찌르지 못했던 조선 민족해방의 위대한 지도자 몽양 여운형 선생은, 서울 한복판 동소문 로타리에서 동족의 탈을 쓴 잔악한 역도의 흉탄에 그 존귀하고 약속 많은 생명을 뺏기고 말았다.

청천벽력 같은 선생의 비보는 참으로 전 인민에 크나큰 충격을 줘 한없는 분노를 폭발시켰다. 그날 흉탄에 쓰러진 선생은 응급치료도 받을 사이 없이 절명되어 서울대학병원 영안실에 안치되었다. 이튿날인 7월 20일 선생의 유체는 수많은 동지들과 유가족의 피나는 통곡 속에 젊은이들의 품에 안겨 대학병원을 떠났다.

선생이 지나는 거리마다 퍼붓는 비를 무릅쓰고 도열한 시민들은 하룻밤 사이에 유명을 달리한 선생의 영구 앞에 눈물지어 장안 거리를 비분 일색으로 덮어 버리고 선생의 영구는 근로인민당 본부에 옮겨 모셔졌다.

한평생을 오로지 조국 해방에 바친 선생의 유산이라고는 흉적의 폭탄에 부서진 이 집 한 채가 있을 뿐, 합방이 되자 당시 23살이던 선생은 조국광복의 큰 뜻을 품고 해외로 나가 혁명전선에 몸을 던졌다.

모스크바 원동 피압박민족대회에서 또는 남양 각지에서 약소민족 해방을 부르짖던 선생은 1930년 상해에서 체포되어 영어의 생활을

겪고 난 후, 8·15를 맞이할 때까지 일제의 폭압과 공포 밑에서 건국
동맹을 조직하여 조국 해방을 위한 과감한 투쟁을 해 왔다.

1, 2 여운형 선생이 피살당한 차량
3 선생이 입던 옷
4 여운형 선생 댁
5 여운형 선생 가족사진

몽양 여운형 장례식

1 9 4 7
8월 3일

인민의 사부 고 몽양 선생을 영결하는 인민장의는 8월 3일 자못 엄숙하게 집행되었다. 철갑으로 된 선생의 영구는 향그런 꽃으로 장식되어 경건하고도 엄숙한 발인식이 있은 후 108명 장정들이 받치는 대오로 영결식장인 서울운동장으로 모셨다.

'사랑하는 인민들이여' 하고 부르는 듯한 선생의 존영. 영구 앞에는 애도에 젖은 수십만 인민과 더불어 미소 양국 조빈들이 임석한 가운데 장중하고도 엄숙한 영결식은 개식되었다. 남북민전을 비롯한 각 정당 단체들로부터의 봉도문과 하지 장군, 스티코프 장군을 비롯한 외국 인사들의 조문이 눈물 속에 낭독되었다.

아 일생을 조국에 바치신 민족의 위대한 지도자를 잃은 이 사실을 우리는 어찌해야 좋으리까.

몽양 여운형 선생이시여. 우리 민족해방의 위대한 선구자시여.

선생은 우리 민족이 가진 유일한 국제적 거성이었나이다. 인민의 벗이요, 청년의 벗이요, 혁명의 벗이었던 선생은 찾아도 왜 대답이 없나이까.

선생은 모든 인민을 버리고 어디로 가셨나이까.

흉탄을 맞으시고 쓰러지던 그 순간, 선생의 최후의 얼굴엔 차마 이 민족을 버리고 가시지 못하는 영원한 미소와 그리고 최후의 말씀으로 조선, 다음 말씀을 더 계속하지 못한 채 그만 운명하셨습니다.

그러나 우리는 선생의 다음 말씀을 잘 알 수 있습니다. 나의 최후를 비탄 말고 우리 민족의 명예를 노래하라고 그리고 어서 행진을 계속하라 용감하게 나가라 나는 결코 죽지 않았다. 선생의 부드러운 목소리는 들려옵니다.

선생이 우리 민족의 태양이었던 것은 선생의 죽음으로써 비로소 알게 되었습니다. 검은 구름이 이 땅에 청천을 뒤덮고 나아가 세계 약소민족의 지붕인 전 아세아를 그늘 지우려고 합니다.

선생이시여 우리는 슬픔을 박차고 선생의 유지를 받들어 이 땅의 인민이 힘차고 복되 게 살 수 있으며 자유와 평화가 이 땅에 건설될 것을 기약합니다. 선생이 마지막 부르시 던 조국의 이름을 힘차게 부르는 젊은 인민의 대열은 여기 선생의 영구 앞에 모였습니 다. 선생이시여 기리 안심하시라. 우리는 선생의 유지를 태양처럼 우러러보면서 그 밑 에 단결하고 용감히 싸울 것을 굳게 맹세하나이다.

원한의 1시 15분, 선생이 흉탄에 쓰러진 시각을 점쳐 새로 복받치는 비분 속에 일제히 묵도를 드리고, 1시 20분 비창한 영결식은 끝났다. 이리하여 선생의 영구는 수십만 인민들이 수호하는 가운데 장지 북 한산록의 성역 태봉에 길이 잠드셨다.

ⓒUSCKHL

1, 2　장례식 인파
3　장례식에서 영정을 든 이상백

211

해방 2주년 기념식(서울)

©NARA

1~3 광복절 경축식
4 참석한 스티코프, 브라운
5 서재필 박사

1 9 4 7	8·15 2주년 기념식
8월 15일	군중대회(평양)

©NARA

1   광장에 모인 사람들
2   행진
3, 4   기념식
5   원반투
6   달리기

1 9 4 7 러치 소장 장례식(서울 중앙청),
9월 15일 러치 전통 유교 장례식(성균관)

©NARA

전 군정장관 고 러치 소장의 장례식은 오늘 아침 10시부터 집행된다. 오전 10시 기보한 바와 같이 중앙청 광장에서 발인식을 마치고 장송 행렬은 시청 앞에서 이르러 해산한다. 오늘 관공서는 일제히 사무를 쉬어 각 가정에는 반기를 걸 것이 요구되고 발인식이 시작되는 시각인 오전 10시에는 싸이렌에 맞추어 1분간 모든 차마와 보행인이 정지하게 되고 학생을 비롯한 시민은 묵도를 드리기로 되었다.

_ 〈조선중앙일보〉 1947년 9월 16일 자

1 러치 소장 장례식
2 예포 발사
3 유교식으로 치러진 장례식

드레이퍼 일행 38선 방문

1 기차로 이동하는 앤드류 소장, 드레이퍼, 장교들
2 38도선 표지판에 서 있는 드레이퍼, 브루스 장군 등
3 38도선 시찰 중인 드레이퍼 등
4 38도선 표지판 남한 쪽
5 38도선 표지판 북한 쪽

남조선 사정을 조사키 위하여 22일 오후 5시 특별비행기로 김포비행장에 도착한 미국 육군차관 W. H. 드레이퍼 장군은 24일 오전 11시 30분 경성역에서 특별 임시기동차를 타고 土城 방면으로 북행하였는데 土城 근방 38선을 시찰 후 동일 오후에 경성역에 도착할 것으로 보인다.

_〈조선일보〉 1947년 9월 25일 자

1

1 9 4 7

10월 4일

면화 수입(인천)

©NARA

1 수입한 목화 포대
2 목화 포대 하역 작업하는 한국인들

민간물자배급계획안에 의하야 미국 면화 2만 상자가 20일 인천항에 도착되었는데 이 원면은 남조선 각 방직공장에 할당 매일 2교대제로 종업을 시작하기로 되었다 한다.

_〈조선중앙일보〉 1947년 9월 24일 자

미국 국회의원 내한

1 9 4 7
10월 4일

©NARA

1, 2 김포 비행장에 도착한 미국 의원들
3, 4 시찰 중인 미 국회의원 일행

국회의원 일행은 日本으로부터 4일 오후 1시17분에 서울에 도착하였으며 동일 朝鮮 정세에 관한 전반적 보고를 청취하고 하지 중장과 만찬하였다. 5일 오전에는 일행은 군 정부 급 미군당국자와 협의하였으며 오후에는 38도 경계선을 방문하고 6일 오전 空路 로 서울발 中國으로 향할 예정이다.

_ 〈조선일보〉 1947년 10월 7일 자

1 9 4 7
10월 5일

미군 철수 반대시위(서울)

1 현수막을 들고 행진하는 사람들
  (현수막) 날강도 러시아를 축출하자
2 경찰과 몸싸움

전국학생총연맹에서는 작일 입경한 미 국회의원을 환영하는 동시에 일대 반탁데모를 거행하였는데 참가 학생 수는 약 만 명이며 기중 약 오천 명이 ○○되었다 한다. 데모의 코스는 안국동에서 종로 광화문 대한문 소련양사관을 거쳐 서대문정 부근에서 해산하였다는데, 이때는 오후 4시경이었다.

_ 〈대한일보〉 1947년 10월 5일 자

1 9 4 7
10월 12일

평양혁명유가족학원
개원식(평양)

1~3 개원식
4 참석 인사와 함께하는 달리기

독립문 건립 52주년 기념식

©NARA

자나 깨나 완전독립을 부르짖는 민족의 염원을 한 몸에 지닌 듯 서울 서대문 밖에 우뚝 솟아서서 춘풍추우 오십이 주년을 맞이한 독립문 건립기념식은 16일 오후 2시 당시의 건립자의 한 분인 서재필 박사를 맞이하여 성대히 거행되었다.

_ 〈우리신문〉 1947년 11월 18일 자

1 독립문 건립 기념식
2 김규식 박사
3 서재필 박사

▶‖ **서재필**(徐載弼, 1864.1.7.~1951.1.5.)

독립운동가이자 정치가. 김옥균 등과 일으킨 갑신정변이 실패하자 일본과 미국으로 망명했고, 귀국해 독립 협회를 조직했다.

화재 진압(서울)

화재 진압 중인 소방관들

북조선인민회의 3차 회의
(평양)

1 회의장
2 꽃다발 받는 김두봉
3 회의장의 김일성
4 회의 참석자들

낙후된 생활 박차고 생산
전선으로 가는 화전민(함경북도 맹산)

©NARA

1 맹산군 마을 도로를 따라 이동하는 북한 주민
2 중산 직장에서 열린 환영 군중대회

1 9 4 7
11월 30일

올림픽 빙상선수단
구주 출발

경회루 앞 연못에서 연습하고 있는 올림픽 빙상 선수단

싼 모리스 호상에 태극기 높이 날려라

명년 1월 서서 싼 모리츠에서 세계 각국의 빙상의 패자들을 모아 호화롭게 개최되는 세계올림픽 동계대회에 파견되는 조선대표선수는 그동안 올림픽위원회와 군정당국에서 수차에 걸쳐 회의를 하고 인선을 거듭한 결과 감독에 최용진 씨와 이효창, 문동성, 이종국의 세 선수를 조선 대표로 파견하기로 결정하였다 한다.

_ 〈한성일보〉 1947년 11월 25일 자

1947 12월 3일   황해제철소 역사적 출선식 제3 용광로의 개가

©NARA

1 일하는 노동자
2 기념식

▶|| **황해제철연합기업소**(黃海製鐵聯合企業所)

북한 황해북도 송림시에 위치한 제철공장

우리나라 돈, 진정한 인민의 돈이 나왔다

1 9 4 7
12월 6일

1 새 북한 돈
2 (간판) 새 돈으로 인민의 생활안정을 가져오자

▶❚❚ **북한 화폐개혁**

1947년 12월에 실시해 1원, 5원, 10원, 100원 등 모두 4종의 북조선중앙은행권이 발행됐다.

1948

UN 임시조선위원단

올림픽 팀, 런던으로

0102

조선인민군 창설

4·3 사건
올림픽 예선
남북연석회의

5·10 총선거
국회 개원

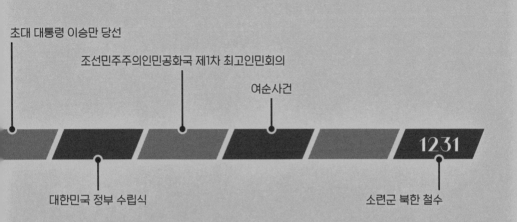

초대 대통령 이승만 당선

조선민주주의인민공화국 제1차 최고인민회의

여순사건

1231

대한민국 정부 수립식

소련군 북한 철수

암산의 천재 배성진 경기회

1 9 4 8
1월 2일

암산의 천재 배성진 씨 경기회

미 계산기도 못 당하는 세계적 암산의 천재!

한글을 리용하야 숙수법을 발명한 세계적 암산의 천재 배성진 군(33)의 신비한 계산법이 얼마 전 조선상공회의소 총회석상에서 경제기자단 입회하에 그 초인간적인 기능을 실연하야 각계인사를 경탄한 이래 이를 계기로 동군을 세계 무대에 등장시키기 위하야 상공회의소와 애립선교회의 유지를 중심으로 동군의 도미(渡美)를 전제로 12월 2일부터 3일간 시내 부민관에서 미 십사군에게 숙수법을 실연하고 아울러 그 비법의 보급성과 기계화의 가능성을 언명하게 되었다 한다. 그런데 그보다 전에 동군은 미 주둔군 선전교육과에 대하야 미군의 우수한 계산기와 자기의 암산과의 대항시합을 신청하였으나 동 교육과로부터 배 군의 재능을 실험한 결과 도저히 대항시합할 선수가 없다하야 그 기능의 공개가 요청된 것이라고 한다.

_〈수산경제신문〉 1947년 11월 30일 자

1 9 4 8 UN 임시조선위원회 첫 회합
1월 8일

1 덕수궁
2 회담장

UN 임시조선위원단 환영회

조선 민중은 그들의 장래에 대한 진정한 임무와 (……)적 희망을 가지고 국제연합 조선임시위원단을 환영했습니다. 서울운동장에 빽빽이 들어선 군중들은 위원단들의 자세와 음성을 들으려고 모였습니다. 조병옥 박사의 축사가 있은 후, (……) 박사가 위원단의 수고를 위로하고 그의 반응에 대한 감상담을 나누었습니다. 그림에 나타난 연사는 인도 대표의 위원단의 임시의장인 메논 박사입니다. 미군 사령관 하지 중장과 군정장관 딘 소장 등 환영의 군중을 매우 흥미롭게 보고

서울운동장에 모여든 군중

1   이승만 박사
2   김구, 이시영, 오세창

있습니다. 그림에 나타나는 인물들은 조선을 (……)한 정치적 지도자들입니다.

국민은 열광적입니다. 그리고 식의 진행에 따라 주의 깊게 듣고 있는 군중은 각 위원의 연설을 경청하고 있습니다. 국방경비대, 해안경비대 사령관들도 여기에 있습니다.

조 박사는 다시 연사들을 소개합니다. 메논 박사는 군중에게 국제연합위원단의 목적과 희망에 대한 간단한 연설이 있었습니다. 열심으로 듣고 있던 군중에게서 새로운 박수가 일어납니다. 각 당별로 인사와 각 지방의 인민이 모여 이 연설을 듣고 있습니다. 농민, 노동자, 군인, 관리, 모다 국제연합위원단의 노력에 대한 관심을 가지고 있습니다.

▶‖ **UN 임시조선위원단**

두 차례의 미소공동위원회가 결렬되자 한국 문제는 UN 총회에 상정되었다. 제2차 UN 총회의 결정에 따라 5·10 총선거의 공정한 감시와 관리를 위해 호주, 캐나다, 중국, 엘살바도르, 프랑스, 인도, 필리핀, 시리아 등 8개국 대표로 구성된 임시위원단이 조직되어 한국에 파견되었다.

1 9 4 8 1월 15일 조선국방경비대 창립 2주년 기념 사열식

조선국방경비대의 제2주년 기념식이 1월 15일 태릉에서 거행되었습니다.

군정장관 딘 소장이 군인들에게 훈사를 주어 그들의 공적은 찬양하고 다시 앞으로 더 계속해서 말했습니다. 경비대원들은 장군의 훈사를 경청하고 있습니다. 그 식사 중에는 새 조선의 사명은 반드시 조선인 각 개인이나 각 단체 스스로가 정할 것인데, 우리는 특별히 (……) 자세를 갖춰야 할 것입니다. 우리는 반드시 자기 자신과 자기 동료에 대한 당당한 자존심을 가져야 할 것입니다.

딘 소장과 및 사열 간부들, 군대를 사열하며 통과하는 그들, 검열대에 있는 그들의 당당한 자세, 국방경비대원의 (……) 사열하며 지나가는 사열 간부들.

사열이 끝나자 대원은 행진을 시작합니다. 그들의 지지자와 딘 소장 앞으로 지나갑니다. 보무당당하게 행진하는 국방경비대원들, 그들이 사랑하는 조국을 방어하기에 충분한 경비가 있는 (……) 그들의 보조에 맞춰 울려 군악의 행진곡, 2주년을 맞는 국방경비대의 전도에 행복이 있기를 바라 마지않습니다.

1~3   조선국방경비대 창립 2주년 기념 사열식
4   사열식을 지켜보는 인사들

UN 임시조선위원단
인도 대표 메논 박사 제일성

(한국어 통역) 신사 숙녀 여러분, 오늘 위원회는, 본 위원회의 관심은 전체로서의 조선인 것을 명백히 하였습니다. 만일 단일 민족이 일찍이 있었다 하면 그것은 조선인이, 여러분은 전부 한 겨레로 존속하며 같은 말을 쓰며 같은 현실에 있는 것으로 바라보아야 합니다. 오늘 위원회는 38도선을 인정치 않습니다. 본 위원회의 관심으로서는 이 38선은 한 정치적 현상이므로 마땅히 철폐되어야 할 것이라 합니다. 우리 눈으로 보면 조선은 하나이며, (……)가 없습니다. 이 말씀은 저희 조선을 (……)하는 생각을 반영하는 것입니다.

(한국어 통역) 그보다 더 중대한 것은 정신입니다. 그러하므로 당면한 선거에 대한 자유스러운 공기를 확보하려는 목적으로 독립 분과 운영회를 결성하였습니다. 선거가 조금이라도 가치가 있으려면 그것은 기복이 없이 자유스러워야 할 것이며, 그 근거는 진실하게 인민의 의사를 반영하여야 할 것입니다. 선거인이 자유로이 선거할 뿐 아니라 모든 정당, 즉 극우파, 온건 우파, 중간파, 온건 좌파, 극좌파의 정당이 자유스럽고 평등한 이 땅에서 선거인에게 자기들의 공적을 발표할 수 있는 자리가 되어야 할 것입니다. 본 위원회는 선거 때뿐만 아니라 선거전에도 이 모든 범칙을 준수함을 주장할 것입니다.

본 위원회의 목적은 조선 독립 이외에는 아무것도 없습니다. 5개월 전 본인의 나라가 독립하였을 때 마하트마 간디와 더불어 인도의 자유를 건설한 한국계 존 래리 씨는 본인에게 감개무량의 메시지를 전하며 중국에 가는 (……)에게 전하라 하였습니다. 그 메시지는 오늘 아시아의 (……) 자유의 별이 떠오른다는 말로 시작하였습니다. 아시아의 조선 독립 공화국의 수립이 떠오르던 희망을 본인과 (……) 동료 일동은 가슴에 품고 있는 바입니다.

메논 박사

1948년 인민경제계획 발표

(평양)

1 인민경제계획 발표
2 김일성

1948년 인민학교의 하루
(평양)

1 9 4 8
2월 6일

©NARA

1 등교하는 어린이
2 실험하는 어린이
3 수업 중인 어린이
4 합창단

조선인민군 창설식

1 9 4 8
2월 8일

1   김일성
2   최용건
3, 4   행진하는 북한군

▶‖ 조선인민군

초대 총사령관에 최용건, 부사령관에 김책으로 평양 역전 광장에서 조선인민군 창군식이 열렸다.

38 탁아소를 찾아서(평양)

1948 2월

1 평양 38 탁아소
2 탁아소의 어린이

조선국방경비대 사관학교 5회 졸업식

1 9 4 8
3월 27일

조선국방경비대 사관학교 제5회 졸업식이 시외 태릉에서 3월 27일 거행되었습니다. 이날 분위기도 화창한 가운데, 유동열 부장을 비롯해서 육해군 장성과 민정장관 안재홍 씨도 이 졸업식에 임석하였습니다.

이어서 유 통위부장, 기타 막료들의 장엄한 사열식이 끝난 후, 이번에 졸업한 용사들은 오랫동안 내 아들, 내 아우, 내 남편을 군문으로 작별한 뒤 오늘은 광영 있는 졸업식을 맞이해서 그리운 부모 친지들과 화기 만연한 가운데 그리운 대면을 했습니다

1 졸업식에 임석한 주요 인사들
2 졸업식 모습들

태전, 대자 보육원

1 9 4 8
4월

대전 길거리를 헤매던 부랑 고아 64명을 한 집에 수용하고, 그대로 두면 무용의 부랑아밖에 될 수 없는 그들을 장래 조선의 유용한 인물을 만들고자 씩씩하고 편안하게 보육하는 중입니다. 미국의 유명한 보이스 타운(Boys town) 제도를 본받아서, 1947년 8월 7일에 대전에 이 보육원이 창설되었습니다. 이는 (⋯⋯) 양종목 사장(⋯⋯)의 노력으로 대전시의 시민과 지도층의 지지에 의해서 더욱 발전하는 중입니다.

총 원아 64명 가운데에서 14명은 국민학교에, 2명은 여자 중학교에, 3명은 남자 중학교에, 9명은 각각 직장에 취직해 있습니다. 이 사업을 위해서 지지하는 여러 사람은 그 시간과 경비를 장래 조선 국가의 번영을 위한 중대한 투자로 생각하는 것입니다.

1 식사하는 어린이
2 짐 나르는 어린이

서울-부산 간 국도 수선

1 9 4 8
4월

서울과 호남 지방의 국토 일부로 충북 충남의 경계선인 조치원에 감도천교 (……) 가설 중입니다. 이 공사는 1947년 9월에 시작돼서 금일까지 진행 중인데 이런 공사에 미국 기계를 사용하기는 이번이 처음이라고 합니다. 그리고 이 공사는 금년 5월까지 준공되리라고 하는데 이것이 실현되면 교통상으로 조선이 통일되는 데 매우 큰 효과를 나타낼 것으로 믿습니다.

공사 중인 인부들

미국 소년 적십자사로부터
귀여운 선물 도착

충청북도 청주 덕교국민학교 생도 3천 명에게 미국 매사추세츠주에 있는 소년 적십자사 글로스터 씨 개인으로 기증해 온 선물 3천 상자를 배급했습니다. 청주 조선 적십자사 이사 이관 씨와 도시학관 김태봉 씨 그리고 조선 소년 (……) 배필수 여사와 기타 덕교국민학교 직원이 다수 참석한 가운데 배급이 시작되었습니다. 이 선물은 순연한 개인 기증으로 선물을 받는 이 소년들과 거반 나이도 같은 미국 소년이 모아 보낸 것입니다. 그리고 이 선물 상자에는 각각 이 선물을 보낸 주인공으로부터 멀고 먼 바다를 건너서 단독한 우정의 편지가 한 장씩 들어 있었습니다.

미국 소년 적십자사로부터 도착한 선물

미국 적십자사 선물 배급

1 9 4 8
4월

미국 적십자사로부터 미국 민중의 호의로 이루어지는 선물 꾸러미 6,241개가 조선의 고아들과 각종 부랑민을 위해서 도착되었습니다. 이 선물은 지금 (……) 되어 가는 조선 적십자사로 보내온 것인데, 조선 적십자사에서는 특히 서울 시내 고아들에게 이 선물 소포를 노나 주고 있습니다. 물건을 트럭에다가 싣고 시내 각 처에 있는 각 고아원에 보내서 미국과 조선 양 민중 사이에 친선의 (……)로 남녀 아동에게 이를 노나주게 되었습니다. 조그만 눈과 눈들은 반짝거리고 있습니다.

그리고 음전하고도 감격한 표정으로 이 선물을 받으면서 그들의 어린 얼굴에 나타나는 반가웁고도 부끄러워하는 모양. 거줌 큰 아이들도 이 선물을 받았는데, 어린이처럼 부끄러워하지는 않아도 그 선물의 고마운 마음을 다 같이 감당하였습니다. 영동고아원 어린이들도 마찬가지로 이 귀중한 선물을 받을 때 매우 기뻐하였습니다. 조선 적십자사와 미국 적십자사는 인류애를 통해서 서로 결합한 것입니다.

1 선물을 옮기고 있는 사람들
2 선물을 받고 기뻐하는 어린이

1 9 4 8
4월 1일

38선 초소

1 초소 앞의 미군과 한국인
2 망원경으로 관찰하는 군인
3 38선 건너편 전초 기지
4 전초 기지

제2차 세계대전이 낳은 기형으로서 이 땅의 국경 아닌 국경인 38선은 하염없이 희비극의 불연속선을 자아내고 있다. 최근의 나날이 긴박의 도를 가하여가는 국제정세와 아울러 남조선의 총선거를 앞두고 38 접경 전 지대에 걸쳐 한층 더 치우한 저기압이 감돌고 있다.

_ 〈한성일보〉 1948년 4월 18일 자

토지 분양

1 9 4 8
4월 3일

최근 입법의원에서 통과된 토지 개혁안에 의해서, 토지 분양의 (⋯⋯)
4월 3일 대전에서 수행되었습니다. 대전 부근의 농부 일백 명이 모
인 가운데에서 오랫동안 대망하던 자작농이 되는 획기적인 (⋯⋯)을
거행하게 된 것입니다. 이 집단 분양식에 참여한 인사는 시장 도지사
및 각 정부 기관의 대표자들이 많이 참석했습니다.

그리고 4월 8일은 서울에서도 집단 분양식이 있었습니다. 그리하여
이날 대전에서는 전 소작농 99명이 이제 자작농이 되게 된 것을 마음
껏 축하하였습니다.

토지 집단 분양식에 참여한 인사들

식목일 기념식(남산)

1 9 4 8
4월 5일

4월 5일, 식목일에는 조선 각지에서 이날을 식목일로 정하고, 각종 행사가 여러 가지로 있었습니다. 서울에서는 수만 군중이 서울 남산에 제집해서 식을 거행했는데, 여기에는 딘 군정장관을 위시해서, 민정장관 안재홍 씨, 농무부장 이순구 박사와 기타 명사들의 식사가 있어 작년도의 식목에 대한 훌륭한 성과를 칭찬하고, 다시 금년도에 이어서 계속 노력할 것을 장려했습니다.

특히 목재 생산과 풍수해 예방을 위해서 이 식목은 대단히 중요한 사업임을 역설했던 것입니다. 그리고 딘 군정장관 및 안재홍 씨도 각각 친히 식목을 하고 다시 의식에 참여한 여러 시민들도 각각 괭이와 호미를 잡고 조선의 장래를 위해서 식목을 했습니다. 여기는 아기를 데리고 손수 나무를 심는 부인네가 있는가 하면, 그다음에는 씩씩한 아가씨들의 고사리 같은 손길이 보드랍게 움직입니다.

한편 이와 같은 날 대전에서도 대흥국민학교에서 식목식이 있었습니다. 이날 도지사 서덕진 씨가 일반 시민에게 훈사가 있은 후 그곳 보문산에서, 산림과장 유태호 씨의 지도하에 수천 시민이 약 8만 본의 낙엽송을 벌거숭이 산 위에 심었습니다.

---

1 연설하는 안재홍 민정장관
2 나무를 심는 인사

식목일 기념식(남산)

1 9 4 8
4월 5일

©NARA

1 기념식
2 기념사를 하는 딘 군정장관
3 식수하는 딘 군정장관

광주문화연구소 개소

**1 9 4 8
4월 9일**

4월 9일, 전남 광주에는 미 공보원 광주문화연구원에 광주문화연구소가 개소되었습니다. 전남도지사 박건원 씨와 미군정관 등 명사가 많이 방문했습니다. 이 연구소는 소장 로버트의 노력으로 모든 조선 민중에게 공개하게 되었습니다.

청년학도들은 훌륭한 연구 서재로, 여자는 가정생활에 유익한 서적과 잡지를 이곳에서 볼 수 있습니다. 또 일반은 세계의 정치 경제 과학 및 일반 사회(……)에 관한 모든 보도를 골고루 들을 수 있을 것입니다.

그리고 (……) 축음기에 의해서 세기의 음악을 들을 수도 있고 또 일반 음악회도 있을 것입니다. 그리고 명작 음악의 역사를 알려면 도서실에 소장한 음악 역사에 관한 훌륭한 서적을 비롯해, 그 밖에도 과학 수학 정치 역사 지리 의학에 관한 여러 가지 서적을 볼 수도 있을 것입니다.

문화연구소는 공보원이나 마찬가지로 조선 민중을 위해서 오직 운영하는 것이며 누구든지 그곳에 가시면 다 각각 적당한 소득이 있을 것입니다.

연구소 외경과 연구소를 방문한 학생

남북연석회의

©NARA

▶‖ **남북연석회의(南北連席會議)**

1948년 4월 남북 정치지도자들이 평양에서 개최한 정치 회담. 1948년 1월 미소 양군 철수, 남북요인회담, 총선을 통한 통일정부 수립이라는 원칙을 담은 김구와 김규식의 서한이 2월 16일 북한 정치지도자 김일성, 김두봉에게 발송되었다. 북한은 3월 25일 정치지도자 간의 회담이 아니라 범위가 훨씬 넓은 정치단체 대표자의 연석회의를 역제안했다. 회담 성격이 변했지만, 남한 중도파, 민족주의 단체가 찬성했고, 김구, 김규식이 수락하면서 남북연석회의가 시작되었다.

김일성, 박헌영, 허헌

홍명희

김구

홍명희

1 모란봉극장
2 회의장 밖에서 기념 촬영하는 참석자들

올림픽 예선 경기 레슬링

조선의 아마추어 레슬링 선수. 오는 올림픽 대회에 조선 대표 선수를 결정하기 위해서 4월 24일 YMCA 구장에서 선발 경기를 거행했습니다.

1 레슬링 예선 경기를 치르는 선수들
2 구경하는 사람들

올림픽 예선 권투 경기

런던 올림픽 대회에 조선을 대표해서 출장할 각급 대표를 선발하기 위해 4월 25일 서울운동장에서 조선 아마추어 권투 연맹 주최, 올림픽 파견 결승 경기가 있었습니다. 이 경기를 관람한 일반 관중은 각 선수들이 그들의 경력과 기술을 다해서 분투할 때 참으로 권투 정신의 극치를 목도하였습니다.

그들은 오는 올림픽 대회에 세계에 가장 우수한 상대자와 싸우기 위해서 조선을 대표 출장할 선수들을 목표로, 전력을 다해서 맹렬히 싸웠습니다. 조선권투구락부의 한수안 선수는 플라이급 대표로, 서정연 선수는 미들급 대표로, 서울권투구락부의 문희원 선수는 웰터급 대표, 또 밴텀급 대표는 (……)구락부의 조(……) 선수. 그 후로 라이트급 대표는 서울권투구락부의 강인석 선수가 각각 우승했습니다.

이상 각 선수는 오는 올림픽 대회에서 세계 선수권 소지자와 만나 각각 자신과 조선의 명예를 위해서 싸울 것입니다.

1 권투 경기 중인 선수
2 다이빙 경기장 위까지 가득 메운 관중

올림픽 예선 자전차 경기

1 9 4 8
4월 25일

4월 25일, 서울 그라운드에서는 올여름 런던에서 개최될 세계 올림픽 자전거 경기에 참가할 대표 선수를 선출하기 위해서 각 종목의 예선이 있었습니다. 이 경기는 수만 군중을 열광시켰는데 경기는 네 종목으로 각 선수는 전력을 다해서 분투하였습니다.

단거리 500m. (……), 김호순, (……)이 동 기록 43초로 동시에 입성되었습니다. 그다음에 2천 미터에는 1분 28초 1로 (……) 군이 우승하고 (……)은 (……)으로 기록은 1분 29초 4입니다. 그다음에 5천 미터

경기는 권익현이 8분 8초 5로 1착이고, 김호순 군은 8분 8초 7로 2착을 했습니다. 끝으로 장거리는 40km인데 가장 지루한 경기로 (······) 군이 1시간 9분 21초 2로 1착이고, 2등은 황산웅 군으로 기록은 1시간 9분 22초입니다. 3착은 김호순으로 시간은 1시간 9분 23초입니다.

이리하여 경기는 성황리에 끝마쳤는데, 일반 관중은 오는 여름 런던 올림픽 대회에 조선 선수들의 실력에 대해 많은 기대를 가지고 있습니다.

1　경기 중인 선수들
2　응원하는 관중

올림픽 예선 마라톤

1 9 4 8
4월 29일

4월 29일, 고려대학 서윤복 군은 올림픽 예선 마라톤에서 서울 그라운드에서 오류동까지 마라톤 코스를 주파해 작년 보스턴 대회 기록에 접근하는 기록 2시간 32분 1초로 당당히 우승해서 왕년의 못지않은 경기와 경력을 보여 주었습니다.

이 경주에서 우승한 사람은 곧 조선을 대표해서 올림픽에 참가할 선수인데, 세계 다수 선수는 우리의 (……) 선수의 출현으로 큰 걱정거리가 생긴 것입니다.

그 밖에도 2, 3등 한 선수는 경복중학의 최윤칠 군으로 역주에 역주를 거듭해서 2시간 34분 48초로 2착을 하고, 또 고려대학교 홍종오 군은 2시간 39분 25초로 3착을 겸했습니다. 그리하여 그들은 오류동 목적지를 무난히 돌파하고 그길로 서울을 향해서 달렸습니다. 한강 다리를 단숨에 건너고 용산, 서울역을 뒤로하고 중앙청을 지나 안국동을 돌아 최종 결승점인 서울 그라운드로 힘차게 육박했습니다. 아가씨의 보드라운 테이프를 보기 좋게 끊었습니다.

(……) 알려진 서윤복은 조선을 대표해서 올림픽에 출전할 때는 세계의 이목을 다시 한번 놀랠 것입니다.

서윤복 선수

올림픽 예선 원반투

올여름 런던에서 개최될 올림픽 예선에서, 조선에서도 할 수 있는 대로 많은 종목에 참가하기 위해 분전을 보여 주고 있습니다.

여자 경기에 있어서도 육상 경기의 한 자리를 차지하는 여자 투원반은 37.8m인 좋은 기록을 낸 이화여자중학교의 박봉식은 아마 조선을 대표해서 올림픽에 출전할 것 같습니다. 이제 박봉식 양은 훌륭한 연습을 통해서 그의 아름다운 꿈과 또는 다른 경기자의 (……) 실력을 보이고 있습니다.

그리하여 그는 조선에서 여자 투원반의 신기록을 내었습니다.

원반투 예선 중인 박봉식 선수

▶‖ **박봉식(1930~1951)**
1948년 런던 올림픽에 참가한 한국 대표팀의 유일한 여자 선수로, 올림픽 참가 당시 이화여자중학교 5학년(만 18세)이었다. 올림픽 대표 선발전에서 37.8m를 기록했으나 올림픽 본선에서는 33.8m를 기록하며 18위로 대회를 마쳤다.

제주도 4·3사건

1 9 4 8
4월 31일

©NARA

1   마을로 진입하는 경찰들
2   경찰에게 마을이 어떻게 공격당했는지 설명하는 민간인

1 9 4 8
4월 31일~5월 4일

제주도 4 · 3사건

1 불타는 오라리 마을
2 사망한 여성의 시신을 보고 있다
3 사망한 여성의 시신 입관
4 민간인과 경찰들
5 기관총을 잡고 경계하는 경찰
6 민간인을 조사하고 있는 경찰

노동절(부산)

1 9 4 8
5월 1일

1 군중
2 부산에서 개최된 노동절 기념행사

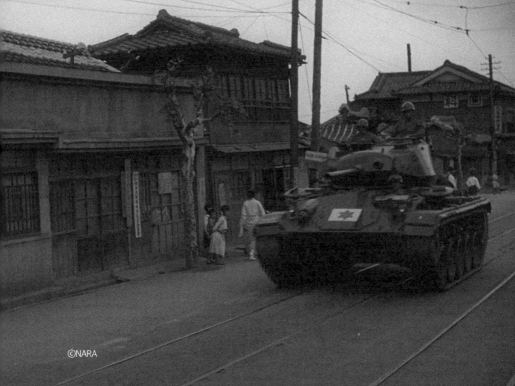

1948 5월 5일

남북연석회의 참석 후 귀국하는 김구

남북협상 참석차 북행했던 김구, 김규식 입경

평양에서 개최된 남북정당사회단체대표자연석회의 및 남북정당지도자회담에 참석한 金九, 金奎植 양 씨와 그 일행 64명은 4일 오전 평양을 출발하여 5일 하오 1시 40분 38선 礪峴에 도착하였다. (……)

金九는 한독당계 다수인사들의 환영리에 경교장에서 요지 다음과 같은 제일성을 피력하였다.

"떠날 때 여러분이 만류하였음에도 불구하고 기어이 탈출하여 다녀오긴 했는데 이번 일에 크게 소득을 말할 것은 없지만 從此로 남북의 우리 동포는 통일적으로 영구히 살아 나가야 된다는 기초를 튼튼히 닦아 놓았다. 모든 것이 첫 숟가락에 배부르는 것은 아니다. 그러나 내가 다시 한두 번이라도 내왕하면 우리의 목적은 달성하리라는 자신을 가지고 있다."

◇ 金奎植 담

"공동성명에도 있는 바와 같이 생각했던 이상의 성과를 거두었다.

그마만큼 문을 열어 놓았으니 대중이 통일에 대해서 추진시키도록 힘써야 할 것이다.

한 사람이나 두 사람의 힘으로는 되지 않을 것이다."

_ 〈조선일보〉 1948년 5월 6일 자, 7일 자

남북연석회의 참석 후 귀환하는 김구

김규식

김신, 김구

1 9 4 8	하지 중장 연설(서울)
5월 5일	

(하지 미군정사령관 연설) 5월 10일에 있을 선거는 이 나라를 세우는 데 있어 가장 중요한 단계 중 하나라고 할 수 있습니다. 물론 우리는 전국적으로 선거가 치러지기를 바랐습니다. 하지만 안타깝게도 우리의 전 동맹국인 소련이 그들이 관할하는 지역에서 UN 관측하에 치러지는 선거를 허용하지 않았습니다. 결국 우리는 미군 관할 구역에서만 선거를 치르게 됐습니다. 이를 통해 선출된 대표들이 앞으로 한국인들 스스로 나라의 통일을 위한 더 큰 걸음을 내딛을 수 있기를 바라 마지않습니다.

하지 중장

1 9 4 8	이승만 연설(서울)
5월 5일	

(이승만 연설) 민주주의를 세우는 과정에는 여러 단계가 있지만, 지금까지 중 가장 중요한 단계는 5월 10일에 있을 선거라고 볼 수 있습니다. 물론 남북 공동 선거를 치르지 못하는 건 안타까운 일입니다. 하지만 아시다시피 빵 반 조각이라도 없는 것보단 낫습니다. 우리가 정부를 수립하고 나면 자립할 수 있게 될 겁니다. 세계 국가들 안에서 우리의 목소리를 낼 수 있을 것이며, 정의를 향한 공감대에 호소할 겁니다.

이승만 박사

일식 관측

1 9 4 8
5월 9일

1948년 5월 9일, 극동 일대에는 조선에도 오래간만에 일식날이 찾아왔습니다. 이날은 일식을 관측하는 데 좋은 상태였습니다.

과학자들은 카메라와 각종 탐문 기기를 가지고 일식 상태를 관측하려고 국내, 국외를 막론하고 많이들 모여들었습니다. 그들은 충청남도 천안에 가서 좋은 위치를 잡고 일식을 관측하는 데 여념이 없었습니다 과거에 있어서도 마찬가지로 각종 기계와 사진기로 관측 작업을 순조롭게 하는 것입니다.

지금 일식이 시작되는 순간입니다. (……) 태양은 점점 일그러져 갑니다. 태양은 여전히 구름 속에 있습니다. 태양은 자꾸만 일그러져 갑니다. (……)

1, 2 관측 기구를 사용해 일식을 관측하는 사람들
3, 4 일식을 관찰하는 사람들

총선거

1 9 4 8
5월 10일

1 유세장
2 백남훈 후보자 선거운동 차량
3 선거 유세하는 후보자
4 벽보를 붙이는 사람들
5 벽보를 보는 사람들
6 선거 유세에 모인 군중

1 9 4 8
5월 10일

총선거 실황

1948년 5월 10일은 조선 역사상 가장 중요한 한 페이지를 기록하는 날입니다. 이날 투표 등록자들은 조선에서 처음으로 이루어지는 진정한 민주주의 선거의 투표를 한 것입니다. 그리하여 남조선 전체를 통해서 남녀노소를 불문하고 투표할 권리가 있는 사람들은 여러 가지 위협을 무릅쓰고 자랑스럽게도 투표장으로 가서 각각 자유의사에 의하여 입후보자 가운데서도 어느 한 사람을 선택하는 귀중한 한 표를 던진 것입니다. 그리고 이날은 약간의 폭동과 소란이 있었으나 선거 위원들의 노력으로 투표는 무사히 진행되었습니다.

군정장관 딘 소장과 미국 공보원 스튜어트 씨는 선거가 자유로운 분위기에서 진행되고 있는가를 (……) 몸소 시찰했던 것입니다.

여기는 서울 중구 선거위원회 본부입니다. (……)이 닫히면 투표는 끝나고 투표 봉투는 선거 위원들이 투표함을 (……) 투표 봉투들을 가려 놓습니다.

투표하는 사람들

이날 국회 선거위원회 본부에서도 엄숙한 개표 발표가 있었는데, 그 실황을 서울중앙방송국에서도 전국에 중계방송을 했습니다. 그리고 또한 개표결과를 중앙청 (……) 일반에도 지체 없이 공개했습니다.

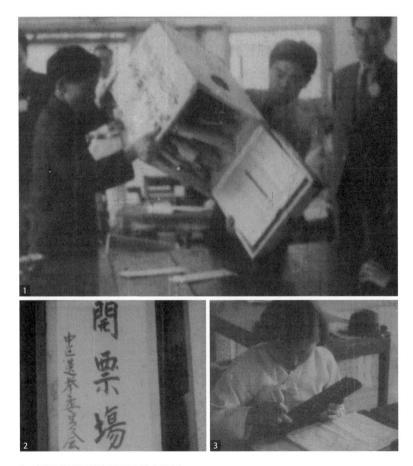

1 선거위원이 투표함에서 용지를 꺼내고 있다
2 서울 중구 선거위원회 본부 개표장
3 개표하는 선거위원들

ADC7122

1 9 4 8
5월 10일

5·10 총선거(서울)

©NARA

1 신원 확인을 위해 줄 선 여성들
2 경찰이 체포된 선거 방해 세력을 감시하고 있다.
3 선거 방해 세력에게 압수한 칼, 도끼, 철조각 등
4 투표를 참관하는 유엔 대표단
5 유엔 시리아 대표 유심 무기르가 비서와 함께 투표장을 나서고 있다.

5·10 총선거(서울)

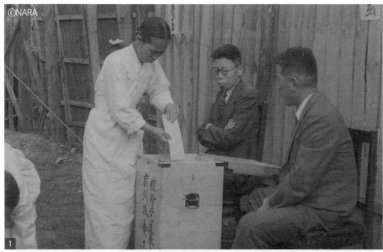

1　투표함에 용지를 넣는 여성 유권자
2　서울의 또 다른 투표소 앞에 줄 선 유권자들

1 9 4 8
5월 10일

5 · 10 총선거(춘천)

1 UN 위원단 호주 대표 밀너와 중국 대표 유어만, 미군 관계자들
2 투표소
3 엄마 등에 업혀 있는 아이
4 초가지붕이 있는 투표소에서 투표하기 위해 줄 선 한국인들

4

애국자는 투표 반역자는 기권

(표어) 이 한 표로 국권회복 이 한 표로 남북을 통일

©NARA

만주귀환동포 인천 도착

1 9 4 8
5월 12일

1948년 5월 12일에 만주로부터 우리나라로 돌아오는 동포 1,200명을 실은 채, 그동안 여러 가지 사정으로 인해서 이제 겨우 인천항에 그리운 상륙을 하였습니다.

그것은 조국의 꿈을 실은 머나먼 항로였습니다. 이들은 기나긴 압제에서 벗어날 뿐만 아니라 완전무결한 독립 국가가 되어 조선의 땅을 그리면서 이 좁은 뱃속에서도 한없이 기뻐했던 것입니다.

이 중에도 노인들은 자기들이 사랑하는 조국 산천을 다시 한번 보게 될 것을 몹시도 기뻐했습니다. 그러나 나이 어린 청년들에게는 아버지와 어머니의 나라를 보게 된다는 인상뿐일 것입니다.

아무것도 모르는 어린이의 가슴 속에 그 무엇이 담겨 있는지, 이날 당국에서는 적당한 곳에 천막을 쳐 주는 등 그들을 여러 가지로 위로했습니다.

1 기뻐하는 노인 동포
2 하선하는 동포들

1 9 4 8	과도입법의원 폐원
5월 29일	

1948년 5월 29일, 남조선 과도입법의원은 5월 10일 총선거로 구성된 국회를 위해 드디어 폐원했습니다. 의장 신익희 씨의 말씀에 이어서 던 군정장관으로부터의 민족의 역사가 가장 어려운 (……) 위기를 무난히 돌파하고 여러 가지 사업을 헌신적으로 완성한 의원 여러분에게 보내는 감사가 있었고 민정장관 안재홍 씨로부터도 진심으로 협력해 준 의원 각인에게 보내는 감사의 말씀이 있었습니다. 이리하여 민주적이었으나 완전히 민주주의로 발전하여, 독립되지 못했던 이 입법 의원은 정부 수립 회의와 자리를 바꾸었습니다.

1 안재홍
2 참여한 의원들

역사적 국회 개회식

1 9 4 8
5월 31일

이윽고 당선된 각 대의원은 삼엄한 중앙청 회의실에 모여서 그들의
충성과 분투의 노력으로써 온 이날을 친축하며 자기들을 선택해 준
자유 선거의 날을 회상했습니다. 역사를 상징하는 아악을 연주하는
가운데 정부를 신속히 건설해서 조선이 자주독립 국가로 탄생하는
첫 국회가 역사적으로 시작된 것입니다.

(요즘 곡조 애국가) 무궁화 삼천리 화려강산

애국가 부르는 어린이 합창단

1 국회 개회식
2 의장으로 선출된 이승만 박사 개회사

국기를 향해서 이 국회의 성공을 비는 묵도가 있은 후 회의는 시작되었습니다. 이승만 박사가 의장으로 선거돼서 개회사를 했습니다.

"우리에게 오늘이 있게 되게 된 거에 대해서 첫째로는 하나님의 은혜를 감사하지 않을 수 없습니다. 둘째로는 우리 애국선열들의 희생적 혈전한 공적을 감사하지 않을 수 없습니다. 셋째로는 우리 우방국들 특히 미국과 유엔에 공익상 원조를 깊이 감사하지 않을 수 없는 것입니다.

우리는 민족의 공선에 의해서 신성한 과업을 지고 국회의원 자격으로 모여 우리의 직무와 권위를 다할 것이니 먼저 헌법을 제정하고 대한독립민주정부를 재건설하려는 것입니다. 나는 이 대회를 대표해서 오늘의 대한민국이 다시 탄생된 것과, 따라서 이 국회가 우리나라의 유일한 민족 대표기관임을 세계 만방에 공포합니다.

이 민국은 기미년 3월 1일에 우리 13도 대표들이 서울에 모여서 국민 대회를 열고 대한 건국 민주국임을 세계에 선포하고, 임시정부를 건설하야 민주주의의 기초를 세운 것입니다.

불행히 세계 대세에 인연해서 우리 혁명이 그때에 성공이 되지 못하였으나 우리 애국 남녀가 해내 해외에서 정부를 유지하며 많은 생명을 바치고 혈전고투하여 그 정신만을 지켜온 것입니다. 오늘날의 국회는 즉 대한국민대회의 계승이요, 이 국회에서 건설하는 정부는 즉 기미년에 서울에서 수립한 민국 임시정부의 계승입니다. 오늘이 29년 만에 민국의 부활 있음을 우리는 이에 공포하며, 민국 정권은 기미년으로부터 기산할 것입니다. 이 국회는 전 민족을 대표하는 국회이며 이 국회에서 탄생하는 정부는 이 정부 완전한 한국 전체를 대표하는 중앙 정부임을 이에 또한 공포하는 바입니다."

이승만 박사의 개회사가 끝난 후 국제연합 조선위원단의 대표 추 박사를 소개해서 축사가 있었습니다. 다음으로 불란서 영사 코스틸 씨의 축사도 오늘의 역사를 축복한다고 하였습니다. 서재필 박사의 축사가 있었습니다. 서 박사는 이 자리에서 해외풍상 육십여 년 만에 비로소 이 성전을 눈앞에 보게 된 것을 감격해 마지않는다는 이러한 말을 했습니다.

그리고 이번 국회에 가장 공훈이 많은 재조선 미군 총사령관 하지 중

1 이청천
2 신익희

장이 이승만 박사에게 소개돼서 축사를 했습니다. 하지 중장은 말하기를 이 역사적인 조선 최초의 국회는 참으로 행복한 회합인 동시에 전국 인민의 선택으로 성립된 그들의 대의원들은 반드시 조선의 기대를 채워 줄 것이며, 아울러서 앞으로 올 주간에 이 대의원들의 할 중요한 활동은 조선 장래에 큰 결과를 가져올 것이라고 했습니다.

이윽고 하지 중장의 축사가 끝나자 딘 군정 장관의 축사가 있었습니다. 그리하여 딘 군정장관은 하지 중장의 축사를 받아서 미군정은 절대로 국회의 활동과 행동을 방해치 않을 것이며, 국회가 모든 필요성과 조력을 바라는 요구가 있을 때에는 여기에 응할 것을 말하고, 조선의 장래는 다음 몇 주일 동안의 이 대의원들의 활동으로 영향될 것을 일깨워 주었던 것입니다.

이리하여 딘 장관의 축사가 끝나자 모든 고요한 제위에 내림을 감사하며, 아울러서 회의를 처음부터 끝까지 잘 진행하게 해 준 데 대한 이승만 박사의 치사와 함께, 조선 인민의 자유와 자주의 첫 제단이 열려진 것입니다.

3 서재필 박사 축사
4 만세를 부르는 의원들

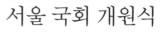

1 9 4 8
5월 31일

서울 국회 개원식

1 이승만 박사
2 서재필 박사

국회 개회 축하 행렬

**1 9 4 8
5월 31일**

국민의 총선거로 말미암아서 열린 역사적 최초의 국회 개회일을 맞
이해서 서울 거리는 수십만의 군중으로 가득 차고 수천 대중이 가두
행렬을 했습니다.

마침 이날은 미국 사람들도 초혼재일(……)이었으므로 전국은 휴일
이었습니다. 많은 미국 사람들이 이 행렬을 존경과 애호의 눈으로 바
라다보면서 기념 촬영을 했습니다.

이날 각 학교 학생들을 비롯해서 각 정당원들, 그 밖의 애국단체원들
도, 이 행렬에 참가해서 완전하고 영원한 독립을 구하는 기원을 했습
니다.

국회 개회 축하 행렬

신학년도 준비 사업(평양)

1 9 4 8
5~6월

1, 2   학생들
3, 4   건물을 짓고 있는 학생들

1 9 4 8
6월

제철 돌아온 모내기

조선 농민들은 봄에 세워 두었던 못자리에서 논에 모내기를 시작했습니다. 마침 기후가 맞아서 모를 내게 되면은 농민들은 남녀를 물론하고 한 손에 모를 들고 논에 들어가서 모를 심습니다. 한편에서는 심기 시작하고 한편에서는 골고루 써레기를 합니다. 농민들의 자연적 기원으로 풍년을 바라며 모를 심은 수천 정보의 논은 전 조선 사람들을 겨울 동안 먹여 살리는 큰 사명을 가지고 기온과 축복 밑에서 자라가는 것입니다. 그리하여 우리도 식량을 자급자족해서 좀 더 세계적으로 (……) 크나큰 기대를 가질 것입니다.

1 써레기
2 모를 내는 농민

▶❙❙ **써레**

갈아 놓은 논의 바닥을 고르는 데 쓰는 농기구

원양어업단 작업 실황

조선 원양어업단은 육지를 떠나서 막막한 대해와 싸워 무진장한 바다의 보물을 싣고 만선기를 휘날리며 그리운 부두로 힘차게 들어옵니다. 그동안 우리 수산계는 일본 통치하에 있어서 여러 가지 압제를 받았습니다. 그리하여 조선의 어부들은 고기잡이를 할려도 겨우 해상 3마일 밖에는 나가지 못했던 것입니다.

이제 우리 수산계는 우리의 식량을 보충할 것이며 장차 그 공헌할 바가 매우 큰 것입니다. 그러나 지금은 그동안 일본 사람들의 가혹한 약탈과 야심에도 불구하고 꾸준히 싸워 온 보람이 (……) 9개월 전부

터 발족한 일을 우리 원양어업단이 부산항을 출항하고 불과 50일 만에 이와 같은 성과를 내게 된 것은 매우 그 기대가 큰 것입니다.
그런데 이 원양어업단의 모든 설비는 미국의 조선 경제 발전 원조 계획의 일부분이라고 합니다.

1 부두로 들어오는 조선 원양어업단
2 (제목) 원양어업단 작업 실황
3 잡힌 고기들
4 어선의 어부

1 9 4 8
6월
학생들의 손으로 지어지는
조선대학(광주)

전라남도 광주에는 최근에 조선대학이 기성되었습니다. 여기서 군정관 머피 대좌가 교장과 교원진을 방문한 때는 학교는 아직 기초 단계에 있었습니다.

이 교육 기관의 건립 계획이야말로 참으로 우리의 터를 잡은 것입니다. 지금은 문학을 주로 다루나, 앞으로 수년 후에는 여러 가지 전문 과목을 통합한 대학으로 만들고자 그 관계 당국에도 노력한다고 합니다. 조선대학 교직원 중 한 분의 설계로 그 건축에는 대학생들의 조력이 대단히 많다고 합니다.

지금 학생들은 4층으로 될 (……)관을 짓고 있습니다. 지붕을 날라오고 땅을 파고 다져서 지대를 닦습니다. 조선중학교의 어린 생도들은 대학생들을 도와서 각기 적당한 곳에서 조력하고 있습니다. 지금 벽돌을 나르고 있습니다. 그리고 이 벽돌도 여기서 만들어지는 것입니다. 그리하여 교장을 위시해서 중학교 어린 생도들까지 이 새 배움의 전당을 건설하기 위해서 힘을 모아서 노력합니다. 이것이 민주 정신이 아니고 무엇이겠습니까.

1   (제목) 학생들의 손으로 지어지는 조선대학(광주)
2~5 벽돌을 나르는 학생들

1 9 4 8
6월
전력대가로 줄 창고의 물자

이것은 전력대가로 줄 물자, 남조선에서는 여러분 다 아시는 바와 같이 북조선으로부터 오는 전력 대금을 지불하기 위해서 사진에서 보시는 바와 같이 산같이 쌓인 물자가 창고에 가득히 쌓여 있습니다. 이것은 북조선에서 오는 전력 대가를 지불하는 것을 의미하는 것입니다.

그동안 남조선에 있어서는 여러 차례에 걸쳐서 대부분 그 대가를 지불했습니다. 그러나 아직 남아 있는 물품은 나머지를 마저 보내려고 준비하고 있는 것입니다. 그리고 수천 개의 전구와 전화기는 대전료로 지불하기 위해 차근차근하게 운반하려고 비축되어 있는 것입니다. 이리하여 남조선에 있어서는 진실하게 약속을 이행하려고 하는 것입니다.

대전료로 지불하기 위해 비축된 수천 개의 전구와 전화기

올림픽 팀 결성식

1948
6월 18일

지난 6월 18일, 서울 운동장에서는 전 조선 올림픽 예선에서 뽑힌 선수들로 이루어진 올림픽 팀 결성식이 있었습니다. 이 청백하고 젊은 선수들의 어깨에는 전 조선 인민의 희망과 소원이 얹혀 있습니다. 1896년에 올림픽 경기가 처음으로 시작된 이래로, 완전한 팀이 되어서 조선을 대표하여 출전하기는 이번이 처음입니다.

지난날 우리의 선수들이 그 영예를 날린 것은 전부가 일본 압제하에 나갔던 것입니다. 예상하건대 1936년에 우리 선수 손, 남 양 군이 각기 제1, 제3위로 마라톤에 우승했을 때, 우리는 다만 일본의 점수를 올려 준 외에 아무것도 없었습니다. 이번이야말로 우리들의 성적은 우리의 점수를 올릴 것입니다.

이 중의 홍일점으로 투원반 선수로서 출전한 박봉식 양은 여자 선수로서 홀로 장도에 올랐습니다. 일행 육십오 명은 누구를 물론하고 자기 맡은 본분에 최선을 다할 것입니다. 조선 올림픽 팀에 행복이 있기를 빕시다.

1 기수 손기정
2 조선체육회장 겸 육상경기연맹회장이자 선수단장인 정항범의 선서

1 9 4 8
6월 19일
제주도서 비행기로 옮겨 온 고 박 대령의 시신

6월 19일 오후 6시 김포비행장에는 조선의 새 영웅 고 박진경 대령의 시체가 도착했습니다. 고 박 대령은 조선국방경비대 제주도 사령관으로서, 지난 6월 17일 제주도에서 살해당한 용감한 군인입니다. 딘 군정장관은 이 영웅의 혼을 보은하는 의미에서 손수 제주도로 비행해서 자신이 박 대령의 시체를 보호해 가지고 왔습니다.

김포비행장에 도착한 고 박진경 대령의 시신

1 9 4 8
6월 21일

올림픽 팀 서울을 떠나 런던에 향하다

조선 올림픽 팀 일행은 우레 같은 갈채와 더불어 서울역을 떠나 국제 대항 경기장인 1948년 올림픽 경기장을 향해서 영국으로 떠났습니다. 수백 명이 그들의 장도를 축복하고 특히 우리의 자랑인 마라톤 팀과 더불어서 처음으로 여자 선수가 같이 출전하는 이번의 올림픽 팀이야말로 우리의 자랑입니다.

환송 인파

▶‖ **제14회 올림픽 경기대회**

1948년 7월 29일부터 8월 14일까지 영국 런던에서 개최됐다. 이전까지 두 번의 올림픽이 제2차 세계대전으로 무산된 후 12년 만에 열린 것으로, 우리나라는 이 대회에서 역사상 최초로 태극기를 들고 입장했다. 선수 50명이 육상, 축구, 농구, 역도, 복싱, 레슬링, 사이클 등에 참가해 59개국 가운데 32위를 차지했다. 복싱 플라이급 한수안, 역도 미들급 김성집 선수가 동메달을 획득했고, 여자 원반던지기에 박봉식 선수가 유일한 여성 선수로 참가했다. 올림픽 출전 경비는 국내에서 조직된 올림픽후원회가 '올림픽후원권'을 발행해 조달했다.

고 박 대령의 장례식

1 9 4 8
6월 22일

국방경비대 제주도 총사령관 고 박 대령의 장례식은 6월 스무이튿
날, 남산에서 그의 영웅적 순직을 추앙하는 성대한 육군장을 지냈습
니다. 고 박 대령은 6월 17일에 같은 국방경비대원으로 차리고, 박 대
령에게 중대한 메시지가 있다고 가장한 한 청년에게 살해당했습니
다. 범인은 곧 체포되었습니다. 그는 재직 중에 제주도에서 온 섬을
소란케 하는 소요도당의 폭동을 조금도 두려워하지 않고 또 피로하
는 기색조차 없이 그의 전심전력을 책임 완수에 경주했습니다. 그의
장례식에는 그의 유가족들을 비롯해서 딘 군정장관, 현직 고관 제위
그리고 군인들이 참가했습니다.

고 박 대령의 장례식

신흥호 진수식
(북한 남포 조선소)

1 9 4 8
6월 23일

1 (제목) 신흥호 진수식(남포 조선소)
2 새로 건조한 선박 신흥호

신학년도 준비사업(평양)

1 9 4 8
6월 23일

1~3 남녀, 학생들이 학교 건물을 지을 재료를 운반한다.
4   신축, 증축 학교 수 966교, 수리한 교실 2만 5,145개소

조선요업공업을 우리들은 보장한다(함북 주을 요업공장)

1 9 4 8
6월 23일

1　도자기를 만드는 종업원
2　주세월 씨가 실오리를 측정하고 있다.

1 9 4 8 6월 북조선 체신 종업원대회(평양)

1 스탬핑 하는 종업원
2 텔레타이핑

미국 전기기술 사절단 도착

1 9 4 8
6월 24일

6월 24일에 미국으로부터 새로 온 전기 기술자들과 조선의 전기 기술자들이 서로 모여서 남조선 현 전력생산 시설로서 어떻게 해야 전력 생산고를 올리겠느냐 하는 데 대한 그의 방법과 계획을 토의했습니다.

이 회의는 방직회사 회의실에서 열렸는데, 아직까지는 어떻게 해 왔으며, 현 남조선에서 지금 있는 기계를 가지고 가능한 것은 어떠어떠한 것이라고 하는 이러한 문제 등이었습니다.

그런데 그 일행은 딜룩스 씨, 롤 씨, 스펜도스 씨, 사이트 사령관 등 제씨로서, 남조선의 전력 부족 문제를 도우려고 여기에 온 것입니다.

방직회사 회의실에서 미국 전기 기술자들과 조선 전기 기술자들이 토의하고 있다.

<table>
<tr><td>1 9 4 8
7월 20일</td><td>초대 대통령으로
이승만 박사 당선</td></tr>
</table>

1948년 7월 20일 아침, 조선 역사상 중대한 획기적 집회가 서울 중앙청 국회의사당에서 열렸습니다. 우리 역사의 가장 중요한 첫 발길은 곧이어 열려서 국회의원들의 무기명 투표의 결과 이승만 박사가 조선 최초의 대통령으로 당선됐습니다.

이날 오전 10시 정각, 제33차 국회 본회의는 의장 이승만 박사의 사회로 개회되었습니다.

먼저 지난번 회의 때, 즉 제32차 본회의 때의 회의록을 통과시키고, 장면 의원의 북한 동포에게 보내는 성명서를 국제연합에 발송케 되

었다는 보고가 있었고, 10시 12분 의장 이승만 박사는 출석 의원, 즉 출석 의원은 3분지 2 이상이 된다고 보고하고 헌법 제53조에 의해서 대통령을 선거한다고 선포하였습니다.

이윽고 회장이 정리된 후 뒤 이어서 김동원 부의장으로부터 대통령 선거에 관한 헌법에 대한 주의 사항이 있었습니다.

이리하여 투표는 10시 18분부터 시작되어서 윤치영, 이윤영, 장면 의원들을 선두로 경기도, 충청북도, 충청남도, 전라북도, 전라남도, 경상북도, 경상남도, 강원도 그리고 제주도의 순서로 오전 11시 5분경에 투표를 완료하였습니다.

이리하여 첫 의원의 이름을 부른 후, 김동원 부의장이 투표에 빠진 의원의 유무를 묻고 전부 투표 완료를 확실히 한 후에 투표는 완전히 끝이 났습니다. 의장 대리가 표수의 계산을 명했습니다.

만약 투표수가 헌법의 기준에서 표수가 3분지 2가 못 되면 이것은 통과되지 못하는 것입니다.

1   이승만 대통령 당선 인사
2, 3   투표하는 의원들

이윽고 오전 11시 8분, 부의장 김동원 씨 선언으로 드디어 개표가 시작되었습니다. 이와 같이 개표 선언이 있자 감시위원 중에 개표 감시위원회로 김도연, 이종린, 주기용, 세 위원 입회하에 개표가 시작되는 동시에 한편 의사당 정면 좌편에 설치해 놓은 기입표에는 기입 감시위원으로 백관수 신성균 두 의원이 입회하는 가운데 드디어 11시 13분부터 개표가 시작됐습니다.

여러분이 보시다시피 이곳은 개표하는 광경입니다. 그리하여 표수 기록대에는 영광을 차지할 붉은 표가 하나하나씩 기입되어 갈 것입니다.

김동원 부의장으로부터 투표 배정표를 설치하게 되었습니다. 이러한 김동원 부의장으로부터의 선언이 있은 후 장내의 심정은 차차로 절정으로 올랐습니다.

"이승만 이승만 이승만 이승만 이승만 이승만"

드디어 재석 의원 195명의 삼분지 2 득점수. 즉 130표로 이승만 박사는 (……) 최고 득점수를 차지하였습니다.

그러나 130표가 발표된 후에도 이 박사의 표수는 자꾸자꾸 늘어 갔습니다. 이것이 마지막까지 계속돼서 이 박사는 180표를 얻었습니다.

개회 시 자기의 자리에서 배석해 있던 이승만 박사는 의원들과 만장의 환호리에 등단했습니다. 조선 최초의 대통령 당선 인사가 있었습니다.

"날 대통령이라는 영광스러운 이름으로……"

이리하여 각계의 여성 대표들이 보내는 화환도 향기로운 가운데 끝으로 만세를 삼창, 대통령의 장도를 축복했습니다.

1 대통령 선거 득점표
2 이승만 대통령 당선 인사

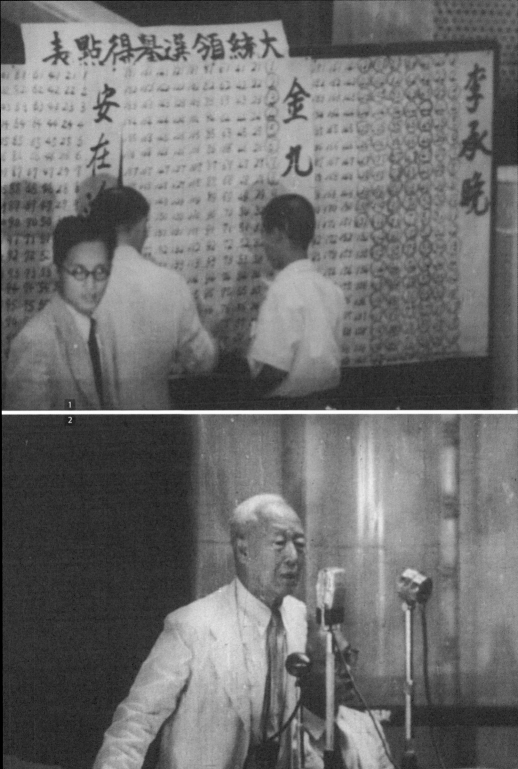

1948

7월 24일

대통령 취임식

©NARA

大韓民國大統領就任式

우리나라 초유의 대통령 부통령 취임식이 작24일 오전10시 비나리는 중앙청광장에서 거행되었다. (……) 다음 헌법 제52조에 의하여 '나 이승만은 국헌을 준수하며 국민의 복리를 증진하며 국가를 보위하여 대통령의 직무를 성실히 수행할 것을 국민에게 엄숙히 선언한다'라고 대통령이 국민 앞에 취임의 선서를 하고 동시에 서명하였다.

_ 〈한성일보〉 1948년 7월 25일 자

1 중앙청 앞 기마병 행진
2 연설하는 이승만 대통령
3 연설하는 이시영 부대통령

317

시골 장터 풍경(경상도 하양)

대한민국 독립의 날

1 9 4 8
8월 15일

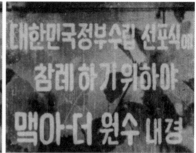

대한민국 독립의 날

대한민국 정부 수립 선포식에 참례하기 위하야 맥아-더 원수 내경

오랜 세월을 두고 끊임없이 동경하고 갈망하고 노력을 거듭해 온 우리의 희망의 날은 오고야 말았습니다. 우리 대한민국 독립의 날, 헤아릴 수 없이 많은 군중이 중앙청 앞에 모여서 오늘의 성전을 환희로 맞이했습니다. 오랫동안의 굴욕에서 벗어나고 자유롭고 기쁜 순간을 맞이하는 이 광경은 보는 사람의 폐부를 찔렀습니다. 감격의 눈물이 넘치는 우리 한국의 역사가 새로이 이 땅에 이룩하여 지는 날, 우리가 저 악착한 일본의 정치로부터 해방이 되어 자유로워진 지 3년, 이제 우리 대한민국이 온 세계의 자유로운 국가 반열에 들어가는 첫 발길(……)을 정부 수립 선포의 오늘이 우리의 해방기념일인 것이 더욱 의의 깊은 일이라 아니할 수 없습니다.

이승만 대통령

따라서 일본의 압제로부터 우리를 풀어놔 준 연합군, 특히 미군 최고 지휘사령장관 더글라스 맥아더 원수에게 축복과 축하를 받기에도 가장 적당한 날이라고 하겠습니다. 이윽고 맥아더 장군이 나타나자 대통령 이승만 박사는 무한한 만족과 감사의 표정을 억제할 수 없었습니다. 그러므로 맥아더 원수는 항상 우리 민족이 일본의 압제에서 오랫동안 신음하던 그것을 생각하고 평화와 자유를 획득하기를 (……) 따라서 오늘날 이와 같은 식경이 있기를 (……)했으며, 이에 참가하기를 희망하고 있었던 것입니다. 40년간의 이상과 희망과 참혹한 (……) 오늘날에 전부 결정이 되어 아름답게 (……) 이날은 우리 한국이 자유 자주의 국제적 (……)의 문으로 돌입하는 시초인 것입니다. 이윽고 식은 국가 봉창과 더불어서 한국 강토에는 자주 독립의 태극기가 높이 날리고 (……)한 애국가는 온 누리에 빈틈없이 퍼졌습니다.

(요즘 곡조 애국가) 무궁화 삼천리 화려강산

애국가가 끝나자 명제세 씨가 회장 오세창 씨의 개회사를 대독하고 최초의 대통령 이승만 박사의 기념사가 시작되었습니다.

모든 어려운 일에 주저하지 않고 이 문제를 해결하여 자기를 극복하며 이 정부가 대한민국 정부로서 처음부터 끝까지 변함이 없이 (……) 정부임을 세계에 표명하도록 (……) 우리는 이에 선언합니다. 이승만 대통령은 그 기념사에서 대강 이러한 요지의 결론을 맺는 동시에 축사를 마쳤습니다.

"(이승만) 나의 사랑하는 동포 여러분, 이거 들립니까? 8월 15일 오늘 거행하는 이 식은 우리의 해방을 기념하는 동시에 새로 탄생한 것을 겸하여 경축하는 것입니다. 이날에 동양의 한 고대국인 대한민국 정부가 회복되어 40여 년을 두고 바라며 꿈꾸며 희생적으로 투쟁하여 온 결실이 이에 나타나는 것입니다. 그러므로 이날, 이 시간은 내 평생 가장 긴중한 시기입니다. 내가 다시 고국에 돌아와서 내 동포의 자치 자주하는 정부 밑에서 자유 공기를 호흡하며 이 자리에서 대한민국 대통령의 자격으로 이 말을 하게 되는 것입니다. 하나 마음에는 대통령의 존귀한 지위보다 대한민국의 한 공복인 직책을 다하기에 두려운 생각이 앞서는 터입니다. 이 자리에 미군 극동 대사령장관 맥아더 장관과 그 부인을 환영하게 된 것은 우리에게 큰 영광입니다. 맥아더 장군의 경력은 (……)할 때부터 일본에 승전해서 한국을 해방시킬 때까지 우리가 깊은 관심과 (……) 터입니다. 태평양 시대의 미국 사령과 군정을 일본에서 연합군 총사령관 맥아더 장군은 다만 미군의 인도자일 뿐 아니라 가혹한 일본의 침략을 당한 모든 민족들에게 유일한 희망을 주었던 것입니다. 우리 한국도 일본의 모욕을 많이 받았음으로 지금은 맥아더 장군의 지휘하에서 일인들이 깊이 감화해서 민주제도를 흡수하여 새로운 백성이 되기를 우리는 깊이 바라는 것입니다. 맥아더 장군이 미 극동사령관으로 한국 주둔군의 지휘장관인고로 우리가 미국의 원조를 많이 받게 된 것은 맥아더 장군의 노력이 적지 않았던 것을 깊이 아는 바입니다. 내가 직접으로 맥아더 장군과 그 부인께 감격을 느끼는 것은, 이때에 (……) 영광을 우리에게 주게 된 것입니다. 이분들이 여기에 참석하게 된 것은 한국(……) 말할 수 없는 공감을 갖게 된 것입니다. 맥아더 장군은 용감한 군인으로 또 정치 (……)을 겸하였고(……)"

이리하여 이승만 대통령의 기념사는 결론으로 들어가서, 오늘의 지나간 역사가 다 지고 새 역사가 시작되어 세계 모든 정부 중에 우리

새 정부가 다시 나서게 됐고, 우리는 남에게 배울 것도 많고, 도움을 받을 것도 많습니다. 모든 자유 우방들의 우의와 도움이 아니고는 우리의 문제는 해결키 어려울 것입니다. 이 우방들이 이미 한 바와 같이 앞으로도 그 원조를 계속할 것을 우리는 깊이 믿는 바이며 동시에 가장 중대한 것은 일반 국민의 형성과 책임심과 굳센 결심입니다.

"(이승만) 처음으로 우리나라에 와서 우리의 열렬한 기상을 눈으로 보고 그 수훈을 마음으로 깨닫게 된 것입니다. 그러므로 해서 우리는 이분을 환영하는 데에는, 3년 전 어제까지는 (……) 할 수 없었고 허지도 못했던 것입니다. 지금 맥아더 장군이 여기에 와서 자기의 성공한 것을 눈으로 보게 한 것은 그분도 마음에 좋을 것입니다."

이윽고 이승만 대통령은 기념사를 마치고 대한민국 정부 수립 국민 축하식에 참여하기 위해서 멀리 일본으로부터 만사를 제치고 이 자리에 임석해 준 맥아더 원수 부부에게 감사의 말을 전했습니다.

"(이승만) now General Mac has come here for the first time (……) great work liberation of Korea."

그것은 피로도 잊은 듯 부군을 따라온 미세스 맥아더를 여러 군중에게 소개하자 장내는 더욱 감격의 파도를 일으켰으며 맥아더 부인 역시 기쁨을 금치 못했습니다.

"(이승만) now General Mac our great friend."

이 자리에서 맥아더 원수는 다음과 같이 축하의 말을 했습니다.

"(맥아더) 대통령 각하, 하지 중장, 대한민국 국민 여러분은 이 역사적 순간에 본관이 대한국토에 서서 이 땅에 자유가 소생하여 정의가 나부끼는 것을 볼 때 감개무량합니다. 본관은 40년간 여러분의 애국자들이 외국의 압박의 쇠사슬을 벗느라고 분투하는 것을 감탄해 가며

맥아더

보아 왔습니다. 그들의 백절불굴하는 그 결의는 운명과 타협하기를
거부했습니다. 대한국민의 자유는 영원히 불멸과 만고불변한다는 진
리의 변증이 되었습니다. 그러나 정의의 위력이 용진하는 이 찰나에
이 정의는 근대 역사의 일대 비극인, 귀국 강토에 인위적 장벽과 분
열로 무색해졌습니다. 그러나 이 장벽은 반드시 파멸할 것이요 반드
시 파멸될 것입니다. 여러분들이 자유국가의 자유로운 국민으로 통
일하는데 있어서는 그것을 흠할 것이 천하에 아무것도 없는 것입니
다. 한국 국민은 너무나 위대한 선거의 소송이나 외래의 분열에 의
해서 그들의 성업을 희생할 리가 없습니다. 과거 3년간 미국의 정권
(……)은 침묵을 지켜왔고 그동안 우리는 다른 나라 사람들과 협력해
서 현대 세계의 도덕의 힘을 가지고 세계의 평화를 역력히 유지할 수
있는 인간적 관계를 구해 왔습니다. 우리의 노력은 권력에 대한 탐욕
과 갈망과 악한 정치로 인해서 (……) 그러나 금일 미국의 재생은 인류

자유의 이념에 의한 인간사회에 깊이깊이 뿌리를 박아 영원히 변할 수가 없다는 것에 산 증거가 되는 것입니다. 나의 나라의 국민은 제국과 다른 각별한 우호적 관계를 가져 왔습니다. 일찍이 1882년 양 국민 간에 우호통상조약을 체결해서 양국 간 영원한 평화와 우의를 선포했습니다. 귀국은 이 조약에서 결코 이탈한 적이 없는 만큼 여러분들은 그 불가분 불가리에 우호 관계의 계속을 (……)할 수가 있습니다. 이 대통령 각하 각하와 이 신생 민주 국가 (……) 각하를 보좌할 유수한 각원 제위는 정치적 경험이 (……) 못한 가장 복잡한 문제에 당면할 것입니다. 이 문제를 어떠한 방법으로 해결하느냐가 귀국 국민의 통일과 복리를 대부분 (……)할 뿐만 아니라 역시 아시아 대륙의 장래 안전을 결정할 것입니다. 본관은 각하와 대한 국민에게 신뢰를 가지고 있습니다. 여러분의 성업에 하느님의 가호가 있기를 바랍니다."

맥아더 원수의 축사가 끝나자 이번에는 우리의 진정한 벗이라고 소개된 하지 중장은 다음과 같은 축사를 했습니다

"(하지) 대통령 각하, 국무위원 여러분, 본관이 조선에 진주한 지 근 3년간, 여러 가지 축하식장에 참석한 적이 있었으나 오늘 이 자리에 이 시점이야말로 제일 중대하고 따라서 이 자리에 참석한 우리들의 기억에 가장 오래 남을 거라 생각합니다. 일본 항복 3주년인 이날에 대한민국 정부 수립을 축하하게 된 것은 한국 국민의 위대한 업적을 표시하는 것입니다. 이 신정부에 대한 미국의 태도는 지난 금요일 워싱턴에서 발표된 성명에 있는데 그 일부를 인용하면은 미국 정부의 견해로서는 이렇게 수립된 한국 정부는 1947년 11월 14일 (……) 그러한 정부로 한국에 자격이 있다고 봅니다. 국제연합 조선임시위원회 제3차 보고를 심의한 총회 심의가 있기 전이라도 미국은 점령국

의 책임 이행으로 특사를 서울에 파견하여 그로 하여금 국제연합 임시위원단과 협의하여 1947년 11월 14일 총회결의문 제2호 4조를 잇는 성문을 수행하도록 한국 정부와 교섭을 추진하도록 명한 것입니다. 민주적 경로를 통해서 한국 정부의 2/3가 자주 정부를 수립했는데, 이 자리에 우리들과 전 세계의 자유국 간 미국의 정부(……)가 전 한국 국민을 포섭하게 되기를 바랍니다. 또한 바라는 바는 국제연합 조선임시위원단이 작년 11월 국제연합총회의 결의와 금년 2월 보통회의에서 다시 결의한 그 사명을 완수하며, 국제연합총회로서 지난 2월에 우리가 밟아온 중요한 토대를 전적으로 추인하였으면 합니다. 오즉 우리가 전원의 협력과 단결과 상호의 공정과 양해 밑에만 있으면 우리의 (……)를 방어하고 한국의 주권을 보전할 수 있으며, 우리가 이 선거를 얻는다면은 세계 평화에 공헌하는 바 클 것입니다. 이 식은 미국 (……)를 한국정부에 이양하는 시초입니다. 정무와 민생에 큰 장애를 피하기 위해 이양사무는 시차 질서 있게 점진적으로 할 것입니다. 국제연합위원회 감시와 협력하에 내일부터 미국 대표와 남조선 과도 정부 대표 간의 회담이 개최될 터이며, 행정권 이양 등 모든 정부 운영과 경제 행동에 지장이 없는 한 가급적 속히 완수될 것입니다. 미국 측 대표 일원은 대사의 대우를 받는 이가 임명되어 교섭을 (……) 현재 부임 도중이며, 부임돼 이곳에 도착할 것입니다. 재한국 미군 정부는 오늘 밤 자정으로 폐지되고 한국 측은 미군 사령부 민사처가 생깁니다. 이 민사처는 대한 정부의 정권 이양을 마치며 과도기의 군정 사무를 행할 것입니다. 한국 측의 미군 사령관으로 본관은 다시 언급합니다. 미국은 자기가 갖고 있는 능력이 있는 한 무슨 일이든지 여러분이 방금 수립한 그 정부를 도울 용의를 가지고 대기

하고 있습니다."

이리하여 하지 중장의 축사가 있은 후 다음은 국제연합 조선위원단 대표 루나 박사의 축사가 있었습니다

"(루나) 대통령, 국회의장, 대법관 및 신사 숙녀 여러분! 극동에 있어 서 그 국가적 존속이 한국 이상 더 (……)대한 관심을 받은 나라는 없 습니다. 제2차 세계전쟁의 암담한 시점에 있어서도 연합국 제국은 한국이 자주독립하려는 정치적 열망을 잊을 수 없었습니다. 국제연 합의 한국인의 문제는 제출되어 있는 성의 있는 토의가 있은 후에, 국제연합 조선임시위원단을 창설하는 1947년 11월 14일의 결의가 가결됐습니다. 그 위원회는 기관을 조직하고 그 결의를 실천하기 위 해 즉시로 한국에 왔습니다. 1948년 5월 10일 그 위원회는 한국선거 를 함께 했습니다. 본 선거를 감시한 것은 본 위원회뿐만 아니었고 전 세계가 굉장한 관심을 가지고 주시했습니다. 그 결과는 매우 만족 했습니다. 동 위원회의 의견에 의하면 그 선거는 동 위원회의 감시가 가능하고 또한 전 한국 인구의 대략 2/3를 점령하는 한국 지역에 거 주하는 선거인의 자유의사를 정당히 표현하는 것이었습니다. 이리하 여 대한민국 정부는 금일 성립되었습니다. 우리는 귀국의 신정부 수 립을 축하하기 위해 모였습니다. 동 정부는 한인이 조직했으며 한인 을 위해서 한인이 운영하는 바입니다. 그 정부는 귀국이 국가 가족에 완전한 일원에 도달하는 도로상에 이정표입니다. 조금 전 제위는 한 국 국기를 올렸습니다. 국제연합 임시위원단 의장으로 본인은 그 위 원회 일동을 대표하여 축하하는 바입니다. (……)"

그리고 이번에는 우방 중국의 주한국 초대대사로 초대된 유어만 박 사는 이 자리에서 자유로운 분위기에서 선거된 대한민국 정부를 본

국으로부터 정식으로 승인할 것이라고 말하고 신생 대한민국은 자유로운 민주주의 국가로 건설하는 투쟁에서 반드시 승리할 것이라고 믿으며 영원한 번영의 길을 확신한다는 축사를 했습니다.

이어서 교황 사절 번 씨로부터도 이 대통령과 국회와 새로 수립된 한국 정부와 국민 전체에게 간곡한 축복의 말이 있었습니다.

만세!

이러한 축사가 끝난 후, 오세창 씨의 선창으로 일찍이 들어보지 못했던 민족의 가슴속에서 풍겨 나오는 우렁찬 만세 소리가 하늘과 땅에 울려서 대한민국 역사의 첫 페이지를 수놓았습니다. 이리하야 식이 끝나자 맥아더 원수 부처는 더 한층 사무치는 모든 군중의 우정에 넘치는 석별의 인사를 받으면서 식장을 떠났습니다.

정부 수립 축하 사열식

1948 8월 15일

이와 같이 하야 성대한 축하식이 끝난 후 한국 국방경비대와 해안경비대를 비롯해서 각 기관의 장엄한 행렬이 국내 국외의 (……)한 여러분의 앞을 지나갔습니다. 경찰관이 정렬해서 질서를 지키는 깨끗한 길로 행렬은 줄을 이어서 계속되고 있었습니다. 기념 행렬은 오늘을 맞이한 우리 대한민국에 커다란 기쁨을 표시하는 동시에 새로 찾은 독립 국가의 능력을 발휘하기도 했습니다. 정당한 민주주의 (……)은 한국으로 하여금 제국 세력에 노예가 되지 않고 평화로운 정신을 누리게 하였습니다. 우리나라를 위해서 전력을 다해서 싸울 우리의 믿음직한 용사들은 분골쇄신하도록 나라에 충성을 다할 것을 다시금 맹세하는 것이었습니다. 1948년 8월 15일 이날이야말로 대한민국이 온 세계 민주 국가로부터 축복을 받은 날이요, 세계에 그 이름을 전파한 (……)의 날입니다. 오늘 우리 국민은 남녀노소를 물론하고 오랫동안 꾸고 바라던 독립의 꿈이 실현된 것을 명심하며 우리의 든든한 용사들 사열식에 어깨를 나란히 한 국방 해안 양 경비대와 더불어 맘과 뜻을 한 가지로 해서 대한민국의 자주독립은 영원히 흔들리지 않을 것입니다.

1 시가 행진
2 행진을 지켜보는 인사들

<table>
<tr><td>1 9 4 8
8월 15일</td><td>대한민국 정부 수립식
(서울 중앙청)</td></tr>
</table>

1 중앙청 행사장
2 중앙청 앞 군중

1 9 4 8
8월 15일

한국 독립기념일(경주)

©NARA

1 미국 장교처럼 보이는 거대한 인물(아마도 맥아더 장군)을 태운 시가행진
2 골판지 코를 하고 깃발을 흔들며 노래하는 소녀들
3 한복을 입은 노인들

개성 시민 산업 전람회

1948 8월 18일

대한 최초의 농업 미술 공업 출품 전람회가 성대히 열렸습니다.

8월 18일. 이날 개성에는 소년척후대의 시가행렬도 있었습니다. 소년척후대는 서울에서 일부러 이 전람회에 참여코자 개성에 내려가 군대행진곡에 맞춰서 행진을 했습니다.

이날 한미 양측 고관으로부터 이번 전람회의 지지성명이 있었고, 최근 급격히 발전해 나가는 개성 사람들의 농업 공업에 대한 찬사가 있었습니다.

개성 시민들이 공장에서 혹은 농장에서 만들어 놓은 작품으로 수천 명의 감상을 받는 동시에 많은 칭찬을 받았습니다. 또 이들이 이와 같이 (……) 농업계의 (……)를 도모해 해마다 이와 같은 전람회를 개최할 것이라고 합니다.

1 개성 주한 미공보원 건물
2 전람회

1 9 4 8 8월 23일 무초 미국 특사, 서울에 오다

지난 8월 23일. 트루먼 대통령의 임명을 받고서 재한국 미국 대표로 무초 대사가 서울 김포비행장에 도착했습니다.

무초 씨는 우리 한국이 자유 독립 국가로서 처음 맞아들이는 외국 대표 사절이었습니다. 무초 씨는 재한국 미국 대사로서 대한 미국인 중에 제일 지위가 높을 것입니다.

이날 그를 김포공항에서 맞이한 인물은 하지 중장을 비롯해 이승만 대통령, 이범석 국무총리, 그 밖에 여러 중견 인물들이었습니다.

1 서울에 온 무초 대사
2 무초, 하지, 이승만 대통령

▶‖ **존 무초**(John Joseph Muccio)

　　초대 주한 미국 대사로, 1949년 4월부터 1952년 9월 8일까지 재임했다.

1948
8월 26일

하지 중장 송별회

8월 26일 아침, 대한을 떠나기 하루 전날 서울 운동장에는 수천 명의 군중이 모여서 우리의 독립을 위해 다대한 힘과 노력을 아끼지 않은 재대한민국 미군 총사령관 하지 중장을 송별하는 모임이 있었습니다. 이날 이 이 자리에는 하지 중장 그리고 이승만 대통령, 그 밖의 여러 지도자들, 미국 대사 무초 씨, 딘 소장 그리고 헬믹 소장도 참석했습니다. 이날 하지 중장에게는 기념품을 보냈는데, 이 기념품은 우리 대한국민의 (……)의 일부분이었습니다. 하지 중장은 그의 송별사에서 말하기를 대한 국민은 확실히 자유로운 국민이 될 것을 확신하나, 공산주의의 진입을 경계할 것이라고 했습니다. 또한 대한의 지도자들은 사리사욕을 버리고 국민의 복리를 위해서 일해 주기를 권고했습니다. 지금 이와 같이 그는 그의 손으로 자리 잡힌 국민 앞에 서서 인사를 보냈습니다. 하지 중장, 그의 책임은 다했고 그의 (……)은 다했습니다.

1 송별회의 무초, 하지 중장, 이승만 대통령, 신익희 국회의장 등
2 연설하는 하지 중장

대한육군 간호부대 결성식

1 9 4 8
8월 26일

대한육군 간호부대 결성식이 지난 8월 26일 오후에 경회루에서 거행되었습니다. 여성이 신생 대한민국의 군인으로 그 사명을 맡은 역사적 (……)의 날이었습니다.

국군 안에서 따로 분리된 의무대를 편성하고, 마치 미국 간호부대가 미국 육군과 더불어 다니는 (……) 같습니다. 간호부들은 특별한 훈련과 (……)에 대한 준비와 민첩한 행동을 하고 군인들을 도와서 조국에 이바지할 것입니다.

이 자리에는 딘 소장, 헬믹 소장, 로버트 대장, 서재필 박사와 (……). 특히 국군의 송호성 장군의 인사가 있었으며, 축사가 있은 후 딘 소장과 송호성 장군으로부터 훈사가 있었습니다.

대한육군 간호부대 결성식

올림픽 선수 일행 귀국

런던에서 돌아오는 우리 올림픽 선수들이 8월 26일 김포비행장에 도착했습니다. (······) 가장 (······)들이 (······) 대한의 선수들이 야속하게도 영예의 월계관을 얻지는 못했으나, 그들의 (······)은 넉넉히 (······) 발휘하고 돌아왔습니다. 또한 그들의 돌아옴을 환영하고자 김포비행장에 모인 여러 사람들은 대한의 조국 운동계에 (······)시키려고 최선을 다해 싸운 그 용사들을 열성 있게 맞이하였습니다.

올림픽 선수 일행 귀국

1 9 4 8
8월 26일

서울을 떠나는
쩨-곱 씨와 유 박사

8월 26일, 하지 중장의 정치고문 제이콥 씨와 중국 특별대표 유어만 박사는 파리에서 열리는 국제연합총회에 참석하기 위해서 서울을 떠났습니다.

한국에서의 정치고문으로서의 사명을 맡은 제이콥 씨는 국무성으로 돌아갈 것이고 유어만 박사는 국제연합총회가 끝나는 대로 다시 돌아와 일을 계속해 볼 것입니다. 이날 이 자리에는 미국 대사 무초 씨, (……) 장군, 딘 소장 그리고 여러 분들도 나와서 그들을 보냈습니다.

1 서울을 떠나는 하지 중장의 정치고문 제이콥, 중국 특별대표 유어만
2 환송하는 참모들

1 9 4 8
8월 27일

대한을 떠나는 하지 중장

재대한민국 미군 총사령관 하지 중장은 대한민국에 많은 노력과 흔적을 남기고 지난 8월 27일 이 나라에서 떠났습니다. 하지 중장은 우리 국민의 복리와 자유를 위해서 열심히 (……)하게 힘을 써 줬습니다. 그들은 국제연합과 외국 (……)의 열정으로 우리 대한민국에 정부를 수립하게 되고 정부가 수립 됨과 더불어서 그의 집권은 끝났습니다. 그가 한국을 떠나면서 그는 진심으로서 한국민에게 전했습니다. 하지 중장은 한국의 (……) 노력을 아울러서 대한민국 국민들은 국내에서뿐만 아니라 널리 전 세계에 이르기까지 자유를 사랑하는 국민으로 길이길이 빛날 것입니다. 그와 마지막 작별을 나누기 위해서 수많은 작별의 얼굴들이 김포 비행장으로 향하는 (……) 가득 찼습니다. 이리하여 이 자리에는 (……)으로 (……)와 그 밖에 다수의 외국 손님들도 함께 악수를 나눠 왔습니다. 그가 힘써 도와주고 만들어 준 한국 군대 그리고 대통령 이승만 박사와의 마지막 악수. 이리하여 군인들은 그에게 최고의 작별 인사를 보낸 후 (……)으로 떠났습니다. 하지 중장 우리는 당신의 행복을 빕니다.

1, 2   대한민국을 떠나는 하지 중장

1

2

조선민주주의 인민공화국
제1차 최고인민회의

©NARA

1

1 김일성 종합대학
2 중앙종합병원 신축 공사장
3 제일고급중학교
4 모란봉 극장에 들어가는 사람들
5 전국 대의원 지정 좌석
6 투표하는 사람들

1 9 4 8
9월 11일

한미협정 조인식

지난 8월 15일 하지 중장이 이미 약속한 바와 같이 미군정 사령관으로부터 모든 행정권은 차례로 대한민국 정부에 이양되었습니다. 9월 11일, 드디어 한미협정(한미 재정 및 재산에 관한 최초 협정)이 성립되고 미국을 대표하는 무초 특사와 대한민국 국무총리 이범석 씨 사이에 서명, 조인되었습니다.

1 장택상 외무장관, 무초 주한 미 대사, 이범석 총리, 윤치영 내무장관
2 무초 주한 미 대사, 이범석 총리, 윤치영 내무장관

1 9 4 8
9월 11일

서재필 박사
미국으로 돌아간다

우리에게 있어서 잊을 수 없는 애국혁명가 서재필 박사는 지난 9월 11일 인천항을 떠나서 미국으로 돌아갔습니다. 서재필 박사야말로 우리의 독립을 위해서 일생을 바치신 분입니다.

미국으로 망명한 그는 조국을 떠나서도 대한 독립의 큰 뜻을 추진해 왔습니다. 1947년 7월, 그는 하지 중장의 초청으로 그립던 고국에 돌아왔었습니다. 그는 조국을 잠시도 떠나지 않던 그의 따님과 더불어서 무한한 회포를 남기고 떠났습니다.

서 박사시여, 안녕히 가십시오.

1 서재필 박사
2 서재필과 딸

고 러치 장관 추도회

1 9 4 8
9월 11일

9월 11일 시공관에서는 고 러치 군정장관의 1주년 추도회가 있었습니다. 그는 많은 국민으로부터 존경을 받고, 또한 우리 국민의 복리를 위해서 매우 공헌이 많으셨던 분으로 끝까지 봉직한 (······) 장관이었습니다. 추도회 당일, 한미 각종 인사와 및 추도회 참가 대중들은 지난날의 좋은 친구 고 아서 러치 장관의 추억을 더듬어서 엄숙한 애도를 보냈습니다. 지금 (······)한 것은 고 러치 장관의 생전 당시의 기록으로, 우리가 다시금 그 행적을 회상할 수 있습니다.

1 시공관
2 고 러치 장관 추도회에 모인 인파

1 9 4 8
9월 14일
이승만 대통령의
신정부 직원에게 보내는 훈시

9월 14일 이 대통령은 중앙청 광장에 정부 직원들을 모아놓고 자주 독립 국가를 건설하는 길에 그들의 노력이 대단히 필요함을 말하고 많은 곤란을 서로 합심 협력해서 극복해 나갈 것을 부탁했습니다. 강력한 정부를 세우려면 먼저 직원들이 전부 일심동체가 되어야만 성공할 수 있으며, 지난 3년 동안 각 정당들의 알력를 지적하고, 앞으로의 우리는 전부 각 정치단체가 서로 화합해야 할 것을 말했습니다.

이윽고 이범석 국무총리 역시 우리 대한민국의 자주독립을 위해서 여러 정치단체의 화합을 말했습니다. 이리하여 만장의 직원들은 대통령과 국무총리에게 보내는 축하의 박수로서 그 모임을 마쳤습니다.

이승만 대통령

1948 9월 대한육군사관학교 훈련 광경

육군사관학교에서는 향후 대한민국을 이끌고 나갈 국군을 양성하기 위해서 연습을 하고 있습니다. 지휘자의 지휘로 그들은 (……) 만전을 기하는 것입니다.

그들은 자기들의 사명과 아울러서 민주 국민의 자율성을 이해하고 있습니다. 그러므로 그들은 지금 맹렬히 연습 중에 있습니다.

1 육군사관학교
2 대한육군사관학교 훈련 광경

1 9 4 8
10월 13일
이승만 일본 방문(하네다 공항)

맥아더, 이승만

대한민국 초대 대통령 이승만 박사는 부인 동반으로 19일 상오 8시 김포공항발 특별 비행기로 鄭翰景 씨, 공보처장 金東成 씨 외 의원 일행과 함께 일본 방문의 길을 떠났다. 이번에 적국 일본을 방문하게 된 이유로 말하면 지난 8월 15일 대한민국 정부 수립 축하식 겸 해방 3주년 기념식에 극동연합군 총사령관 맥아더장군이 축하차 내한 참석하였을 때의 요청에 의하여 답례를 겸한 것이다.

_ 〈서울신문〉 1948년 10월 20일 자

소련군 환송 문화제

1948

10월 19일

1 평양쏘련적십자병원
2 소련군 환송 문화제에 참가한 군중
3 레베데프 장군에게 기념장을 수여하는 김일성
4 소련군 환송 문화제에 참가한 군중

미 군사고문단 활동(서울)

1 105 방사포 탄약에 대해 교육받는 한국인
2 미국인 장교와 한국인 장교가 교환기를 설명하고 있다

▶‖ **주한 미 군사고문단**

임시군사고문단에서 개칭해 1949년 7월 1일에 설립된, 국군에 대해 조언 및 자문을 하는 군사 조직.

미 군사고문단 활동(서울)

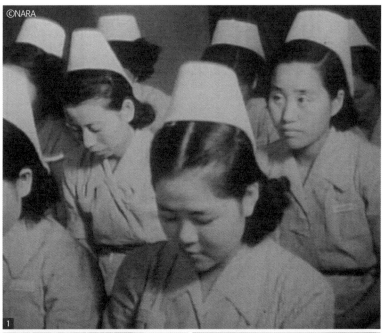

1 메모하는 간호사들
2 칠판에 필기하는 간호사들
3 실습하는 간호사들

1 9 4 8	전국 체육대회(평양)
10월 31일	

1, 2   조선민주주의인민공화국 수립 기념으로 개최되는 체육대회
3   달리기
4   장대높이뛰기

여순사건

육군사관학교 제1기 배속장교 입교식

1 9 4 8
12월

학생들의 군사 훈련을 위해서 각 학교 내 군사 경험자들과 체육교사들을 망라한 육군사관학교 제1기 배속장교 후보생의 입교식이 있었습니다. 이범석 국무총리, 채병덕 참모총장을 비롯해서 다수 명사가 참석하에 식은 성대히 거행되었습니다. 이리하여 식이 끝난 후에 음식을 나누게 되어 새로 입학한 후보생들은 장래 대한의 국방을 진심으로 약속하는 식사를 들었습니다.

이범석 국방장관과 김홍일 교장도 뜻깊은 담화를 서로 바꾸는 중에 원만히 끝나고 저들 후보생들은 각기 3개월간 훈련을 받은 후 다시 각 학교에 소위로 임관 배속되어 군사 훈련에 노력할 것이라고 합니다.

여기 육군사관학교 후보생들의 훈련 광경이 보입니다. 실제 연습으로 말미암아서 더 신속히 배울 수 있는 것입니다. 이와 같이 해서 그들의 훈련 (……)가 어그러짐이 없이 맞는 것입니다. 이분들은 국군을

지도하는 여러분들의 (……)입니다. 정당한 훈련과 건전한 육체 그리고 충성과 열성을 다 바쳐서 나라를 지키는 것은 우리나라를 세계 다른 나라 사이에 자신 있게 내어놓을 수 있는 큰 요소가 될 것입니다.

육군사관학교 제1기 배속장교 입교식

1 9 4 8 육해군 전몰장병 합동위령제
12월 1일

12월 초하룻날, 서울 운동장에서는 희생된 장병의 합동위령제가 있었습니다. 젊은 생명이 아깝게도 희생된 것을 애도히 여겨서 여러 사람들이 많이 모인 가운데 위령제는 대한 육군 보도대장 이창정 소령의 사회로 엄숙히 거행되었습니다. 대한 국민의 민의로 수립된 정부를 반대하고 불의한 행동을 하는 극악한 공산군대들의 이러한 행동은 어떠한 각도로 보든지 그들의 죄상은 도저히 용서할 수 없는 것입니다. 그들은 이기적이요 파괴적 목적으로 전통과 애국심과 명예를 무시할 뿐만 아니라 인륜을 벗어난 잔인한 행동을 하는 것입니다. 이로 인해서 직무에 최선을 다하고 있는 건실한 92명의 주민과 그 밖에 해군, 경찰이 그들에게 목숨을 빼앗긴 것입니다. 이날 위령제에는 이 대통령, 이범석 국무총리 겸 국방장관의 애도의 말씀이 있었고 그 밖에 내빈의 조사가 있은 후, 의장병 60명의 조포 발포와 유가족 및 장병들이 향불을 올렸습니다.

나라를 위해서 힘을 다하고 조국을 사랑하여 국토를 지킨 이들의 (……) 항전에 대해서 온 국민과 자유를 사랑하는 세계 각국에서 모다 유감됨을 느낀 것은 물론, 생명까지 이바지한 그들과 그 유가족에게 따뜻한 동정의 마음을 금치 못했습니다.

서울운동장에서 위령제를 마친 그들은 91명의 순국열사의 위패를 안고 날씨마저 때아닌 겨울이기에 서글픈 거리를 행진하여 태고사로 향했습니다. 영웅들의 마지막 발걸음을 옮겨 내는 이 순간 하늘도 무심치 않아 (……)과 국민의 영원한 (……)을 위해선 용감하게도 싸운 우리의 용사들에게 누구나 다 가슴 깊이 애도의 뜻을 표했습니다. 원통하신 영령들이여, 지하에서나마 편안히 쉬십시오.

1   육해군 전몰장병 합동위령제
2   위령제에 참석한 이승만 대통령, 이범석 국무총리
3, 4   위령제에 참석한 유족들

국제 무선통신 개통

단기 4281년 12월 초하룻날, 체신부는 국제무선통신을 개통하고 국제무선무대에 데뷔하게 됐습니다. 과거 일제 시대에는 모든 외국 통신 일체가 일본을 통해야만 했고, 해방 후부터는 미군정 밑에 있던 것인데, 이번에 RCA 국제무선통신이 체신부에 이양되어 협정이 체결되고 외국 통신 사무 일체를 연락하게 되었습니다. 만약 여러분 중에 미국이나 하와이에 있는 친구에게 전화를 거시려면 삼 분간 일 통화에 오천사백 원만 내시면 수천 마일 멀리 떨어져 있는 친구의 반가운 목소리를 들으실 수 있을 것입니다.

국제 무선전신 무선전화 개통

1 9 4 8
12월 7일

국립경찰 전문학교
제2기 간부후보생 졸업식

국립경찰 제2기 간부후보생의 졸업식이 경찰 전문학교 강당에서 열렸습니다.

12월 7일 200명의 졸업생이 그 든든한 체력을 자랑하며 가족이 다 참석하여 민심과 더불어서 국가의 치안을 보장하고자 교문을 나섰습니다. 더욱이 졸업식을 장식한 기쁜 소식은 국제연합 정치위원회에서 우리 대한민국이 승인되었다는 것이었습니다.

졸업식이 끝난 후에 졸업생과 대학생 일동은 즐거운 시가행진을 했고, 국민의 복리를 위해서 국가의 장벽으로 나선 씩씩하고 늠름한 그들의 자태는 앞으로 그들이 각지의 방방곡곡에서 헌신의 사명을 다 하겠다는 맹서와도 같이 아름다운 광경이었습니다.

1 국립경찰 전문학교
2 국립경찰 전문학교 제2기 간부후보생 졸업식

한미협정 조인식

1 9 4 8
12월 10일

1948년 12월 10일 대한민국과 미국 사이에 정치적 경제적 기반을 굳게 하는 한미협정(한미경제원조협정)의 조인이 있었습니다. 미국 대표들이 있는 반도 호텔로부터 미국 측이, 한국 정부로부터 한국 측이, 미국인 민사처에서 역사적 순간을 마주하게 되었던 것입니다.

각 대표가 모이자 미국 측을 대표해서 무초 대사가 서명하고 대한민국을 대표해서 이범석 국무총리, 김도연 재무부장관의 서명이 있어 조인이 끝나고, 이로 말미암아서 미국은 많은 기대와 수출품 기술자 등을 가려 보내고 우리 대한의 경제적 건설을 도우고 한국의 건실한 (……)을 도모할 것이 약속되었습니다.

이 협정이 말하기를 양국 간에 이러한 경제적, 물질적 원조는 자주독립 국가인 대한으로 하여금 국제연합헌장과 1947년 11월 14일 국제연합회총회 결의안의 그 기본 목적을 획득하게 하는 도움이 될 것이라고 했습니다.

본래 미국 경제협동의 본뜻은 대한 (……) 하여금 그 발돋움을 만들고 붙들어두어 넘어지지 않고 일어날 수 있도록 하는 것입니다.

그리하여 재건하는 국가를 만드는 것이 기본 목적이므로 경제 협조국은 일할 연장을 주고 기회를 주고 힘을 주어서 대한을 흥왕시키며 이로 말미암아서 미국의 사명은 완수되는 것입니다. 또한 앞으로 두 나라 사이에 우의 친선을 기도하며 한미협정은 맺어진 것입니다.

1 김도연 재무장관, 이범석 총리, 무초 주한 미 대사
2 이범석 총리, 무초 주한 미 대사

1948 12월 11일 대한민국 정부 유엔정치위원회 승인 축하 남녀중학생 대회

대한민국 정부가 국제연합 정치위원회에서 승인이 된 후 그 기쁨을 맞이하는 전 서울시 중학생들은 서울시 (……) 주최하에 중학생 총궐기대회를 서울 운동장에서 성대히 거행했습니다.

먼저 식은 이승재 학무국장의 대회사에 이어서 성남 중학교의 최춘기 군과 진명여자중학교의 김영희 양의 열의 가득한 부르짖음이 있었습니다. 이승만 대통령, 이범석 국무총리, 안호상 문교부장관의 격려사를 아름다운 눈을 반짝이며 기쁨에 넘쳐 듣고 있는 씩씩한 남녀 중학생들의 모습은 과연 믿음직하여 가슴이 뿌듯해짐을 느끼게 했습니다.

특히 이 대통령은 한국이 국제연합 정치위원회에서 승인된 것은 균등히 하고 독립 국가가 되는 근본 단계라고 말했습니다. 독립과 민주주의는 발전의 기회인 것이며 대한의 젊은이들의 존립은 대한의 운명에 주요한 부분을 차지하고 있는 것입니다.

식이 끝난 뒤 학생 일동은 서울 시가를 행진하여 앞으로 대한의 독립과 자주를 방해할 공산분자의 반역 행동을 파국 (……) 것을 기약했던 것입니다. 우리 대한은 영원히 자유로운 독립의 나라일 것입니다.

1 (간판) 서울시 중학생 호국 총궐기 대회
2 행진 중인 학생들 (현수막) 중견 학생은 국가 민족의 동맥이다 / 경축 대한민국 정부 수립
3 성남중학교 최춘기 군
4 진명여자중학교 김영희 양
5 이승만 박사 연설

1 9 4 8
12월 22일
육해군 오 장군, 준장 임관식

12월 22일 오전 10시 중앙청 앞에서는 육해군 다섯 장군의 준장 임관식이 있었습니다. 우리나라가 해방된 후로 오늘까지 갖은 어려움을 무릅쓰고 국토방위에 헌신하여 온 그 군공을 표창하는 이날, 대통령, 국방장관 및 내외 귀빈이 다수 참석하여 다섯 장군은 이 대통령으로부터 준장 임관장을 받았습니다.

준장으로 임관된 분은 육군 참모총장 채병덕 장군, 육군 사관학교 교장 김홍일 장군, 육군 총참모장 이응준 장군, 중국 대사 부무관 송호성 장군 그리고 해군 총참모장 손원일 장군의 다섯 분입니다. 임관장 수여에 이어서 이 대통령의 축사로, 모든 것이 부족한 우리나라에서 국군은 오로지 마음의 총과 칼로 굳게 다져진 (……), 국가와 국민을 위해서 받들고 지키겠다는 마음으로 든든히 지키라는 격려의 말씀에 오 장군을 대표해서 김홍일 준장이 공서문을 낭독했습니다. 그리고 이범석 국방장관과 신익희 국회의장이 전국민을 대표하는 부탁의 말씀이 있었습니다.

육해군 다섯 장군, 준장 임관식

소련군 북한 철수

©NARA

1, 2   철수하는 소련군
3   조선민주주의인민공화국 국경

대한민국 정부 각 부처 장관과 차관 사령장 수여식

1948 12월 31일

국제연합의 대한민국 승인이란 큰 감격이 아직도 새로운 지난 12월 31일, 우리나라의 장래를 위해서 주야로 전력을 다하시는 이승만 대통령께서는 대통령실에서 각 부 장관, 차관 및 처장에게 사령장을 수여했습니다. 지금 국무총리 이범석 장군을 비롯해 각 부처장에 이르기까지 사령장을 수여하고 있습니다.

사령장을 받고 각기 자기들의 책임과 사명의 중대함을 자각하고 분골쇄신 우리나라의 (……)을 위해서 힘쓰겠다는 결심의 빛이 얼굴에 가득한 여러 장관 그리고 차관 및 처장에게 대통령은 다음과 같은 뜻

의 훈시를 두었습니다.

즉 우리 앞에는 우리가 일일이 경험할 수 없는 난관이 있을 것이며 기왕에도 희생적 정신으로 우리나라의 건설을 위해서 분투 노력해 온 것은 충심으로 감사하는 바이나, 우리가 이제 자주독립의 국가로서 세계에 진출함에 있어서 경제적, 사회적, 정치적으로 그 든든한 발길을 내딛으려면은 산을 넘으면은 또 다른 험산준령이 있는 것과 마찬가지로 앞에 닥칠 모든 고난을 꾸준히 참고 견딜 비장한 각오가 필요한데 어려움을 당해도 낙심하지 말고 백절불굴한 부단의 노력과 합심합력으로 우리나라만을 위해서 헌신해 주기를 바란다고 했습니다. 그리하여 이윽고 사령장의 수여식이 끝난 뒤 일동은 기념 촬영을 했습니다.

1 사령장을 수여하는 이승만 대통령
2 김도연 재무장관, 신성모 내무장관, 이범석 총리

1949

이승만 대통령, 장개석 총통 진해 회담

백범 국민장   전국과학전람회   전국 징병검사

1217

새해 인사

단기 4282년 첫 번 인사를 여러분께 드립니다.

대한민국 최초의 새해 아침, 행복과 향상의 자유로운 국민으로서의 첫 새벽은 드디어 온 것입니다. 높은 종각으로부터 울려 퍼지는 종소리와 더불어서 희망의 날은 우리의 앞에 열리었습니다. 우리가 묵은 해를 회고하여 보건대, 지난해는 모든 시련과 감격에 가득 찬 1년이었습니다. 8월 15일 우리의 정부가 수립된 이래로 민의에 의해서 이승만 박사를 대통령으로 모신 우리 정부가 천신만고를 헤치고 드디어 파리 국제연합총회에서 완전 승인을 받은 감격의 역사 (……)

1 명동성당
2 독립문

미국 군함 인천 기항 – 대한민국 정부 승인 축하

1949 1월 23일

미국 순양함 에스토리아호, 구축함 기스호와 쉘튼호가 우리 대한민국의 자주독립을 축하하기 위해 지난 1월 23일 아침 인천항에 기항했습니다.

이날 인천항에서는 미국 해군 장교들이 (……) 서울로 향했습니다. 그리하여 이날 정오부터는 경무대에서 이승만 대통령의 알현이 있은 다음에 우리나라의 독립을 축하하게 되는 진객들을 맞이했습니다.

인천에는 많은 대중들이 부두에 와서 구경하며 사진기 앞을 자못 흥미 깊은 얼굴로 지나갔습니다. 특히 그들 해군 중 500명은 특별열차로 서울에 와서 서울의 이름난 곳과 역사가 빛나는 고적들을 구경했습니다. 그들은 우의와 친선 그리고 진기한 정취를 가지고 고대 대한의 자랑거리인 덕수궁을 비롯해서 남산을 구경하고 이리하야 창덕궁, 비원, 끝으로 경복궁 등을 차례차례로 구경한 다음에 다시 특별열차로 인천항에 돌아갔습니다.

미국 군함 인천 기항

학도 특별 훈련생
제1기 수료식

1 9 4 9
1월 28일

서울 사범대학에서는 학도 특별 훈련생 제1기 수료식을 거행했습니다. 이번에 제1기 수여식을 거행하는 특별 훈련생들은 충청남북도반 412명으로서 과업을 마친 오늘, 그들은 위용을 갖추고서 이번 특별 군사훈련을 효과적으로 완수한 것을 자랑하는 듯이 보였습니다. 이범석 국무총리, 안호상 문교부장관, 훈련소장 그리고 내빈 다수 참석하에 식은 진행되었습니다. 특히 이날 이범석 국무총리의 훈시의 말씀은 과연 젊은 학도들의 폐부에 사무쳤습니다. 오늘날 내가 이 마당에서 여러분을 만나니 참으로 (……)고 또한 신뢰감이 (……) 억제할 수 없습니다. 우리 대한민국의 국민과 지도자들은 여러분을 믿어서 의지하며 여러분은 국가의 기초가 되는 것입니다.

앞으로 여러분이 국가를 위해서 충성을 다하며 국가의 모든 왜곡된 것을 바로잡음으로써 새로운 문화를 창조하며 국가와 민족을 위한 선봉자가 될 것을 굳게 믿는 바입니다. 식이 끝나고 뒤이어서 박 (……) 중령의 총지휘하에 사열과 분열식이 거행되었습니다.

1 학도 특별 훈련생 제1기 수료식
2 이범석 국무총리, 안호상 문교부장관

1949
1월 30일

천주교 주교 축성식
– 대구 천주교 대성당

지난 1월 30일 경상북도 대구에서는 천주교 대구교구장 최 주교의 축성식이 성대히 거행되었습니다. 이날 대구 천주교당 앞에는 이만 명의 대중이 최 주교의 승품 축하식을 보기 위해서 구름같이 모였습니다. 이것은 제2차 세계대전 이래 처음 있는 대 행사로서, 성당 안에서는 장엄한 의식이 진행되었습니다. 의식이 시작됨에 따라 신부들이 차례차례로 단 위에 올라가고 같이 오늘의 즐거움을 나누게 되었는데, 이날 전국 각지에서 모인 신부들은 실로 75명이나 되었습니다. 제단 위에는 대한 초대의 대구 주교 최덕홍 씨가 임석하고 고대로부터 내려오는 예식에 따라서 주교 승품식은 거행된 것입니다. 그중에 섞여 있는 수녀들은 고아원을 지도하는 분들이며, 교단과 학교에서 종사하는 수녀들입니다. 조병옥 특사도 여기에 참석했습니다. 그 밖에 국내 각 교구 주교들이 전부 모인 것입니다.

미사는 시작되어 바야흐로 주교품을 받는 의식이 거행되었습니다. (……) 성심이 저의 가운데 충만하고 저의 안과 밖을 둘러싸기를 희구하나이다.

서울교구장 노기남 주교의 주례하에 대전 라리보 주교와 그리고 대구 무세 주교의 보좌로 로마 교황의 지휘에 따라서 의식은 거행되었습니다. 금관 대관식이 있을 때 최덕홍 신부는 비로소 주교로 승품이 되는 것입니다. 그는 십자가를 손에 들고 여러 사람의 복을 빌게 됩니다. 이것이 진실된 기도의, 기쁨의 시작입니다. 이와 같은 엄숙한

의식이 있은 후에 교당 밖에서는 또한 성대한 축하식이 거행되었는데 대구를 비롯한 각지로부터 모인 만여 명의 가톨릭 신도들이 새로 승품된 최 주교를 축복했습니다. 대구의 이마리아 신부로부터 여러 교도들에게 보낸 감사의 말씀이 있었고, 바티칸 성청으로부터 시찰 사도로 내한한 번 주교와 그리고 조병옥 박사로부터의 축하의 말씀이 있었습니다. 그리하여 꽃다발 증정과 예물 증정이 있은 후, 장엄하면서도 (……)한 예식은 끝났습니다.

1   대구 성당
2   (현판) 우리 조상은 위대한 진리의 탐구자였다
3, 4 천주교 주교 축성식

1 9 4 9 국제연합 한국 대표 환영회
2월 2일

빛나는 공적을 세우고 돌아온 국제연합 한국 대표들을 위로 축하하는 뜻으로서, 지난 2월 초이튿날, 중앙청 앞뜰에서는 원로의 심신의 피로를 무릅쓰고 분골쇄신 노력한 그들을 맞이해 성대한 환영회를 열었습니다.

조병옥 대통령 특사를 비롯한 대표단 일행은, 장기영 씨 등은 우리 대한의 자유 민주 정신을 가진 국민으로부터 우러나오는 뜻을 국제연합총회에 충분히 전달해서 필경 우리는 승인을 받은 국가를 가질 수 있게 된 것입니다.

이날 정부에서는 이러한 그분들의 공로를 치하하는 모임을 열었는데, 먼저 (……) 개회사가 있었고, 이 국무총리의 환영인사 그 이어 장기영 부사의 답사가 있은 다음에 또한 조병옥 특사의 백절불굴한 노력과 전 국민의 확고한 각오를 일깨우는 답사가 있었습니다. 이후 끝으로 국회의장 신익희 씨의 축사가 있었고 만세삼창으로 폐회했습니다. 회의는 비록 끝났으나 그들의 업적은 언제까지나 우리나라와 더불어서 흐를 역사의 한 토막입니다.

---

1 중앙청 (현판) 당당한 대한민국 빛나는 UN 승인

김병로

장기영

조병옥

김도연, 임병직

유엔 신한국위원단 내한

1 9 4 9
2월 5일

우리 대한민국의 완전 통일을 위해서 국제연합 한국위원단 일행은 속속 입국하는 중인데 이날 김포비행장에는 또 몇몇 대표가 도착했습니다. 이 세계에서 제일 큰 기구 국제연합은 지금 우리 대한민국을 자주독립 우방으로 승인해 주었고, 오늘날 다시 우리나라에 그 위원단을 파견해서 대한의 남북통일과 국가 번영을 위해서 싸우고 노력하도록 하는 것입니다.

이날 도착한 위원들은 호주 대표와 사무국장 (……) 들이었습니다. 대한민국 국제연합 한국위원단 환영위는 임병직 외무부장관을 비롯해

국무위원 및 관련 (……)이었습니다.

이번에 국제연합 한국위원단이 우리나라에 온 것은 오로지 진정한 민주주의하의 남북통일과 한 걸음 더 나아가서 세계 평화의 주요한 과업을 연속 완수할 수 있는 것입니다. 자유를 갈망하고 민주주의를 사랑하는 우리 대한민국 국민들은 그들이 꼭 이 땅에서 성공해 주기를 바라 마지않습니다.

1 김포비행장
2 도착하는 한국위원단

제1차 배속장교 졸업식

1949
2월 5일

이미 여러분에게 소개된 중등학교 교원 배속장교 양성은 이번에 제1기 졸업식을 맞이하게 되어, 서울 시외 태릉 육군사관학교에서는 성대한 식전으로 그들을 보내게 되었습니다.

각기 계급장을 붙이고 (……) 이범석 국무총리와 안호상 문교부장관, 김홍일 교장을 대하는 훈련된 그들의 모습은 긴장과 흥분에 싸여서 졸업증서를 받았습니다. 예정된 과정 외에, 그들은 친교와 그리고 군대 정신도 충분히 배워 나온 것입니다.

앞으로의 우리나라에서 가장 필요한 것은 충성스럽고 든든하고 애

국심이 있는 군인이 되라는 이범석 국방장관의 축사와 그들 대표로부터의 답사가 있은 후, 식을 마치고 사열이 시작되었습니다. 그들의 얼굴과 가슴은 명예와 자랑이 빛나고 있었습니다. 또한 계속해서 그들은 국방술을 실제로 보여 주었습니다. 기관총과 (……)를 손에 들고 조금도 흐트러짐 없이 가눌 수 있는 그들을 우리가 믿어서 오히려 남음이 있었습니다. 공격으로 들어가서 적으로부터 육박해 오는 언덕을 향해서 움직이는 기관총 부대의 활약은 참으로 훈련의 가치를 표현하는 표본이라고 하겠습니다.

제1차 배속장교 졸업식

문예총 제3차 대회

1 9 4 9
2월 7일

북조선문학예술총동맹 제3차 대회

1949
2월 7일

우리나라를 방문한
미국 육군장관 로얄 씨

지난 2월 7일 김포공항에는 미국 육군장관 로얄 씨를 환영하기 위해서 이 국무총리를 비롯한 정부 요인 다수와 미국 측 수뇌부가 빠짐없이 모였습니다.

로얄 육군장관은 1월 28일 워싱턴을 떠나 일본 동경을 방문한 후에 우리 대한에도 내방하게 되었는데 특히 이날에는 우리 국군 의장대의 환영식이 있었습니다.

대한민국과 미국 사이의 민주적 우의가 점점 더 깊어가기를 희망하고 미군의 한국에 있어서의 시설 상태를 시찰하러 온 것입니다.

비행기가 도착하고 처음으로 우리 대한민국의 땅을 밟은 로얄 씨 일행은 이 국무총리, 무초 대사, 번즈 씨 등과 악수를 나누고, 이윽고 무초 씨의 소개로 국무위원과의 인사도 끝났습니다.

일행은 서울로 향했습니다. 서울에서의 로얄 씨 일행은 미군 (······)과 회합하여 이번 내한한 사정을 다한 뒤에 미국으로 돌아갈 것입니다.

로얄 미 육군장관

로얄 미 육군장관 방한(서울)

1 9 4 9
2월 8일

1 로얄 장관, 이승만 대통령, 무초 대사
2 길가에서 구경하는 사람들

1 9 4 9 조선인민군 창립 1주년
2월 8일

1 조선인민군 창립 1주년
2 최용건 조선인민군 총사령관

1 9 4 9
2월 11일

경찰간부 후보생
춘기종합 야외전투훈련

국립경찰전문학교 간부 후보생의 춘기종합 야외전투 훈련입니다.
훈련은 처음부터 끝까지 조금도 흐트러짐이 없이 제1, 제2분대의 수
비진과 제3분대 수비진의 용호전을 보여 주고 임석자들로 하여금 손
에 땀을 쥐게 하였습니다. 이날의 훈련은 다대한 성과를 거두었던 것
입니다. 씩씩한 후보생들의 모습은 넉넉히 국가치안을 책임지고 나
아갈 젊은이들의 모습을 보는 듯하여 다만 감격에 찰 뿐이었습니다.
이른 아침부터 저녁까지 훈련은 계속되었는데 그들은 조금도 피로
한 기색 없이 총공세의 태세를 잃지 않았습니다.

경찰간부 후보생 춘기종합 야외전투훈련

1949 2월 12일   국제연합 한국위원회 제1차 공개회의

지난 2월 12일 덕수궁 석조전에서는 국제연합 한국위원단 제1차 공개회의를 열었습니다. 정부 고관들을 비롯해서 우리의 지도자 여러분이 이번에 새로 온 각국 대표의 의사발표를 듣는 한편, 앞으로 그들이 우리 국민과 더불어서 완수하려는 통일의 (……)를 극복하기 위해서 덕수궁을 향해서 모였던 것입니다. 이 대통령과 부통령께서도 임석하셨고, 한국 주차 미국 대사 무초 씨의 고문관 드럼라이트 씨가 무초 씨를 대신해서 참관하러 여기에 왔습니다. 그리고 대통령 특사로 국제연합 파리 총회에 참석했던 조병옥 박사 그리고 외무부장관 임병직 씨도 참석했습니다. 덕수궁은 국제연합이 마음껏 활동을 발휘할 희망의 집입니다.

덕수궁 석조전

1 유엔위원회 대표 패트릭 쇼우
2 이승만 대통령 부부, 신익희 국회의장

회의는 시작되어 국제연합 한국위원단 의장인 패트릭 쇼우 씨의 국
제연합 한국위원단이 대한에 오게 된 내력과 목적을 피력함으로써
개회되었습니다. 쇼우 씨는 또 말하기를 국제연합은 한국에 온 이래
로 날마다 회합을 게을리하지 않고 어떻게 해야 1948년 11월 12일,
파리 국제연합총회에서 작성된 결의안을 가지고서 가장 원만히 해
결할 것인가를 토의했습니다. 우리는 이와 같이 여러분 모두를 (……)
우리는 마침내 일치된 결론을 얻게 되었습니다. 대한민국에 있어서
무엇보다도 제일 큰 문제는 남북통일인데, 이 점에 있어서 우리는 대
한의 국민들이 남북통일에 노력하고 있는 것을 배후에서 방임할 것
이 아니라 반대로 우리는 국제연합총회 결의안을 전적으로 찬성케
하기 위해서 활발한 활동을 전개하려는 만전일치의 목적하에 여기
에 오게 된 것입니다. (……)
이어서 각국 대표들이 각기 자기 나라의 입장과 그리고 천명하는 간
단한 발표가 있었는데, 모두가 우리나라의 남북통일과 이 남북통일
의 대업은 과연 어려운 일이라는 것을 거듭 말했습니다. 필리핀 대표
루나 씨, 불란서 대표 ○ ○ ○ 씨, 시리아 대표 무길 씨, 중국 대표 유

어만 씨, 오스트레일리아 대표 ○○○ 씨, 인도 대표 싱 씨 등은 우리는 (……) 엿볼 수 있었고, 이로 말미암아서 희망의 서광은 다시금 우리의 가슴속에서 약동하기 시작했습니다. 그들 대표들은 누구나 같은 원칙하에서 그들이 취할 (……)를 다 이해하고 있었고, 우리나라의 남북통일은 삼천리 방방곡곡에서 모다 민주주의와 자유, 이 두 개를 보호하면서 전 국민이 서로 협력하며 각자에게 부담되어 있는 시험을 이기고 극복 완수해야 한다고 이구동성으로 말했습니다. (……) 일찍이 나라 없는 설움은 너무나 뼈아프게 느껴 온 우리 삼천만의 겨레들, 우리는 우리 앞에 열기를 기다리고 있는 자유 독립 통일국가의 문이 번연히 놓여 있는데 어째서 주저하여 이 문을 열기를 게을리하며 어째서 삼천만이 한데 얽혀서 이 아름다운 강토를 빛내려 하지 않습니까.

백범 김구

이시영 부통령

유엔 한국위원단(서울 덕수궁)

1 9 4 9
2월 12일

©NARA

1　유엔 위원회 인도 대표 싱
2, 3　덕수궁에서 열린 유엔 위원회

▶‖ **유엔 위원회**

유엔 한국임시위원단(UNTCOK)을 대신해서 설립된 위원회. 임시위원회의 사업을 계승하고, 유엔 결의에 명시된 한국 정부의 지위에 유의하여 모든 국정을 수행하도록 결정한다.

1 9 4 9
2월 12일
유엔 한국위원단 환영 국민대회
(서울운동장)

지난 2월 12일 서울운동장에서는 국제연합 한국위원단 환영 국민대회를 성대히 거행했습니다.

비록 일기는 불손해서 비가 내렸으나, 국민의 갈망이요 국가의 왕성을 기하는 남북통일 자주독립 국가의 대오를 받들고 온 평화의 사절들을 맞아들이고 있었습니다.

장기준 씨의 사회로 식은 시작되어 국제연합 한국위원단 일행 여러분은 원로에도 불구하고 파리 국제연합총회 결의에 의해서 우리 대한의 남북통일 대업을 위해서 오늘날 이곳에 와주신 것을 국민 전체를 대표해서 감사한다는 환영위원회 위원장 백낙준 씨의 간곡한 환영사가 있었습니다.

뒤이어서 각국 대표의 소개가 있고 꽃다발 증정이 있었습니다.

오스트레일리아 대표인 동시에 한국위원회 의장인 쇼우 씨, (……) 씨, 인도 대표 싱 씨, 오스트레일리아 부대표 제니슨 씨, 필리핀 대표 루나 씨 그리고 중국 대표 유어만 씨, 각국 대표의 소개가 끝난 후 이 대통령의 환영사를 국무총리 이범석 장군이 대독하고 국회의장 신익희 씨의 환영의 말씀이 있었습니다. 이와 같은 거국적 대환영을 받음에 있어서 국제연합 한국위원장 의장 쇼우 씨는 자기들의 힘이 미치는 데까지 그들은 우리 국민의 자유와 민주적 남북통일을 최후의 노력까지 경주할 것을 약속하는 의미심장한 답사가 있고 이날 모인 군중을 열광케 했습니다.

계속해서 각계각층의 대표로부터 결의 표명이 있은 후 만세삼창으로 대성황리에 대회는 끝났습니다.

1 환영위원회 위원장 백낙준
2 한국위원회 의장 쇼우
3 인도 대표 싱
4 각국 대표

약진하는 서평양 철도공장

1 9 4 9
2월 16일

서평양 철도공장

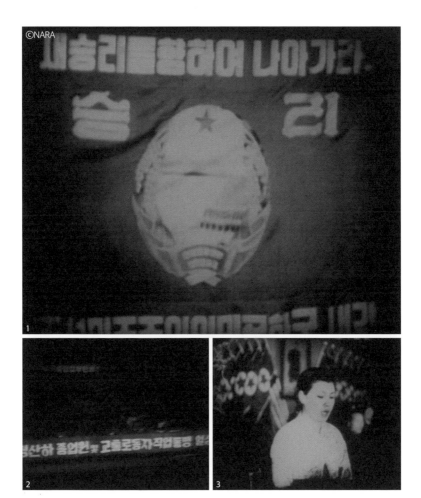

교통운수 일꾼 열성자대회

1 9 4 9
2월 16~17일

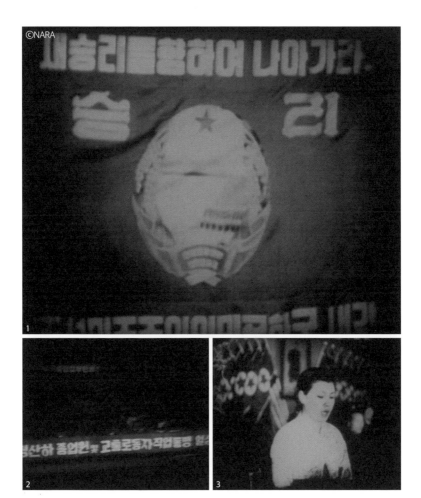

1 새승리를 향하여 나아가라 / 조선민주주의인민공화국 내각
2 종업원 및 교통 노동자 직업동맹 열성자
3 열성자 대회

1 9 4 9
2월 17일

최초 미국 경제협조처
원조물자 인천 도착

지난 2월 17일 인천항에는 대한민국의 고관들과 주한국 미국 측 수뇌부들이 ECA 원조 물자의 첫 번 입하를 보기 위해서 모였습니다.

대한민국을 대표해서 이 국무총리 미국 측 대표 재한 미국 대사 고문관 드럼라이트 씨로부터 ECA의 선물을 받게 된 것입니다.

일동은 해군 함정에 환승해 아메리칸 메일호가 짐을 풀고 있는 월미도 외항까지 가는데 때마침 가물 때라, 밀려 나가는 조수의 여파로 배는 흔들리면서 짐을 풀고 있는 중이었습니다.

휘청휘청하는 구름다리를 타고서 이범석 국무 총리와 번즈 박사를 선두로 한 일행은 갑판 위에 올라왔습니다. 아메리칸 메일호의 함장인 켐벨 씨의 희색만면한 환영을 받아 가며 일행은 갑판에 올라 여기에서 첫 선물을 받는 서명이 있었습니다.

이 국무총리와 그리고 대한 미국 경제협조국장 번즈 박사의 서명으로 우리나라의 경제 재건설을 위해서 시작되는 ECA 원조 물자는 대한에 오기 시작한 것입니다. 서명이 끝나고 그들은 앞으로 두 민족 간의 친선을 점점 더 할 것을 약속했습니다.

이번에 들어온 것은 밀가루 오천 섬으로, 이것이 대한민국 각 가정에 배급되어 우리들의 식탁 위에 오를 것입니다.

인부들의 성스럽고도 신속한 작업으로 부두에서 상당히 멀리 떨어져 있던 만도, 불과 사흘 만에 짐을 전부 끌어내리고 유달리 높은 조수의 한물 한물과 싸워 가며 뱃사람들은 열심히 짐을 내렸습니다. 이

것으로서 ECA의 대한민국 원조는 앞으로 우리나라의 경제 독립의
길을 열어 주는 첫 관문을 열어 준 것입니다.

1 아메리칸 메일호
2 밀가루 포대

▶‖ ECA(Economic Cooperation Administration)
　　제2차 세계대전 후에 설립된 미국의 대외원조기구.

1 9 4 9
2월 17일

최초 미국 경제협조처
원조물자 인천 도착

©NARA

운송되는 밀가루 포대

1 9 4 9 **2월 22일**	조선민주주의 인민공화국 정부대표단 소련 방문

1 (제목) 조선민주주의 인민공화국 정부대표단이 소련을 방문
2 김일성 수상

취주악의 은인 엑켈트 씨의 추념식

1 9 4 9
2월 22일

1 엑켈트 씨 묘비
2 취주악의 은인 엑켈트 씨의 추념식

▶‖ **프란츠 폰 에케르트**(Franz von Eckert, 1852~1916)

19세기 후반부터 20세기 초반까지 한반도와 일본에서 활동한 독일인 음악가. 〈대한제국애국가〉를 작곡했다.

복운 정기예금 추첨식

1 9 4 9
2월 26일

복운 정기예금 추첨식

행운의 20만원, 복운저금 추첨

전국각은행에서는 작년 12월 21일부터 금년 1월 31일까지의 저축운동 기간 중에 복운 정기예금을 모집하였는데 그에 대한 추첨이 26일 있었든바 그 결과는 다음과 같다(번호는 4조 공통).

▶ 1등(20만원에 광목 한 필) 1개 (62191)

▶ 2등(5만원에 광목 한 필) 2개 (65316, 25551)

▶ 3등(1만원) 10개 (49130, 54290, 18308, 29886, 61572, 20939, 85496, 79178)

_〈자유신문〉 1949년 3월 1일 자

기미독립선언 기념대회

1 　윤보선 축사
2, 3 　중앙청 앞

1 9 4 9
3월 23일

신구 국방장관
사임 급 취임식

지난 3월 23일 국방부에서는 구 장관의 작별과 신 장관의 취임식이
거행되었습니다. 국방장관을 겸임했던 이 국무총리는 이번에 국방장
관의 직을 사임하고 지금까지 내무부장관으로 노력하던 신성모 씨
가 신 국방장관으로 취임했습니다. 이범석 국무총리는 작별 인사에
말하기로 우리 대한민국과 이 나라를 지키는 국군의 책임은 참으로
(……)하고 또한 큽니다. 내가 오늘 (……) 학식과 경험이 깊고 인덕이
높은 신성모 씨를 후임으로 소개할 수 있음을 대단히 기쁨과 동시에
여러분은 (……) 않을 수 없다고 했습니다.

여기에 대해서 채병덕 참모총장의 특별사가 있었고, 신임 신성모 장
관은 우리 강토와 국민을 위해서 건투하겠으며, 다 같이 한 몸이 돼
서 대한민국을 지키자는 의지 굳은 취임사를 했습니다.

1 이범석 국무총리, 겸임이던 국방장관직 사임
2 신임 신성모 국방장관

필리핀 특사 깔레고 씨
이 대통령에게 친서 봉정

1 9 4 9
3월 24일

대한민국이 독립 국가로 승인된 이래로 여러 우방으로부터의 특별한 친교 사절을 접하게 되어 우리의 기쁨을 더하게 했거니와, 지난 3월 24일에는 저 필리핀으로부터 특사 깔레고 씨가 필리핀 대통령 퀴리노의 친서를 이 대통령께 봉정했습니다.

봉정식은 대통령 관저에서 거행되었는데 외무부장관 임병직 씨, 필리핀 특사 비서 앨리엇 씨, 공보처장 김동성 씨 그리고 깔레고 특사 영식 등 제씨가 참석했습니다.

그 전달된 메시지의 내용은 대한민국과 필리핀 양국 간의 계속적 친교로써 국제적 평화를 수립하고 따뜻한 결과가 있기를 원한다는 것이었습니다. 또한 필리핀으로부터는 그 나라 특산품을 보내어 왔으며 깔레고 특사 부인으로부터 이 대통령 부인께 예물을 봉정했습니다. 이리하야 극동에 빛나는 국제적 교우는 또 하나 맺어졌습니다.

1 필리핀 특사 깔레고, 이 대통령에게 친서 봉정
2 이승만 대통령과 필리핀 특사

고 함대훈 씨의 장례식

민족을 위해서 순직한 고 함대훈 국립경찰학교 교장은 지난 3월 21일 45세를 일기로 순직했습니다. 3월 25일 오전 10시, 고 함교장이 끝까지 그 임무를 다한 국립경찰전문학교 앞뜰에서는 각계 인사 다수가 애도하는 가운데 고인의 장례식이 거행되었습니다. 민족 발전을 위해서 사리사욕을 버리고 순직한 고 함대훈 씨는 해방 직후는 한성일보 편집국장으로 그 힘을 기울이다가 직접 국민의 애국의 정신을 높이고저 과도정부 공보국장으로 활약하고, 다음으로는 공안국장으로 그리고 보육국장 겸 국립경찰전문학교 교장으로 민주경찰의 간부 육성에 노력해 왔습니다. 고 함대훈 씨의 별세는 참으로 우리의 커다란 손실입니다.

이날 장례식장에는 내무부장관 김효석 씨를 비롯해서 신익희 국회의장, 이윤영 사회부장관, 안재홍 씨, 유치진 씨, 미국 공보원장 스튜어트 씨, 그 밖에 각 문화단체, 경찰관 등이 모여서 잊을 수 없는 우리의 애국 지도자 고 함대훈 씨에게 마지막 작별을 고했습니다.

고 함대훈 씨의 장례식

1 9 4 9
3월 26일

이승만 대통령
75회 탄신 축하

3월 26일 오늘은 우리 대통령 이승만 박사의 제75회 탄신일입니다. 온 국내에는 방방곡곡이 축하 일색으로 가득 차서 형형색색으로 기쁜 마음을 표현했습니다. 서울서는 이른 아침 9시 중앙청 앞 광장에서 이범석 국무총리, 신익희 국회의장을 비롯한 정부 직원과 정계 요인들을 망라한 축하식이 거행되었는데, 이 대통령과 대통령 부인께서는 건강하신 존안에 희색을 가득히 담으시고 나타나셨습니다.

뒤 이어서 11시부터는 대통령 탄신 축하의 군경사열 시가행진이 있었는데, 육군, 해군, 경찰의 종합대행진이 이 대통령을 비롯해서 고관지사 다수가 참여하는 사열대 앞을 지나가는 행렬은 과연 우리나라의 (……)만 했습니다.

마침 이때에 우리 공군도 머리 위에서 기쁜 이날을 축하하였습니다. 또한 이날 오후 3시부터는 서울시 주최로 경복궁 근정전에서 다과회를 열고 따스한 봄빛 아래 우리의 위대하신 지도자 이 대통령의 탄신을 축하하며 만수무강을 빌었습니다. 우리 대한민국의 초대 대통령이신 이승만 박사, 우리는 각하의 영원하신 복지와 영광을 받들어 비나이다.

1 이승만 대통령 부부
2 군경사열 시가행진

주한 미 대사 무초 씨 귀임

1 9 4 9
3월 29일

한국 주차 미국 대사 무초 씨는 지난 29일 김포공항에 도착 귀임했습니다. 특별한 용도로 잠시 미국에 돌아갔던 그는 워싱턴에서 우리나라와 미국 사이에 대한 여러 가지 긴급한 문제를 토의한 것인데, 즉 무초 씨는 워싱턴에서 열린 경제협조처 회의에 참석해 우리나라에서 가장 필요한 것이 무엇인가를 보고 제안하러 갔던 것입니다.

이날 비행장에는 번즈 박사, 드럼라이트 씨, 공보원장 스튜어트 씨, 그 밖에 여러 사람이 무초 씨의 귀임을 환영했고, 대한민국에서는 임병직 외무부장관, 김효석 내무부장관, 그 밖에 민간 고관 명사들이 다수 나왔습니다. 무초 대사가 워싱턴에 체류하는 동안에 트루만 대통령은 정식으로 무초 씨를 한국 주차 미국 대사로 임명하여 미국 상원에서도 가결되었습니다.

서로의 자격을 인지하는 것은 참으로 귀중한 일입니다. 우리의 도움이 되고 가장 가까운 이곳 미국의 (……). 무초 씨는 다시 귀임했던 것입니다.

1 주한 미 대사 무초 씨 귀임
2 무초

1 9 4 9
4월 13일
불란서 대리공사 코스티에 씨
신임장 봉정식

주한국 불란서 대리공사 코스티에 씨는 지난 4월 13일 신임장을 대한민국 외무부장관 임병직 씨에게 봉정했습니다.

봉정식은 외무부장관실에서 거행되었는데, 불란서 총영사 마슬레미스 씨와 (……) 씨, 대한민국 공보처장 김동성 씨 외에 여러 교관이 참석했습니다.

신임장의 봉정이 있은 다음에, 임 외무부장관은 불란서는 언제나 민주주의와 인권 옹호의 굳은 신념을 가지고 있는 나라이며, 특히 해방 전에 파리로 망명한 우리 애국자들을 보호해 준 것은 민족 전체의 잊을 수 없는 감동이라는 말로 감사를 전하였으며, 불란서 대리공사 코스티에 씨는 앞으로도 한불 양국 간에 친선 (……)를 위해서 전심전력을 다하겠다고 말했습니다.

1 불란서 대리공사 코스티에 씨 신임장 봉정식
2 임병직, 코스티에

1949 4월 20일 주한국 초대 미국 대사 무초 씨 이 대통령에게 신임장을 봉정

지난 4월 20일, 중앙청 대통령실에서는 대한민국의 최대 우방인 미국과 우리나라와의 우교를 한층 깊게 하는 주한 미국 대사 무초 씨의 신임장 봉정식이 성대히 거행됐습니다. 삼엄한 기마경관이 호위되어 대사관 간부를 대동하고 무초 대사는 대사관을 떠나서 중앙청으로 향했습니다.

1 중앙청에 도착한 무초 대사 일행
2 주한국 초대 미국 대사 무초 씨, 이 대통령에게 신임장을 봉정
3 이승만 대통령

중앙청 정문에 일행이 도착하자, 무초 대사와 일행은 장중히 연주되는 대한민국 국가에 경의를 표하고, 육해군 의장 등의 환영을 받아가며 외무부 의전과장의 안내로 중앙청 정문을 향해서 인도될 때 육군 군악대가 연주하는 미국 국가에 다시금 경의를 표하였습니다.

이날 여기에 참석한 미국 대사관 측 일동은 무초 대사를 선두로 중앙청 문을 들어갔습니다.

한편 이 대통령께서는 경무대로부터 중앙청에 도착하신 후, 대통령실에서는 만반 준비를 갖추고 무초 대사의 도착을 기다리고 있었습니다.

신임장 봉정식은 대통령실에서 거행되었는데 수행원 일동을 대동한 무초 대사는 정중한 태도로 착석하며 국제 의전에 의거해서 수행원 일동도 각기 계급 순차대로 착석했습니다. 마침내 무초 대사는 신임장을 이 대통령께 봉정하고 대통령 각하는 신임장을 임병직 외무부 장관으로 하여금 확정케 했습니다.

국무위원 각위, 미국 대사관 간부, 그 밖의 귀빈 제씨 앞에서 신임장은 확정되고 이로부터 대사와 미국 대사관의 입장은 정식으로 인정되었습니다. 무초 대사는 그 봉정사에 말하기를 "대통령 각하, 금일 본관을 주한 특명전권대사로 귀국에 파견한다는 미합중국 대통령으로부터의 이 서한을 각하에게 전달하게 된 것을 영광으로 생각하나이다." 무초 대사는 계속해서 양국 간의 각별한 신조와 양국의 대동소이한 대의를 말하고, 이 봉정식이야말로 이미 (……)한 것임을 거듭 말했습니다. 즉 생각컨대 우리 양국 국민은 의사소통에 있었서나 이상에 있었거나 또 우의에 있어서 이미 이루어진 것입니다.

미합중국 대통령은 본관에게 우리 양국 간에 오랫동안 존재한 가장 돈독한 우의를 최대한으로 함양하고 또 나아가서는 양국 간에 새로운 친선 관계를 맺는 바로써 최초부터 이를 발표하라는 하명을 했습니다. 이것이 본관의 하명인 동시에 본관은 특히 이 하명 완수를 위해서 전심전력을 다 바치는 바입니다.

말과 태도가 아울러서 신중한 무초 대사의 봉정사에, 이 대통령께서는 다음과 같은 하사를 보냈습니다.

"대사 귀하, 본인은 귀하의 신임장을 받게 된 것을 공적으로는 물론, 사적으로도 기뻐하는 바입니다. 귀하가 한국에 체류한 과거 수개월 간에 우리들의 우의와 (……) 관계는 본인과 귀하의 모든 한국의 친지들을 기쁘게 했고, 또 이것이 트루먼 대통령으로 하여금 귀하를 미국 초대 주한 대사로 임명하게 된 것입니다. 한국의 근대사는 미국의 근대사와 대단히 밀접한 관계가 있습니다. 한국이 세계 각국과 정식 관계로 문호를 개방하게 된 것은 미국의 결의의 결과였습니다. (……) 전 민족이 어떠한 곳에서든지 자유로이 번영하게 살 수 있는 상태를 창설하기 위해 위대한 투쟁에 귀국과 같이 투쟁함은 우리들의 목적이며 열망이므로, 대사 귀하 본인은 이 기회를 통해서 특별히 미국이 우리를 위해서 과거와 현재에 행한 노력에 대한 한국인의 감사의 뜻을 미국 국민과 위대한 대통령 트루만 씨에게 전하는 바입니다. (……)"

식을 마친 무초 대사와 수원 일동은 중앙청 정면에 나서자 육해군 군악대는 미국 국가로 감사의 뜻을 하례했습니다.

대한 사람과 미국 사람은 이로부터 따뜻한 우의와 친선의 받들어 총으로 서로의 의조를 약속했습니다. 중앙청을 나온 일행은 다시금 기마경찰대에 호위 되어 반도호텔로 향했습니다. 반도호텔 앞에서는 대한민국으로부터 미국에 보내는 선물 반도호텔의 증여식이 있었습니다.

반도호텔로 향하는 일행

우교와 친선을 상징하는
반도호텔 증여식

1 9 4 9
4월 20일

무초 대사 일행이 반도호텔에 도착한 다음에 반도호텔 앞에서는 미국 대사관 직원 일동이 모인 가운데 증여식을 거행하게 되는데, 이 국무총리로부터 무초 대사에게 문서를 증여하고 양도사로서 미국이 온 세계 자유 애호 국가의 국민을 원조하고 보호함과 적은 나라의 독립을 도와주는 아름다운 태도와 활동은 이미 세계에 인정된 바로써 이에 그 감사한 표정으로 적은 예물을 드리는 것이라는 말씀이 있었고, 이를 수락하는 보답의 표시로 무초 대사는 양국 간에 영원히 보존될 우교와 상호 존경을 후세에까지 남긴 표방이 되게 할 것을 약속

하고 올해부터 세계의 자유 애호 국가들이 서로 어깨를 나란히 해서 자유와 세계 평화를 향해서 거보를 옮길 날이 쉬 올 것을 믿는 바라고 했습니다.

이와 같이 의식이 끝난 다음에 여기에 참석한 여러 사람 앞에서 반도 호텔 정면 벽에는 미국 대사관 인장이 걸렸습니다.

이와 같은 행사를 통해서 또는 경제 협조 사절단의 협력으로서 대한 민국과 미국은 양국에 우호 친선의 정신으로 전 세계의 존엄과 자주와 민주적 충실 완수의 길로 힘 있는 발길을 옮기고자 하는 것입니다.

1 (제목) 우교와 친선을 상증하는 반도호텔 증여식
2 반도호텔에 걸린 미 대사관 인장

1 9 4 9	고 언더우드 부인 추도회
4월 25일	

지난 4월 25일 배재중학 운동장에서는 우리들의 벗이요, 우리나라의 (……) 사도였던 고 언더우드 부인의 추도회가 있었습니다. 이날 추도 회장에는 (……) 언더우드 박사의 가족 일동이 참석했습니다.

(……)

조병식 씨는 (……) 언더우드 일가의 공로를 다시 한번 생각하고 고인 의 영전에 위로를 드리기 위해서 모였다고 했습니다. 그에 이어서 문 교부장관 안호상 씨의 의미심장한 추도사와 고려대학 총장 현상윤 씨의 애도사가 있었습니다. 이에 대해서 언더우드 박사는 가족 일동 을 대표해서 서로의 아름다운 정과 사랑을 감사한다는 예사가 있는 다음에 식은 끝났습니다.

1 고 언더우드 부인 추도식
2 고 언더우드 부인

▶‖ **언더우드가(Underwood家)**
　　미국인 선교사이자 교육자인 호러스 그랜트 언더우드(원두우)가 1885년 선교사로
　　조선 땅을 밟으며 시작된 한국과의 인연을 4대에 걸쳐 이어 가고 있다.

1949
4월 28일

제3회 전국순직경찰관 합동위령제

지난해 10월 여수 순천 사건을 전후해, 치안과 국방에 고귀한 희생이 된 순직경찰 720여 명의 영령을 조위하기 위해서 대한경무협회에서는 지난 4월 28일 비원에서 제3회 순직 경찰 합동위령제를 지냈습니다.

치안국 경무과장 김정제 씨의 개회사에 이어서 경찰대 취주악대의 주악과 이화대학 합창단의 애도가가 있은 다음에 위원장 김효석 내무부장관의 추도사에 이어서 이시영 부통령과 이 국무총리의 조사로 대략 다음과 같은 말씀이 있었습니다.

제3회 전국순직경찰관 합동위령제

사람은 누구나 영생불사할 수 없는 것이며, 국가 민족을 위해서 대의에 순하신 경찰관 제위야말로 그 살신성인의 의의를 몸소 (……) 것입니다.

오늘날 여러분의 천추 정례를 경모해 맞이하는 바이며 비록 제위는 순했으나 남기고 가신 일념은 민족의 가슴 속에 고귀한 정신으로 영원히 남아 있어 표방이 될 것이라고 했습니다.

이후 김병로 대법원장, 이응준 총참모장도 내빈으로 애석의 정을 표했으며, 유가족을 대표해서 함상훈 씨로부터 이와 같이 (……)의 (……)를 베풀어 준 것을 감사한다는 인사가 있었습니다.

이리하야 조포, 조악에 이어서 김 위원장 그리고 구자옥 경기도지사를 비롯해 일반 내빈에 이르기까지 (……)에 정화되는 마음으로 향불을 올렸습니다. 우리는 722개의 영령 앞에 조국의 앞날이 (……)할 것을 빌어 마지않습니다.

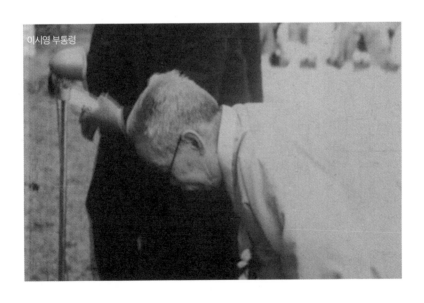

이시영 부통령

1 9 4 9
4월 29일

이 대통령
남한 순시 마치시고 서울역에

이 대통령께서는 (……) 여행을 무사히 마치시고 지난 4월 29일 오후 특별 열차로 서울역에 도착하셨습니다. 서울역에서는 국군 의장대과 (……), 그 밖에 국무총리 이하 고관 제씨가 이 대통령을 맞이했습니다. 대통령 각하와 직원 일행이 서울역 귀빈실에서 잠시 머무르시며 마중 나온 여러분과 반가운 인사를 교환하고 입추의 여지도 없이 (……) 이번 순시 여행은 여드레에 걸치는 긴 여행으로 조금 불편하신 점은 많았으나 대통령께서는 조금도 피로하신 기색이 없이 희색이 만면하셨습니다.

이번에 이 대통령께서 시찰하신 것은 수원, 천안, (……)을 비롯해서 전주, 정읍, 광주 등 남한 주요 지방이었는데, 그 목적은 손수 각 지방의 실체를 좀 더 잘 아시고자 함이었습니다.

서울역에서 경무대까지 돌아오시는 대통령 각하를 환영하는 군중으로 가득 찼고, 길 양편에는 의장대의 정렬도 씩씩하게 기쁨을 가득 찬 거리를 지나서 대통령께서는 경무대로 향하셨습니다.

1 서울역으로 들어오는 열차
2 이 대통령이 남한 순시를 마치고 서울역 도착
3 이 대통령을 환영하는 군중

1 9 4 9 4월 미국 경제협조처 원조물자 부산항에 입하

미국 경제협조처 물자는 우리나라의 경제를 돕기 위해서 계속해서 입하되는데, 이번에도 부산항에 많은 물자가 들어왔습니다. 대한을 원조하는 끊임없는 미국의 물자가 ECA를 통해서 우리나라의 항구에 들어와 쌓이는 것입니다.

경제협조처 물자는 (……) 윤택케 하고 공장과 농촌을 원할케 하여 우리나라 경제를 활발하게 할 것입니다.

(……)

농가에서 한참 소용이 되는 비료를 가져온 것입니다. (……) 2,032톤이나 비료를 싣고 와서 부두에서는 인부들이 한참 바쁩니다. 뿐만 아니라 이 배에는 2,348톤의 솜이 왔습니다. 대한의 방직공장을 활발케 할 솜입니다. (……) 이 솜뭉치들은 배에서 부두로 (……) 가장 효과적으로 풀어 내려서 언제나 열심으로 일하는 인부들의 손으로 창고 속에 가득가득 채워집니다.

이리하여 우선 창고에 채워놓고 (……) 구분할 수 있게 되면 방직공장으로 나뉘어 가고 우리들의 일상생활에 필요한 면직류, 즉 부인들의 옷감이라든지 양복점 (……) 여러 가지로 변하고 경제적으로 건실한 국민을 양성하려고 노력하는 이 땅에 막대한 도움이 될 것입니다.

ECA는 결코 말로만 우리의 정부를 도와주는 것이 아니라 실행으로서 약속을 이행하고 있습니다.

미국 경제협조처 원조물자 부산항에 입하

1 9 4 9 5월 5일	제20회 어린이날

5월 5일은 어린이날입니다. 그러나 때마침 내리는 비로 말미암아 5월 8일 서울시 각처에서는 이날을 성대히 축하했습니다.

덕수궁에서는 조선소년운동자연맹 주최로 3천여 명의 유치원 부원 그리고 국민학교(초등학교)생들 그 밖에 여러 어린이들이 꽃바다를 이루었는데, 서울시 취주악단의 주악으로 성회되어서 정홍교(조선소년운동자연합회)씨의 가정의 꽃이요, 국가의 보배인 어린이들은 몸과 정

1   제20회 어린이날
2   안재홍 축사
3   어린이날 행사를 즐기는 사람들
4, 5   능숙하게 지휘하는 이승호 군
6   금화국민학교 어린이 악대

427

신을 아울러서 건전하게 길러야겠다는 축사와 안재홍 씨의 축사는 독립된 국가의 어린이들은 정직하고도 용감하며 지혜로움으로써 과학공업을 연구해서 부지런한 국민이 되기를 바란다는 말씀이 있었습니다.

이날 금화국민학교 1학년 어린이 악대들은 외무부장관 임병직 씨를 방문하고 근정전에서 특별연주를 했는데, 이승호 군의 능숙한 지휘와 귀여운 어린이들의 모습은 (……) 국민의 (……) 충분했고, 보는 이의 가슴을 촉촉히 해 주었습니다.

(……) 600만 어린이는 오로지 (……) 깨끗하게 자라야 하겠습니다.

어린이들을 키우시는 여러분은 부디 어린이들을 잘 돌보시어서 그들이 잘 배우고 잘 자라고 장성한 후에는 우리나라와 민족을 이끌고 나갈 인재들이 모두 되어 주기를 바랍니다. 하루를 마음껏 즐긴 어린이들은 여러 가지 여흥을 즐기면서 오늘 제20회 어린이날을 의미 깊게 가슴속에 아로새겼습니다.

1 9 4 9

5월 6일

강표대대 월북(평양)

1   강태무, 표무원
2, 3   환영하는 군중

▶‖ 강표대대 월북
      대한민국 국군 8연대 380여 명이 월북한 사건.

1 9 4 9 5월 10일 총선거 기념식전
5월 10일

남한 총선거 1주년 기념식을 맞이해서, 국내 각처에서는 일제히 축하식을 거행했는데 작년 5월 10일 총선거의 결과로 우리 대한민국은 미국, 영국, 불란서, 필리핀, 국제연합의 승인을 받아서 정치 경제 사회적 방면으로 그 기반을 닦고 있습니다.

이날 중앙청 앞에서는 이 대통령, 이범석 국무총리, 신익희 국회의장 이하 내외 인사 다수와 정부 직원들이 총참집한 가운데 성대한 식전을 거행했습니다. 그런데 이 대통령께서는 그 기념사에서 일본이 대한에서 물러난 이래 미소 공위를 다음 단계로 삼아서 5·10선거가 시행되었던 것인데, 그 공로는 주로 온 민족이 서로 협력하고 지지하는 데서 오늘과 같은 성과를 올린 것이라는 말씀으로 국민의 일치 합심을 더욱 강조하셨습니다.

뒤이어서 국회의장 신익희 씨의 축사가 있었고 당시 국제연합 한국위원단 의장이던 마가난 씨의 축사가 있었습니다. 이리하야 대한민국의 만년 대업을 (……)하는 만세삼창과 함께 식은 끝나고, 한편 서울 운동장에서는 애국단체 연합회 주최로 전 시민의 씩씩한 축하식을 거행했습니다. 정부와 민간 측 귀빈 제위, 그 밖의 내외 명사 제씨와 각 청년 단체 각 사회단체가 운집한 가운데 애국가 봉창으로 시작되어 지대형(지청천) 씨의 의미 깊은 개회사가 있었고, 김효석 내무부장관과 마가난 씨 등의 축사가 있었습니다.

또한 무초 씨도 진심으로서의 축복과 대한민국 발전도상에 미국과의 우의를 두텁게 하는 간곡한 축사를 해 줬습니다. 또한 명제세 씨와 오세창 씨의 미국 대통령에게 보내는 서한과 국제연합에 보내는 서한 낭독이 있은 다음에 거족적 축복의 날 5월 10일 총선거 기념 축하식은 끝났습니다.

1 기념식에 참석한 사람들
2 연설하는 이승만 대통령
3 (현수막) 너도 한표 나도 한표 건국의 자랑 / 재기하자 오십단결 완수하자 남북통일

소위 국방군 해군도 의거

1 9 4 9
5월 12일

월북한 해군

1 9 4 9
5월 18일

제주도 파견
경찰 특별부대 귀환

내무부 제주 파견 경찰 특별부대는 만란을 겪고서 그 과업을 다한 후 원기 왕성히 서울에 돌아왔습니다. 이 부대는 오랜 시일을 두고서 제주도 산중에 들어가 폭동을 일으키던 게릴라 반도들을 완전히 소탕하고 돌아온 것입니다. 파견대 귀환 보고는 중앙청 앞 광장에서 거행되었습니다. 먼저 김태일 총사령관의 경과 보고가 있고, 김효석 내무부장관의 격려사로써 오랫동안 많은 수고를 하면서 군과 경찰의 협력으로 상당한 성과를 거둔 것을 치하한다는 말이 있었습니다. 또한 이범석 국무총리의 축사로서 군경 합력의 결과는 반드시 성공을 가져오는 것이며, 여러분은 사를 버리고, 오랜 시일을 두고서 국가 대계를 돕기 위해서 합심 합력, 반도들의 완전 진압을 보게 된 것을 무한 감사한다는 말씀이 있었습니다. 뒤이어서 이 국무총리는 이 대통령을 대리해서 금일봉을 하사했습니다. 국가의 재난을 당도해서 몸과 마음을 아끼지 않고 오로지 조국의 승리를 위해서 애쓴 여러분에게 진심으로 감사를 전하는 바입니다.

제주도 파견 경찰

1 9 4 9
5월 21일

국회 임시회의 개회식

지난 5월 스무하루 날에는 그동안 휴회 중에 있던 국회의 임시 재개를 보게 되었는데, 먼저 국회의장 신익희 씨의 개회사로 열렸습니다. 이철원 사무총장의 경과보고가 있어 휴회 중의 계획과 및 활동을 전해서 국회에 배전의 활약을 촉진했습니다. 이어서 이 대통령의 훈시가 계셨는데 대략 그 내용은 국회에 좀 더 신속한 활동과 산같이 쌓인 어려움을 잘 이겨 나가며, 특히 자발적으로 자진해서 국가 만년대계를 완수해 주길 바란다고 하셨습니다. 또한 지난번에 38선에서 조국을 위해서 생명을 바친 십용사의 장거를 칭찬하시며 자진해서 목숨을 바칠 수 있도록 나라를 사랑하는 국민이 모다 되어 주길 바란다고 하셨습니다.

1 국회 임시회의 개회식
2 개회하는 신익희 국회의장

1949
5월 24일

한미 친선사절단
김포비행장 출발

지난 5월 24일 김포비행장에서는 우리 대한민국과 미국과의 우교를
한층 두터이하는 한미 친선사절단 일행이 미국을 향해서 떠났습니다.
일행 11명은 공보처장 김동성 씨와 이 대통령 비서 김영선 씨를 비롯
해 전용순, 이세현, 전항섭, 김용완, 장경환, 오위영, 고희동, 김진형,
김영주 제씨였습니다.
일행은 미국에 도착해서 지금까지의 한국에 대한 미국의 우교를 감사
하는 동시에 장래에 있어서의 한층 공고한 우교를 들고 올 것입니다.

김포비행장에서 출발하는 한미 친선사절단

1 9 4 9
5월

정부 각 부처 대항
뻬-스 볼 연맹전

대한민국 정부 각 부처별 야구 시합은 일주일 동안에 걸쳐서 계속되는데, 오늘은 그 결승전으로 재무부 대 내무부의 접전입니다. 이 경기는 이 대통령의 안으로 직원의 관심과 체육 향상을 위해서 시작된 것입니다. 김도연 재무부장관도 열심히 응원단의 한 몫을 보고 있습니다.

제2회전에서는 2대 0으로 단연 내무부의 리드입니다. 3회전, 4회전, 게임은 바야흐로 백열화. 그런데 재무부 한층 활기를 돌아 제8회전 끝에는 2:2 동점. 제9회전 전반 재무부 공격입니다.

연거푸서 볼 포로서 1루 2루가 찼는데, 김영수군의 멋있는 그라운드 볼로 3점을 얻어 드디어 5 대 2로 재무부 쾌승. 우승팀을 대표해서 최형수 군이 우승기를 (……)

또 내무부는 2등상 컵을 받았으며 또한 각각 선수들은 은메달을 받았습니다. 승부를 가리는 것보다 씩씩한 운동 정신이 발휘됨을 기꺼이 여기는 것입니다.

1 정부 각 부처 대항 야구 연맹전
2 김도연 재무부장관
3 재무부 우승

1 9 4 9
5월~6월
대한적십자사 서울지부 부녀 봉사대

대한적십자사 서울지구 부녀 봉사대에서는 적십자 사원과 및 (……) 구성된 약 60명의 부녀들이 영등포 대방동에 있는 제일 육군 병원을 방문했습니다. 제일 육군 병원에는 제주도 (……)를 비롯해서 옹진 그 밖의 삼팔 접경에서 국토와 민족 방위를 위해서 적색도배와 용감하게 싸우다가 명예의 부상을 당한 군인들이 누워서 쉬는 곳입니다. (……)는 부녀들의 호의에 감격해 일동을 대표하여 감사의 뜻을 표했습니다.

(……) 병사들의 옷을 한강 물에 빨아주기도 하고, 터진 옷을 꿰매어 (……) 등 군인들을 여러 가지로 도와주었습니다.

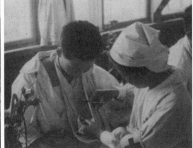

대한적십자사 서울지부 부녀 봉사대

조국통일 민주주의전선
제1차 준비위원회

1 김일성
2 김두봉, 박헌영

새로 준공된 합천 남정교

1949
5월 30일

경상북도 합천은 다대한 피해를 받아오던 중에 이번엔 내무부 건설국의 활약으로 이 지점에 새로 남정교를 준공하게 되었습니다. 이 남정교는 (……) 길이가 380m가 되는 거대한 다리입니다.

준공식은 서울을 비롯한 각지로부터의 (……)에 참석하여 (……) 식사에 이어서 (……) 도로과장의 공사 보고가 있었습니다. 이와 같이 국가 산업 경제 정치 문화 등의 다리를 놓아 주는 남정교의 준공을 축복하는 건설국장의 축사가 있었고, 일동을 감격케 하였습니다.

이리하여 식은 끝나고, 합정 다리를 건너는 (……)식이 있었는데, 가장 나이가 많은 올해 여든 다섯 살 되는 노인 부부와 두 아들 부부, 손자 부부 삼대 부부가 앞장을 서고 그 길을 따라서 여러 시민들도 함께 다리를 건넜습니다. 이 다리는 (……) 1948년 여름 7월 7일부터 9월 8일까지 무려 다섯 번의 대홍수로 (……) 및 재목을 많이 유실해서 대단한 손해를 보았으나, 관민의 (……) 노력으로 오늘날 (……) 18개월 만에 이와 같이 완전히 준공되었습니다.

남정교 준공식 행사장 (현수막) 축 남정교준공 하

祝 賀 功竣橋汀南

1 9 4 9 6월 6일 제2회 전몰군인 합동위령제

6월 6일 서울 운동장에서는 작년 11월 초하룻날부터 금년 5월 말일까지 제주도 호남 삼팔선 각 지구에서 조국을 위해서 목숨을 이바지한 순국투사 345위의 합동위령제를 거행했습니다.

남대문로 을지로를 통과해서 서울운동장 회장에 안치한 다음에 10시 정각부터 식은 엄숙히 거행되었습니다. (……)

제2회 전몰군인 합동위령제

제27회 여자 정구대회

여자 정구가 이 땅에 들어와서 대한의 딸들로 하여금 그 대결을 겨루게 한 지 이미 27년, 테니스는 오랜 역사와 더불어 체력 향상에 있어서 대규모 (······) 27회 전국 여자 정구 대회를 서울 운동장 테니스 코트에서 열게 된 것입니다.

씩씩한 선수들의 입장은 (······) 정당한 태도와 아름다운 정신으로 대회를 일관하겠다는 선서문 낭독이 있었습니다.

여자 정구대회

로-마 교황대표 서울에

1 9 4 9
6월 13일

지난 6월 13일 김포공항에는 로마 교황의 사명을 띠고서 뉴욕의 맥도넬 주교와 그 일행 다섯 명이 도착했습니다. 이들은 서울 가톨릭교회의 방 주교의 승품식을 주례하기 위해서 양일간 체류할 예정으로 서울에 온 것입니다. 일행이 도착하자 환영자로 비행장에 나와 있던 방 주교, 노 주교, 추 주교 외에 여러 신도들의 따뜻한 악수와 원로의 피로를 위로하는 여러 가지 환영의 말을 받아가면서 희색이 만면했습니다.

어린이들의 꽃다발을 받고 맥도넬 주교는 이렇게 진심으로 환영해 주시는 여러분을 만나니 모든 괴로움을 잊어버린다고 하며 노안에 웃음을 띠었습니다.

교황 대표 방한

1 9 4 9
6월 14일

서울 가톨릭교회
방 주교 승품식

바티칸 교황청으로부터 로마 교황의 사절로서 우리나라 가톨릭교회에 많은 공을 잇는 방 주교는 이번에 그 승품식을 거행하게 되었습니다. 승품식은 명동 천주교당 마당에서 거행되었는데, 이 대통령과 이 대통령 부인을 비롯해서 국회와 정부 요인 그리고 그 밖의 학생들에 이르기까지 모든 신도들이 모인 가운데 승품식은 시작되었습니다. 맥도넬 교황 대표 사절, 노 주교, 라리보 주교가 각기 예복에 몸을 갖추고서 식장에 나오자, 신익희 국회의장과 무초 주한국 미국 대사의

축사가 있었고 뒤이어서 임병직 외무부장관의 축사로 세계 사십여 국과 외교를 맺고 정신적으로 한데 얽힌 우리 가톨릭은 신앙의 자유와 세계 평화를 위해서 큰 공적이 있음을 기뻐하는 동시에 우리 두 나라 사이의 친선이 한층 더 깊어가기를 바란다는 간곡한 말씀이 있었습니다.

이러한 모든 축복에 방 주교는 겸손한 태도로서 오늘날 내게 이런 영광이 돌아온 것은 대한민국 여러분의 막대한 도움이 있었음을 깊이 감사하는 바이며, 앞으로 내 여생은 천주의 전당에서 천주를 위해서 바치겠다고 말했습니다.

1 승품식에 입장하는 김구 선생
2 승품식에 입장하는 이승만 대통령 부부
3 방 주교
4 승품식에 입장하는 교황 대표 사절

▶‖ 방 파트리치오(패트릭 번) 주교(Most Rev. Patrick J. Byrne)

1915년 6월 23일 사제로 서품되었다. 1922년, 한국의 메리놀 첫 지부장으로 메리놀회 한국 지부를 출범해 교세 신장 및 성당 건축에 힘썼다. 1947년 8월 12일 한국 초대 주한 교황 사절로 임명되어 입국했다.

1 9 4 9
6월 15일
대한민국은 농업의 나라
관민 일치하여 농사를 지읍시다

지난 6월 15일, 농민부 주관으로 권농일, 이앙 행사를 거행했는데, 농사는 천하지대본이라는 깃발 아래 이범석 국무총리, 신익희 국회의장, 이종현 농림부장관을 비롯한 정부 요인 여러분의 참석으로 희색만연한 이앙이 거행되었습니다.

농업의 나라 대한민국을 일으키게 하는 이 모내기 마당에 어찌 마른 신발로 구경만 하고 있을 수 있겠습니까. 이 국무총리, 신 국회의장, 이 농림부장관 이하 여러 (……) 발을 걷고 물에 들어가 (……) 기도하는 마음으로 모를 심었습니다.

남학생들, 여학생들, 모두가 다 민족을 번영케 하려는 일념으로 모가 자라서 우리 (……) 할 수 있는 쌀이 많이 많이 되어지기를 빌었습니다.

1 모 심는 사람들
2 이범석 국무총리

1949 6월 23일   기독교 신도 총궐기 대회

전국 천만 기독교도들은 일심 협력해서 조국 (······)을 기하는 총궐기 대회를 개최하였습니다.

하느님의 순리를 깨닫고 이 땅의 해방을 헛되이 보내지 않겠다는 관심을 가지고 전국 각지에서 운집한 신도들은 서울 운동장에 모여서 먼저 국민 의식을 한 다음에 이번 대회의 회장인 남궁혁 목사의 개회사가 있었습니다.

(······) 다음에 내빈 축사로 국회의장 대리 이종선 씨, 미국 대사관으로부터 맥도널드 씨, 국제연합 한국위원장 대표 등의 말씀이 있었습니다. 다음으로는 성명서 낭독으로 정부와 국회에 보내는 서한을 (······) 양 목사가 낭독하여 조국의 안전과 신앙의 자유 등을 다시금 (······)했습니다.

1 연설하는 남궁혁 목사
2 군중

이와 같이 서울운동장에서 식을 마친 신도들은 시가를 행진하여 성가를 부르며 국민의 통일을 부르짖으면서 공정하고도 강한 민주주의가 이 땅에 (······)하기를 간구했습니다.

우리 국가와 민족의 (······) 그리고 세계 평화를 위해서 우리나라의 안전보장은 절대적인 것입니다.

1 9 4 9 **6월 25일**	**조국통일 민주주의전선** **결성대회**(평양 모란봉)

1, 2   군중
3   회장으로 입장하는 김일성
4   홍명희

▶‖ 조국통일 민주주의전선
    남조선 민주주의 민족전선과 북조선 민주주의 민족 통일전선을 통합하여 만든 연합체

백범 서거

오로지 조국 광복을 위해 싸워 오신 백범 김구 선생은 4282년 6월 26일 남북화평통일의 비원을 가슴 깊이 지니신 채 외롭고 어두운 저승의 길로 영영 가시고야 말았다.

김구 선생 피습 서거라는 신문특보가 거리거리 나붙자 (……) 모두들 생업에서 한길로 툇마루에서 거리로 저도 모르게 (……)

평생을 오로지 나라만을 위하고 오로지 겨레만을 사랑하시고 그리고 조국의 화평통일과 자주독립만을 바라시던 선생의 (……) 경교장으로 경교장으로 구름같이 모여들었다.

혁명의 선배 오세창 선생도 늙으신 몸을 이끌어 위대한 동지의 (……) 조상하시었고, 부통령 이시영 선생도 선생의 원통한 죽음을 조상하시었다.

이미 붉은 피의 순환이 멎고 온몸이 대리석처럼 싸늘해진 선생의 위체. 현관을 지나 2층 층계를 올라서면, 남서북 방면으로 창이 난 방, 늘 선생이 거처하시던 방이다. 보기에도 끔찍스런 총구멍이 난 남쪽 창가, 여기서 선생은 그 흉악한 흉기의 (……)침을 받으셨다. 책상 위엔 선지피가 무더기로 엉겨붙어 그날 선생이 입으셨던 옷들이 놓여 있다.

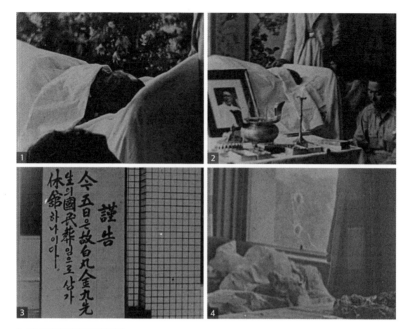

1 염 하기 전 백범 김구의 모습
2 장례식장의 김신 소령
3 근고 금 오일은 백범 김구 선생의 국민장이므로 삼가 휴관하나이다
4 백범 김구가 피살당한 자리

▶Ⅱ 〈국민장의식〉 영상

1. 이 영상은 백범 김구 선생의 장례식이 모두 엄수된 7월 5일 이후 제작되었으나, 6월 26일 서거 당시의 상황을 가장 잘 보여 주고 있어 선생 서거 당시의 상황을 설명하고자 서거 당일 순서에 글을 배치하였다.

2. 경교장 내부 구조를 그린 도면과 김구 선생이 피살당하신 자리, 피가 엉겨 붙은 옷 사진은 〈국민장의식〉 영상의 한 부분으로, 당시 상황의 이해를 돕기 위하여 이 글에 첨부했다.

1 9 4 9
6월 26일

국제연합 한국위원단
38선 시찰

국제연합 한국위원단에서는 삼팔선의 실정을 직접 시찰하기 위해서 옹진으로 향했습니다. 인도, 중국, 엘살바돌 대표와 및 서기관들을 비롯해서 대한민국 정부 임 외무부장관, 손원일 소장, 현 (……) 등의 여러분들이 인천항을 떠나서 부포로 향했던 것입니다.

부포에 도착한 일행은 지난번에 제일 먼저 북한 공비에게 피해를 입은 은율 (……) 중앙고지로 올라갔습니다.

이튿날 시찰단 일행은 우리 용감한 해병대가 진을 치고 육박전을 하여 공비를 소탕한 우치산과 옛 까치산으로 가서 국방에 최선을 다하며 애쓰는 일선 장병과 및 그 진지를 시찰했습니다.

당시 우리 군대의 보고에 의하면 적에 있어서 사살이 809명, 부상이 1,900명이었고, 우리 군대는 전사가 82명, 부상병이 160명이 났을 뿐입니다.

인천항에서 떠나는 국제연합 한국위원단

잔인하여 싸움으로만 일을 삼는 북한 공비는 덮어놓고 38 접경을 침범하는 것을 일삼고 있습니다. 우리 군들은 수많은 총포와 단총 기관총 탄약 등을 압수했습니다. 뿐만 아니라 보시는 바와 같이 그 밖의 군사 기구를 많이 몰수하였으며, 적장들은 이러한 것들을 귀중한 줄도 모르고 내버리고 도망했습니다.

지도를 보십시오. 여기 보이는 점선은 삼팔 경계선이고 그 이남이 옹진반도입니다. 군대와 그 밖의 모든 수송과 교통의 중요한 지점은 이곳 부포입니다. 5월 30일 미명을 기해서 부포에 상륙한 용감한 우리 군대는 비겁하게도 38선을 월남하려는 북한 공비들을 이와 같이 전진혁파하고 드디어 빛나는 전과와 아울러서 그들 공비들을 북한으로 쫓아버렸습니다. 우리나라 국제연합 한국위원단 시찰대 일행은 북한의 공비들이 얼마나 무지한 만행을 했는지를 자세히 봤습니다.

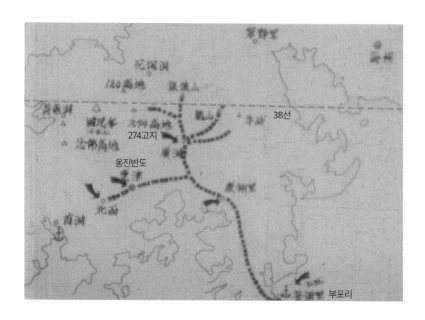

완성을 보게 된 중유발전소

**1 9 4 9
6월 27일**

전라남도 목포에서는 전력 부족을 해결하는 디젤 엔진 발전소를 준공하고, 지난 6월 27일 그 개소식을 성대히 거행했습니다.

이 기쁜 소식에 감동되어 서울로부터는 이범석 국무총리, 무초 대사, 윤보선 상공부장관, 안호상 문교부장관 및 이러한 분들을 비롯해 여러 귀빈이 다수 참석하고저 목포역에 도착했습니다. 일행이 역에 도착하자 가득이 출영 나온 목포 시민들은 쌍수를 들어서 환영했습니다. 그리고 군과 경찰도 국무총리와 무초 대사를 기쁘게 맞이했습니다. 목포의 거리는 학생들과 각 기관단체의 행진으로 자못 성황을 이루었었는데, 사열대에서 사열을 받는 이 국무총리, 무초 대사, 안 문교부장관 등 여러분의 얼굴도 기쁨에 차 있었습니다.

이리하여 일행은 사열을 마치고서 발전소로 향했습니다. 이 발전소의 공사 착수는 작년 11월, 미군 한국 주둔 시 미국으로부터 전력 사절단이 와서 우리나라의 전기 문제를 해결하기 위해 최선의 노력을 하였습니다. 그리하여 동년 12월 기동되어 미국 경제협조처의 다대한 도움으로 오늘 그 완성을 보게 된 것입니다.

ECA는 물자와 기술, 공사 등에 과학적으로 그 조력을 아끼지 않았습니다. 그리하여 ECA의 전력과 책임 사절 (……) 씨의 지휘하에 1천 킬로짜리 발전기 다섯 개로 구성된 총발전량 5천 킬로와트나 되는 큰 발전소가 탄생한 것입니다. 이 발전소에서는 전라남도에만 국한되어 송전할 것입니다. 이 국무총리와 무초 대사의 축사에 이어서 윤 상공부장관은 커다란 모터에 (⋯⋯). 이로부터 전라남도는 완전히 전력 부족에서 해방되고 말았습니다.

1 목포발전소
2 안호상, 무초, 이범석
3 환영하는 목포 시민

주한 미군 철수

주한 미군 철수

1 9 4 9
7월 5일

대한민국 임시정부 주석
고 백범 김구 선생 국민장

선생은 이미 가셨습니다. 비보를 듣고 달려온 겨레들은 무릎 꿇고 웁니다. 백발노인이 황급히 여학생들이 울음을 참다가 (……) 바람의 청년들이 땅을 치며 몸부림을 친다.

그래도 못 잊는 조국 통일 목말라 찾던 어머니 (……)

스스로 제 위대한 혈육에 아로새긴 박해가 어찌 이처럼 선명하랴. 눈물을 아껴서 무엇하랴. 젊은 가슴마다 기념탑 또 하나 무너지네. (……) 사랑하는 이여든 멈춰 서 가슴 쏟아 여기 통곡하자.

2층 별실에서는 하얗게 소복한 (……)들이 흐르는 눈물과 복받쳐 오르는 원통한 설움을 몇 번이고 씹어가며 떨리는 손으로 선생이 입고 가실 수의와 형제 (……)들을 (……) 한창이다.

여기는 김포비행장. 많은 사람들이 비행기의 도착을 기다린다. 이윽

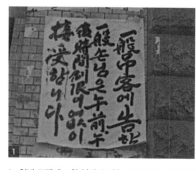 

1 일반 조객에 고함 일반 손님은 오전 오후 시간 제한이 없이 접수합니다
2 수의를 짓고 있는 부녀자들

고 비행기는 착륙했다. 각계각층의 조객들이 모여드는 가운데 이번엔 멀리 하와이로부터 선생의 불의의 흉보를 듣고 재미교포 대표들이 가슴 아파하며 달려왔다.

선생이 돌아가신 지 어언 나흘째 되는 29일 저녁. 애통에 잠긴 경교장에서는 입관식이 집행되었다. 피로 물 들은 선생의 신체는 향유로 정히 씻겨 염을 덮고 유명은 달리했을망정 내 아들, 내 며느리, 내 동기 그리고 내 겨레들과 최후의 대면을 한 다음 그칠 길 없는 통곡 속에 입관을 마쳤다.

수십 년을 마지막에 광풍으로 지다니. 발 구르며 울어도 아우성치며 울어봐도 이미 떠나신 님의 음성 (……) 바이오, 꿈길에도 잊지 않고 이역만리 멀리 광복의 조국만을 그리며 피눈물 (……)

어느 하루도 선생의 잠자리를 편안치 하지 못하고, 그래도 선생은 끝내 내 강산이라 좋다 하시며, 형제들이라, 메마른 산천일지라도 내 것이라 했다. 그러나 배고픈 설움을 (……)의 설움이 뼈에 사무친 듯 선생은 가난한 사람들의 집단을 (……) 그들의 자녀를 위해서는 (……)

1 일반 조문객들
2 하와이에서 재미교포 대표들이 조문을 위해 김포공항에 도착

경교장의 담을 넘는 장난꾸러기 청년들을 너그러운 진심으로 맞아주었다.

대의를 하늘보다 무섭다 여기는 열사 선생은 가난한 처지를 돌파할 줄 아는 한갓 학생이기도 했다. 한 명의 왜병을 때려눕힌 (……)

이들의 머리 위에 그렇게 부드럽고 따사로웠던 선생, 그러나 선생은 영영 가시고야 말았습니다. 그 영악한 왜놈들도 감히 손을 대지 못하던 선생을 민족의 손이 빼앗아 간 것이다.

장짓날을 앞둔 장의위원회

선생이 잠드실 (……) 길을 닦는 이들 가운데에는 (……) 자진해서 (……) 반장들, 길을 가던 아낙네들.

어둡고 괴로운 겨레의 앞길을 민족의 태양처럼 비춘 백범 김구 선생. 103만 민중을 뒤로하시고 7월 5일 다시 오지 못할 저세상으로 가시었다. 집집마다 무겁게 조기 드리운 아침, 완전철시로 조의를 표한 거리 거리에는 비통에 잠긴 겨레들이 이 골목 저 골목에서 빠져나왔다.

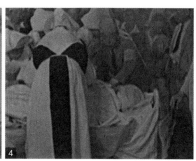

3 입관
4 백범 김구를 염하는 간호사들

5년 전, 이 무렵에 광복을 전하던 그 님이 마지막 가시는 길이라 인경
조차 목이 메어 (……)

내 고장을 찾아오신 선생의 풍모가 아무 거리낌 없이

우리에게 가까웠고, (……) 조국의 (……) 두메산골 나무꾼이며 길쌈하
는 아낙네들까지도 다정스럽게 오르내리던 선생의 (……) 말없이 걸
어 나가는 선생의 발자취, 겨레의 길이었나니.

선생의 목소리는 그저 앉아서 외친 구호가 아니오, 나무 뿌리 같은
선생의 손아귀는 외국 손님을 맞아들이기에는 너무도 억세었다.

비록 이 땅 넘어져 가는 집을 바로잡으려면 부서진 지붕을 갈아내야
한다고 외치시어

겨레를 위해서 갈 길이라면 밤이라도 가고 날이 새도 가겠다고 (……)
화평통일, 이것만이 나의 길이요, 민족의 명령이라고 선생은 말씀하
셨다.

오늘 여기 발 구르며 우는 소리, 지금 저기 아우성치며 우는 소리, 하
늘도 울고 땅도 울고, 이겨레 이 강산이 미친 듯 우는 소리를 님이여
듣습니까, 님이여 듣습니까.

대한민국임시정부 주석 백범 (……)

하늘을 잃고 바다를 잃은 겨레들의 울음을 아시는지 모르시는지

새하얀 영현은 떼어지지 않는 걸음을 무겁게 무겁게 움직여 동대문
을 돌아 서울운동장 영결식장을 향합니다.

장위위원장 식사 대독

이 대통령, 이 부통령의 조사 대독(……)

"(육성) 이 민족을 (……) 조국의 광복만을 위하여 싸우셨습니다. 모든
열사와 함께."

백범 선생 영결식은 온 겨레의 축원을 받아가며 눈물 속에 막을 내렸습니다.

슬피슬피 걸음이 무거워진 영현은 이제 선생이 길이 잠드실 곳, 삼 열사가 기다리는 효창원을 향해 드디어 갑니다. 윤봉길, 이봉창, 백정기 세 분 지사의 묘 앞에서 영현은 몇 번이나 걸음을 멈추고 선생이 얼마나 삼 열사를 사랑하시고 아끼셨는가를 효창원 푸른 숲은 순간 울음의 숲이 되고 말았습니다.

선생을 위해 항일운동에 일생을 바치신 백범을 그리고 어둠과 괴로움에서 광명과 행복으로 겨레를 인도하신 지도자 김구 선생을 마지막 보내는 겨레들이 새벽부터 효창의 (……)를 사람의 (……)로 뒤덮고 온종일 민족의 제단에 무릎 꿇고 기다리는 가운데 영현은 내키지 않는 걸음 (……) 몸부림치며 나갑니다.

이제 정녕 마지막 가시는 길. 목 메인 겨레들의 애끓는 설움조차 본체만체하시고, 떨어지지 않는 걸음 억지로 억지로 떼어놓으며 언덕길을 올라갑니다.

민족의 거성 백범 김구 선생은 왜적 아닌 동족의 흉탄에 쓰러져 이제는 한 줌 흙이 되고 말았습니다. 앉아도 독립, 서도 독립, 수만 번을 거듭해도 이루어질 날까지는 완전 자주독립의 길이 (……) 무릇 자주와 독립을 내세우며 화평의 한길을 외치시다 동족의 손에 가셨습니다. 님이여 고이 가소서.

만장의 비원 속에 이틀 밤을 샌 유가족들 친지들 오늘은 (……) 이들은 이제 한결같이 애끼고 받드신 선생, 고이 잠드시길 합장하고 축원하리. 온겨레 모두 함께 선생의 (……)

아 삼팔선 베고라도 화평통일 위해 떠나기를 권하시던 백범 선생. 광

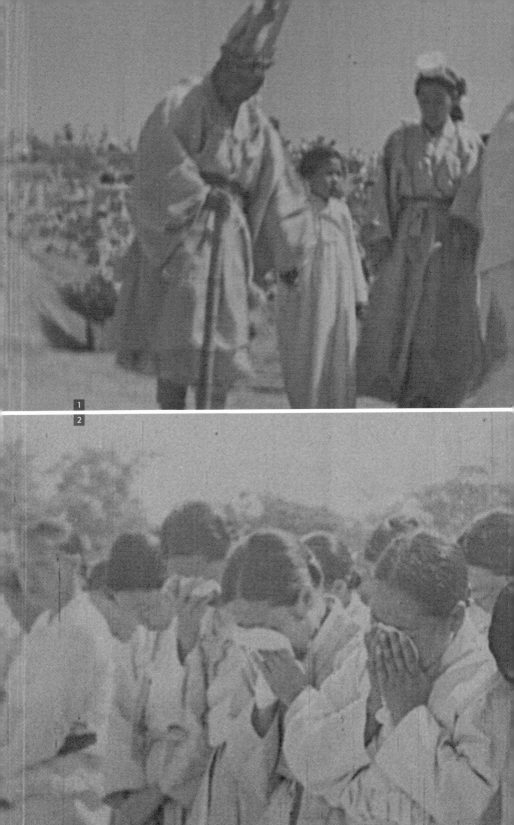

복만이 직업이라고 말씀하시는 민족의 거성 백범 선생. 이제 이들 여기 잠든 선생 앞에 남북 화평통일, 완전 자주독립을 위하여 끝까지 싸울 것을 맹세하자. 고이 잠드시어 새벽하늘 샛별마냥 겨레 앞길을 길이 밝히시고 잠드시라.

상주 김신 항공소령, 임윤연 여사, 고인의 장손녀 효자 양의 세 분 유가족들. 이제는 한줌 흙이 되신 선생에게 눈물의 이별을 (……) 이어서 (……) 일동의 통곡은 언제까지나 그칠 줄을 몰랐다. 효창의 봉우리를 또다시 눈물로 적셨습니다.

광풍이 지난간 경교장. 예나 지금이나 다름없는 경교장이지만, 님 떠나신 경교장은 (……) 한 없는 (……)에 싸여 있다.

(……) 주인 잃은 자동차마저 넋을 잃은 듯하고 고인이 즐겨 앉으시던 2층 복도엔 고인의 얼굴이 비출까 하여 처참하게 쓰러진 향불 너울너울 (……) 선생의 사진이 왈칵 울음 북받치게 하는데 흉탄에 쓰러지신 창가에 열흘 전의 모습 그대로 놓여 있다.

선생이 스물네 살 때 사형선고를 받고 인천 감옥에 있던 다시 그런 (……) 지금은 없는 (……) 여전히 정성을 베푼 듯 더욱 애틋하다.

1 묘소 앞의 김신, 김효자 양, 임윤연 여사
2 슬퍼하는 군중

김구 국민장

1 9 4 9
7월 5일

단기 4282년 7월 5일은 칠십 평생을 오로지 조국 광복에 바쳐 오시던 애국 혁명의 모범 대한민국 임시정부 수석 고 백범 김구 선생의 국민장일이었습니다.

장의 예식은 수도 서울에서 거행되었으나, 삼천리 방방곡곡 선생의 돌아가심을 서글퍼하는 애도의 무리, 그 어느 곳 그 어느 누가 눈물과 오열 없이 선생을 보낼 수 있었겠습니까.

6월 26일 오후 0시 50분, 비통이 뿌리신 붉은 피. 뼈를 에이는 듯 애

닳고, 겨레의 눈물과 통분의 곡으로 열흘을 지낸 경교장 앞뜰에는 마지막 가시는 선생의 영현을 바라고자 발 디딜 틈도 없이 모여 경모의 마음을 다시금 읊조리는 것이었습니다. 오전 10시, 인산인해를 이룬 경교장 앞뜰에는 선생의 영구를 내어 모시고 하늘도 흐리고 대지도 소소한 11시 정각 장중한 장송곡과 애끓는 조가에 싸여 선생을 모신 영현은 경교장을 발인하여 영결식장인 서울운동장으로 향했던 것입니다.

어허, 여기 발 구르며 우는 소리. 지금 저기 아우성치며 우는 소리. 하늘도 울고 땅도 울고 이 겨레 이 강산이 미친 듯 우는 소리를 님이여 듣습니까, 님이여 듣습니까. 이 겨레 나갈 길이 어지럽고 아득해도 이미 계시기로 든든한 양 믿었더니 두 조각 갈린 땅을 이대로 버려두

국민장

고 천고 한 품으신 채 어디로 가십니까 어디로 가십니까. 삼천만 울음소리 님의 몸 내고 가오. 편안히 가웁소서. 돌아가 쉬웁소서. 뼈저린 아픈 서러움 가슴에 굳어 앉고, 끼치신 님의 뜻을 우리 손으로 이루리다 우리 손으로 이루리다

선생의 차남 상주 신 소령 부부의 슬픔과 비통함, 오히려 무서운 고통과도 같이 젊은 얼굴에 어려 새기웠고, 선생의 영현은 땅 치며 통곡하는 국민의 애절한 모습을 뒤로 뒤로 십만여 명의 울음 받아 서울운동장으로 향했던 것입니다.

그야말로 각계각층, 각 기관, 단체, 회사, 정당을 비롯하여 전문대학 중학, 소학, 농민, 상인, 노동자, 남녀노소를 가리지 않고 모두 다 하늘을 우러러 공분을 호소하며 선생의 영현을 따랐습니다. 이 땅에 있는 화교들도 경모하는 대인의 마지막 길을 모시고자 온갖 정성을 다했던 것입니다.

원통하게도 조국 완전 통일의 대업을 채 마치시지 못하시고 흉탄에 쓰러지신 선생을 마지막 가시기 전 마음껏 부르짖어 보려는 듯이 국민은 피 끓는 가슴을 움켜쥐고 선생의 영현에 (……) 할 뿐이었습니다. 아하 위대하신 애국 혁명의 선각 민족의 지도자시오.

국회와 정부에서는 국사 고 백범 김구 선생을 국민장으로 모시게 하여 서울운동장에서 가슴 쓰리나마, 인력으로 더 붙잡을 수 없는 영결식을 거행하게 되었던 것입니다.

몇십만 명 인가 가신 선생을 애도하는 무리 감히 헤어 볼 수도 없거니와, 우리 눈앞은 눈물의 바위 없이 흐려 거의 얼굴조차 분간할 수 없었던 것입니다. 영결식은 시작되어 학생 연합 합창단의 구슬픈 조가로 무척도 소탈하시던 선생이 잠드신 혼을 위로해드렸던 것입니다.

오세창 씨를 대신한 조소앙 씨의 개식사와 유림 씨의 약력 보고가 있은 다음, 김규식 박사, 이 국무총리의 조사로 "분명 다시 못 올 길을 영영 가신 동지요. 우리는 동지의 일편단심 완전 통일의 대업을 완수하기 위해 성심 성력 다하리다."라는 뼈에 사무치는 약속의 말씀이

서울운동장 영결식

있고, 엄항섭 씨의 "선생님, 선생님. 선생님은 가셨는데 무슨 말씀 하오리까. 우리들은 다만 울고 다시 울어 통곡할 뿐입니다."라는 조사에 일동은 다시 한번 눈물의 바다로 변했습니다. 국제연합 외국 사절까지도 발을 굴러 공분히 여기는 것이었습니다.

이리하여 오후 1시에 시작된 영결식은 4시를 지나 상주의 서향에 이어 온 국민이 보내는 마지막 인사로 끝마쳤습니다. 이로부터 고 백범 김구 선생은 영결식장을 뒤로하고 국민들의 어깨에 모신 바 되어 길이 잠드실 고장 효창공원으로 가시게 되었습니다.

원통할 뿐, 이룩하였어야 할 조국의 대업을 채 마치시지 못하고 떠나시는 선생의 영현은 오열하는 국민의 모습을 뒤로 두고 차마 가시지 못하심인지 가다가는 멈추고, 또한 가다가는 멈추는 것이었습니다.

조소앙 장위위원장 식사

옮겨 놓는 행렬의 발 곁에도 장중하게 끝없는 장례 행진은 을지로를 거쳐 효창공원으로 향합니다. 남녀노소를 헤아릴 바 있겠습니까. 거리는 거리마다 행렬은 뒤에도, 또 뒤에도. 영영 가신 지도자의 혼백을 따라 다시 못 오실 그 모습을 눈 익혀 보려는 듯이 끝없이 끝없이 뒤를 따랐습니다.

선생의 생전의 정열과도 같이 구름 걷힌 오후의 태양은 불같이 뜨거웠습니다. 선생의 조국을 사랑하시던 태양 같은 열정. 백번 꺾어 오히려 더 후되시던 그 의지. 풍상 우로 팥살같이 휘몰려 와도 오히려 빙긋이 웃으시며 무쇠같이 무겁고 땅같이 두터운 그 뜻 오로지 우리나라의 완전 독립이었습니다.

그 울음의 장렬은 마침내 눈물의 바다로 화한 장지 효창공원에 다다랐습니다. 해는 서산에 가까웠는데 드디어 고 백범 김구 주석은 그 마지막 쉬실 곳 이미 순국하신 삼 열사의 무덤 옆에 찾아오신 것입니다. 상주 신 소령은 눈 뜨고는 대할 수 없으리만큼 슬프고 아픔이 차 있었습니다.

이 국무총리, 유어만 박사, 중국 영사, 국제연합 한국위원단 여러분들 그리고 외국 사절 제위도 효창공원의 쉬실 고 백범 김구 선생으로 더불어 왔습니다. 이제 선생은 여기 묵묵한 온 국민의 작별을 안으신 채 고이 잠드시오나 남기신 유훈은 길이길이 조국의 역사에 찬연합니다.

차마 선생을 이 땅속에 묻을 수 없으면서 그래도 묻고 가지 않으면 안 되는 이 국민의 가슴은 미어지는 듯 슬픈 것입니다. 선생이요. 완전한 자유와 평화를 위해 우리 삼천만은 더욱 노력할 것을 (……)

1 9 4 9
7월 8일

미국 군함,
대한민국을 방문함

미국 순양함 만체스터호와 헌터 로난 2척의 구축함은 지난 7월 8일 우리 대한민국을 예방했습니다. 이날 미국 함대 사령관인 림포드 씨는 막료를 거느리고 향상 발전도상에 있는 대한민국의 서울을 찾았습니다.

먼저 그들은 7월 창공을 달리는 가뿐한 마음으로, 서울에 도착하자 인천까지 마중 나간 해군 총참모장 손원일 소장의 안내로 중앙청으로 이 대통령 각하를 방문했습니다. 중앙청을 들어선 림포드 사령관 이하 그 막료들은 대통령실에서 이 대통령 각하에게 심심한 경의를 표하는 동시에 굳은 악수로서 서로의 우교를 맺었던 것입니다.

이리하여 오후 늦게 정부 측에서는 이들을 맞이하는 뜻깊은 연회를 고색이 창연한 옛 고궁에서 베풀어 그들을 마음껏 환영했습니다.

이윽고 서울에서 환영을 받은 미국 함대는 인천항으로 이 대통령 각하와 각료를 초대해서 한국 친선의 극치는 바야흐로 바다에서 이루어졌습니다. 이날 이 대통령 각하께서는 비가 내림에도 불구하고 각료들을 대동하시고 국제연합 한국위원단 각국 대표들과 더불어서 인천에 도착하신 다음에 미국 대사 무초 씨의 안내로 태극기와 성조기가 높이 날리는 만체스터호에 오르셨습니다.

인천항에는 대통령을 맞이하는 21발의 예포 소리도 장엄하게, 미국 해군의 정식 환영식이 있은 다음에 미국 함대 사령관 림포드 씨로부터 환영과 우교를 각별히 표시하는 환영사가 있었습니다.

이리하여 예식이 끝난 다음 일행은 함대 위에서 국제적인 성대한 오찬회에 참여하고, 희색이 만면한 가운데 이 대통령, 무초 대사 그 밖의 일행은 송별의 예포 소리를 들으면서 서울로 향했습니다.

1　미 해군 방한
2　림포드 사령관

| 1 9 4 9 | 주한 미국 대사 무초 씨 |
| 7월 10일 | 38선 동두천 시찰 |

지난 7월 10일 신성모 국방부장관과 미국 대사 무초 씨 그리고 그 일행은 38선 동두천 지구를 시찰하기 위해서 떠났습니다.

일행은 의정부에서 하차해서 제일선에서 심신을 바쳐 활약 사수 (……)하고 있는 연대와 부대를 견학하고 제일선 장병들을 진심으로 위로해 주었습니다.

이번에 동두천 시찰 일행에는 신 국방부장관, 무초 대사, 허정 교통부장관, 채병덕 총참모장, 군사고문단장 그리고 그 밖에 여러분들이었습니다.

그리하여 일행은 적진 완연한 전방 기지 4킬로미터 지점에서 신 국방부장관을 위시해서 무초 대사, 채 총참모장 그 밖에 군사고문단이 망원경을 가지고서 적진지를 세밀히 시찰했습니다. 그리하여 이날 일행은 전부 시찰한 다음에 같은 날 다시 서울에 돌아왔습니다.

38선 동두천 지구를 시찰하는 주한 미국 대사 무초

국립서울대학 졸업식

국립서울대학교 대학원과 및 각 단과대학 종합 졸업식은 7월 15일 서울대학 광장에서 거행되었는데, 식장에는 졸업생과 재학생, 학부형, 그 밖의 내객으로 성황을 이룬 가운데 특히 이 대통령 각하와 이시영 부통령 각하, 이범석 국무총리, 무초 미국 대사 등 정부 각료도 다수 참석했습니다.

먼저 대학 총장 최규동 씨의 졸업 증서 수여가 있었는데, 총 졸업생은 1,155명으로 차례로 졸업 증서를 받았습니다. 오랜 시일을 두고서 닦고 연구해 온 그들의 공로를 오늘 그 벗들에게, 학부형들에게 보여 주는 날입니다.

이날은 특히 우리 민족 문화 발전에 공헌이 많음을 들어서 이 대통령 각하에게 명예 법학박사의 학위를 수여했습니다. 이 부통령과 이 국

서울대학교 졸업식

무총리도 대통령의 학위 수여를 기쁘게 보고 있습니다.

더욱이 미국 대사 무초 씨도 대통령을 축하하기 위해서 이 자리에 참석했습니다. 명예 법학 박사의 학위를 받은 이 대통령 각하는 나는 기왕에도 미국에서 학위를 받은 일이 있으나, 이제 이 자리에서 받는 학위를 가장 영광스럽게 생각한다는 말씀과 졸업생 제군을 격려하시는 고사에 이어서 식은 끝났습니다.

1 9 4 9 7월 15일   제1기 임시공훈 기장 수여식

지난 7월 15일 시내 용산에 있는 국방본부 앞 광장에서는 제1기 임시공훈기장 수여식이 거행되었습니다. 이날 식은 상은심(……) 육군 중령 사회로 식은 시작되어 애국가 봉창 및 국민의식이 있은 다음에 신성모 국장방관으로부터 3지구 사령관 즉 원용덕 준장과 정일권 준장 및 유재홍 준장에게 각각 대통령 감사장의 수여가 있었습니다. 뒤이어서 전공자 (……)의 수여로 들어가서 전공장 1,860명 종군장 수여

자가 2,430명, 그다음에 상익장 수여자 2,009명을 대표로 채병덕 김홍일 소장 외에 아홉 (……)에게 수여가 있은 다음에 신 국방부장관은 대략 다음과 같은 훈시를 했습니다.

우리나라가 자유스럽고 부강한 나라가 되는 데는 장병 여러분의 책임이 중합니다. 무책임한 행동을 해서는 절대 안 되며, 우리가 대한민국 영토에 살고 있는 것을 잊어서는 안 됩니다. 우리가 이 나라에 살고 있는 국민인 이상 우리는 대한민국의 법률을 지켜야 하며 먹지 못해도 살지 못할 것이나 나라가 없어도 한시라도 살 수 없는 것임을 깊이 명심해야 할 것입니다. 이에 대해서 채 총참모장은 아무 전공도 없이 이런 치하를 받게 됨은 다만 감격할 따름이라는 답사가 있었고 각 부대에 대한 (……) 수여가 있은 다음에 식은 끝났습니다.

1 9 4 9
7월 18일

대한민국 헌법 공포
1주년 기념식

단기 4281년 7월 18일은 대한민국이 동방에 빛나는 신생 민주 국가로써 헌법을 제정하여 공포한 날이었다. 이날이 있은 후 1년이 지나고, 우리나라는 과연 (……)하기에 조금도 부끄럼이 없는 자주독립의 자유국가 대한민국으로서 그 1주년 기념식을 맞이하게 되었습니다. 이날 기념식장에는 각계 인사들이 운집한 가운데에, 식은 진행되었습니다. 먼저 국방부 군악대의 주악에 이어서 국민의례가 있었고, 이국무총리의 식사와 신익희 국회의장, 김병로 대법원장의 기념사로 우리는 끝까지 우리나라를 진정한 자유 국가로 발전시켜야 할 것이라는 말에 화답해서 국제연합 대표 루나 씨의 오늘은 대한민국과 국제연합이 다시 (……) 동시에 대한민국의 (……)의 축사가 있었습니다. 이리하여 만세삼창으로 식은 끝났습니다.

1   신익희
2   김병로
3, 4   대한민국 헌법 공포 일주년 기념식 (건물 외벽) 건전한 대한민국은 민주주의 헌법에서

월남한 전 공산군, 대한민국 국군 편입식

1 9 4 9
7월 23일

대한민국 정부 국방부에서는 지난 7월 23일 환영회를 열고 지도와 애호를 아끼지 않고 보호하여 오던, 전 공산군 월남 군인들의 국군 편입식 및 계급장 수여식이 있었습니다. 그들은 모다 한결같이 목숨조차 위험한 북한으로부터 자유를 찾아서 용감하게도 철의 성벽을 뚫고서 삼팔선을 넘어 대한민국의 품을 찾아든 사람들로 이제 조국을 위해서 심신을 이바지할 기회를 가지게 된 것을 무한히 자랑하면서 동방의 자유의 보루가 될 것을 맹서했습니다. 식은 육해군 수뇌부와 장병 다수 및 이북 5도 지사 참석리에 육군 군악대 주악으로 시작되었습니다.

이날 이 자리에는 신 국방장관의 계급장 수여와 채 참모총장의 임관 명령이 있은 다음에 무도한 공산주의자들의 발에 짓밟혀서 자유도 없고 조국도 모르고 맹목적으로 그날그날을 지내다가 잡히면 목숨이 없어지는 줄 알면서도 정의와 자유를 위해서 용감히도 검은 장막을 찢고 38선을 넘어온 그 의의를 칭찬하는 동시에 앞으로도 그 의기와 그 용맹으로서 조국의 영원한 자유를 위해서 힘쓸 것을 간곡히 부탁했습니다.

이날의 임관과 및 계급은 각자의 전 계급에 기준에서 수여됐는데 안병식 소령을 비롯해서 69명이나 되며, 안 소령은 69명을 대표해서 대한민국 국군으로서 충성을 다하겠다는 요지의 감격과 흥에 넘치는 선서문을 낭독한 다음에 하늘과 땅에 울리는 만세삼창으로 식은 끝났습니다. 우리는 두 팔을 벌려서 그들을 환영하며 아울러서 이와 같이 조국을 찾는 이들이 속히 많이 생겨서 삼팔선을 열게 되기만 바랍니다.

월남한 전 공산군인들

1 9 4 9
7월 25~28일
한중 친선을 약속하는 소유린 중국 대사 신임장 봉정식

지난 7월 25일 김포비행장에는 중국 대사 소유린 씨와 3등 서기관 진영역 씨가 대한민국 정부 외무부장관 임병직 씨 외에 공사 다수 인사의 환영을 받으면서 도착했습니다.

원로의 피곤을 양 3일간 쉰 소 대사는 드디어 28일 역사적인 신임장 봉정식을 거행했습니다. 이날 소 대사는 수원 다섯 명을 대동하고 조정환 외무부 차관의 안내로 중앙청 정문 앞에 이르자, 우리 육해군 군악대의 주악에, 광장에 도열한 의장병을 사열한 다음에 이 대통령 이하, 전 각료가 모여 있는 대통령실로 향했습니다. 여기서 소 대사는 중화민국 총통 대리 이종인 씨의 신임장을, 이 대통령 각하에게 봉정한 다음에 대략 다음과 같은 봉정사를 했습니다.

"대한민국 대통령 각하, 본관이 중국의 주대한민국 초대 대사로 임명되어 귀국에 부임한 것을 무한한 영광으로 생각하며 중국과 한국은 형제의 나라며 장구한 역사와 문화 관계에 있어서 밀접할 뿐만 아니라 국토가 접해 있어 양국의 국운은 서로 영향을 가지게 되며 불가분한 관계에 있음도 결코 우연한 일이 아닙니다."

여기에 화답해서 이 대통령 각하는 다음과 같은 하사를 보냈습니다.

"중화민국 초대 대사의 임명을 띠고서 각하가 지금 이 총통대리의 국서를 봉정하는 이때에, 나는 만강의 열정으로 환영의 뜻을 표하고자 합니다.(……)"

1 소유린 중국 대사 공항 도착
2 소유린 중국 대사

새 방법을 가져온 라웰바크 박사

라웰바크 박사는 저명한 교육가로 세계를 순회하면서 그 신교육 방법을 소개합니다. 그리하여 우리나라에 와서는 한글을 가장 쉽고 효과적인 방법으로 가르치는 교수법을 실지로 보여 주었습니다. 이 방법은 그 실제적 결과에 의해서 증명된 방법으로써, 어떤 나라 단어를 가르칠 때 그림을 섞어서 쓰면 더 효과적이라는 것입니다.

이 새 방법은 (……)과 혹은 교육자들에게 그들의 입으로 하는 말을 손쉽게 읽고 쓸 수 있도록 해 주는 것인데 이미 우리나라에서도 많은 효과를 보고 있습니다.

우리 대한민국은 특히 문맹이 많은 나라로서 일각이라도 속히 문맹을 퇴치해야 할 만한 형편임에 비추어서 이런 방법은 대단히 환영하고 격려할 만한 것입니다. 그림을 기초로 삼아서 그림과 글자와의 연락을 잡아서 글자를 기억함으로 그 기본 법칙을 삼은 신 방법입니다. 지금 학생들 앞에서 이 그림책을 걸어놓고서 방법을 설명하며 가르치고 있습니다. 이것은 과연 교육계의 새로운 이상적 방법이라고 하겠습니다.

1 라웰바크 박사
2, 3 교육받는 사람들

1 9 4 9
8월 7일
이승만 대통령과 장개석 총통
진해에서 역사적 회담

은빛 날개를 반짝이면서 대한민국 땅에 내려앉은 비행기, 그 주인은 동방의 거인 장개석 총통이었습니다. 비행기에서 내려 이 대통령과 그 밖의 대한민국을 대표하는 몇몇 특별 고관의 환영을 받았습니다. (……)

중국을 휩쓸면서 온 아세아를 위협하는 공산주의로 더불어서 싸우면서도 장 총통은 불요불굴, 그 능력을 발휘해서 대서양 동맹에 방불한 태평양 동맹을 체결하여 극동에 무 공산주의 세계를 건설하고자 했습니다. 그리하여 그들은 필리핀 공화국의 퀴리노 대통령과 회담하고 이 문제를 토의했고, 이제 우리 대한민국에 와서 이 대통령과 더불어서 여기에 관한 문제와 그 밖에를 대담하고자 온 것입니다. 장 총통을 환영하는 연회는 화기 충만한 가운데 열렸는데, 특히 이 국무총리는 오래간만에 회포를 푸는 동시에 악착같은 중일전쟁에 피로한 그를 위로했던 것입니다. (……)

담화와 회의가 끝난 다음에 국빈을 환영하는 육해군과 및 경찰 그리고 청년 단체의 사열식이 있었습니다. (……)

회담을 마치고서 장 총통은 이 대통령과 그리고 국무총리, 임 외무부 장관 등의 충심으로의 축복을 받으면서 대한민국을 떠났습니다.

1 이범석 국무총리, 장개석 총통
2 환영회에서 장개석 총통과 이승만 대통령
3 환영 사열식
4 진해 회담장

1 9 4 9
8월 11일
제2 고향 찾아온 고 헐버트 박사 마츰내 이 땅에 기리 잠들다

일찍이 교육가로서 우리나라에 오랫동안 와 있던 고 호머 알 헐버트 박사가 지난 7월 27일 해방된 대한민국을 다시 찾아서 인천 부두에 닿았습니다. 고 헐버트 박사는 미군 수송선을 타고 인천항에 입항했는데, 올해 여든일곱을 바라본 그는 말할 수 없이 노쇠했음에도 불구하고 우리 이승만 대통령의 초청을 기쁘게 수락해서, 그가 꿈에도 잊지 않고 기억하고 있던 우리 대한민국으로 다시 오게 되었던 것입니다. 이날 인천항에는 공보처장 이철원 박사를 위시해서 고 헐버트 박사의 옛 친구들이 다수 출영해서 피로에 가득 찬 헐버트 박사를 기쁘게 했던 것입니다.

고 헐버트 박사는 이미 1886년부터 21년 동안이나 우리 대한민국에 와서 우리나라의 교육을 바로잡으며 처음으로 우리나라에 구미식 전문학교를 창시한 것입니다. 고 헐버트 박사는 우리나라에서 교육과 한국 독립을 위해서 21년간 성심 노력한 다음에 고국 미국으로 가 있다가, 이번 우리 대한민국이 오랫동안 묶여 있던 일제의 멍에를 벗어났고 독립 국가로 발족하게 됨에 이 대통령의 초청을 받고 고 박사는 그의 제2 고향인 우리나라로 왔던 것입니다.

고 헐버트 박사는 대한민국에 도착한 이래 지루한 여행에 피로한 까닭인지 건강이 부진해서 청량리 위생병원에 입원 가료중이던 바, 내한 제7일 만에 드디어 지난 8월 초닷새날 87세를 일기로 세상을 떠났습니다. (……) 8월 11일, 서울 시내 부민관에서는 이 대통령을 비롯해서 정부 요인 다수, 주한국 미국 대사 무초 씨 등 천여 명이 참석한 가운데 장례식은 엄숙하게 거행되었습니다. (……)

식이 끝나자 장의 행렬은 양화도에 있는 외국인 묘지로 향해서 구슬픈 행렬을 지었는데, 이곳에는 지금으로부터 40여 년 전에 고 박사의 아들 켈런 군이 이미 묻혀 있는 곳이었습니다. 이제 고 헐버트 박사는 그의 공식적 소원대로 웨스트민스터보다도 대한 땅에 묻히게 된 것입니다.

일제의 압제로서 억지로 우리나라를 떠나서 본국에 돌아갔던 고 헐버트 박사는 미국에 있는 동안도 여러 가지로 우리나라의 독립을 위해서 힘쓴 분이었습니다. (……)

지금 고인은 고이 이 땅에 묻혀서 영원히 영원히 대한민국을 사랑할 것입니다. 고인이여 부디 고이 쉬시라.

1 헐버트 박사
2 헐버트 박사 장례식

1949 8월 15일
대한민국 자주독립 1주년 기념 축하 성전

단기 4282년 8월 15일 오늘은 우리나라 해방 4주년 기념일인 동시에 우리 대한민국이 자주독립 국가로서 세계만방에 정부 수립을 선포한 뒤 첫돌을 맞이하는 기쁘고 감격에 찬 날, 이날 중앙청 앞뜰에는 영광스러운 태극기가 중천에 빛나며 모여드는 축하 대중의 얼굴도 각별히 빛나는 듯했습니다.

작년 이날 우리나라가 신생 대한민국으로 탄생한 이래 불과 1년밖에 안 됐건만, 벌써 세계 15개국의 승인을 받고 있음은 자랑하지 않을

대한민국 독립 1주년

수 없는 일입니다. 이제 남은 것은 완전 통일과 실지 회복, 이 민족적 대의를 달행하고야 말 맹서에 넘쳐흐르는 기념식은 이 대통령 및 이 대통령 부인을 비롯해서 이시영 부통령, 신익희 국회의장, 정부 각 각료, 국회의원, 외국 사절 딘 소장과 국제연합 한국위원단, 그밖에 수천 명이 모인 가운데 해군 주악의 애국봉창은 대지를 울렸습니다. 이날 신익희 국회의장의 기념사에 뒤이어서 미국을 대표해서 주한국 미국 대사 무초 씨는 충심 가득한 그 축사에서 "오늘 이 자리에서 이 대통령을 위시한 국민 여러분에게 축하를 드리는 광영을 무엇보다도 기쁘게 생각합니다. 여기서 한마디 하고 싶은 말씀은 민주주의가 조급히 표면적으로 효과가 많은 듯이, 폭력적으로 마치 전체주의자들의 그것처럼 맹목적 표시가 없다고 해서 등한할 것은 결코 아닙니다. 미국은 지금 세계 인류의 자유를 위해서 힘쓰고 있습니다." 이와 같은 의미 깊고 열성 있는 축사를 했습니다. 이와 같은 민족적 성전을 있게 한 그 배후에는 미국 대통령 트루먼 씨의 막대한 원조와 우의가 감추어 있는 것입니다. 국제연합 한국위원단 대표 제니슨 씨도 민족적 대성전에 참석케 된 것을 기쁘게 여긴다는 축하의 말을 주었고, 이어서 중국대사 소유린 씨도 기쁜 축하의 말을 나누어 주었습니다.

이날 이 국무총리의 축사에 뒤이어서 이 대통령께서는 화씨 100도를 넘은 이날, 노쇠하신 몸에 피로함도 보이지 않으시고 장장 30분 동안의 긴 기념사를 대략 다음과 같이 하셨습니다.

"오늘 이 기쁨을 경축함에 있어서 지난 1년간은 제주, 여수, 순천, 그 밖에 38선 각처에 공산주의자들로 말미암아 많은 혼란과 장애를 만난 가운데에서도 우리 민국의 안정과 기초 확립을 위한 경제적 발전과 산업부흥에 장족 일보가 있었던 것은 축하하여 마지않는 사실입니다. 동시에 우리로 하여금 이런 성과를 얻도록 노력해 준 국제연합과 미국 트루먼 대통령의 깊은 우정에 사의를 표하는 바입니다."

이어서 축하식은 국군 사열식으로 옮겨 세종로에는 수만 시민이 입추의 여지도 없이 서 있는 가운데 거행되었는데, 사열대 위에는 이 대통령 및 이 대통령 부인을 비롯해서 이범석 국무총리, 신성모 국방장관, 무초 미국 대사, 소유린 중국 대사, 채병덕 육군 총참모장, 손원일 해군 참모총장 그리고 특히 딘 소장 등이 사열대 위에서 우리 국군의 위용을 보게 됐습니다.

군악대를 선두로 우리 육해군의 행진은 수도경비사령관 권대령의 지휘로 남대문에서 중앙청으로 향했습니다. 보조를 맞추고 서울 거리를 행진하는 우리 국방군의 모습은 감탄을 자아냈습니다. 헌병대를 선두로 보병대, 기갑부대, 포병대, 높은 곳에서 내려다보이는 사열행진의 아름다운 자태를 보십시오. 뒤이어 기마대, 잘 가꾸어서 고운 말에 올라타고 이 대통령의 사열을 받는 그들은 군악대의 북소리와 말굽소리 화합해서 음악적 행진곡을 연상시키며 일층 축하의 심기를 돋구었습니다. 맑게 개인 상공에는 항공군이 은빛 날개를 반짝이며 프로펠러 소리 지축을 울리는 듯 삼대편대로 날랐습니다. 이어서 믿음직한 기갑부대의 행진을 보십시오. 다음에는 구호대, 다음으로 해군.

이리하야 축하식은 다채로운 가운데 이날 오후 서울운동장에서는 서울시 주최로 경축국민대회를 열었습니다. 시내 각 동민 학생 청년단 등 수십만 군중이 참집한 가운데 서울시 취주악단의 주악에 이어서 국민의식으로 들어갔습니다. 여기서 국제연합 한국위원단 대표 제니슨 씨는 열정에 가득 찬 축하의 말을 아끼지 않았습니다. 그리고 이기붕 시장의 식사에서는 순국선열과 애국자들의 귀중한 심혈의 결정으로 오늘을 맞이하게 됨은 감개무량하다는 말에 이어서, 이 대통령 각하의 축사로 군관민 일치단결로 남북통일을 성취하자는 말씀은 총무처장 전기홍 씨가 대독했습니다. 이어서 미국을 대표해서 최근 미국에서 돌아온 노블 박사도 기쁨과 축복의 말을 주었습니다. 이와 같이 성대한 식을 마친 일동은 계속해서 시가행진으로 들어갔습니다.(⋯⋯)

(현수막) 국군아 빨이 북한 겨래를 살여라

해방 4주년 경축대회(평양)

1 9 4 9
8월 15일

©NARA

해방 4주년 경축대회

1 9 4 9
8월 21일

정부 수립
1주년 기념 축하 관함식

지난 8월 21일 인천항 팔미도 부근 해상에서는 해양 한국의 첫 페이지를 장식하는 관함식이 거행되었습니다. 이날 이 대통령과 대통령 부인은 정부 요인들과 내외 인사를 대동하시고 인천항에 안착하신 다음에 각각 관함 함선에 분승하시고 팔미도를 향해서 떠났습니다. 특히 무초 대사, 로버트 대장 및 국제연합 한국위원단에서도 이 성대한 식전에 참석했습니다.

이리하야 인천부두를 떠난 지 약 1시간 후에 목적지에 대통령이 타신 배가 가까워 오자 팔미도 해상에 정렬로 대열을 짓고 있던 8척의 군함이 박 중령의 총지휘에 따라서 일제히 기동을 시작했습니다. 함대훈련의 양식에 따라서 사행 등 적함에 대한 포격 태세를 갖춰왔습니다. 다음으로 팔미도 앞 약 3키로 해상의 거리에 세워진 김일성이라는 목표물을 8척의 함선이 적전 상륙태세를 비롯한 전투를 감행하면서 일제히 포격을 시작했습니다. 그리하야 성황리에 대통령과 그 일행은 기쁨을 가득히 안고 서울로 돌아왔습니다.

1 (제목) 대한민국 정부 수립 1주년 기념 축하 관함식
2 관함식에 참석한 이 대통령 부부

즐거운 국민학교 개학 날

1 9 4 9
9월

오늘은 귀여운 2세 국민들이 밤잠도 못 자고 기다리던 개학 날입니다. 새로 입학 된 아동들은 부형의 손에 이끌려서 한 반씩 진급한 언니와 오빠들과 같이 교문을 들어섰습니다.

여기는 종로국민학교입니다. 처음 들어오는 동무들은 교표를 붙여 주면 자기들의 자리로 찾아가는 것입니다. 차례로 한 줄로 서서 기다리기에는 너무나 기쁘고 안타까운 마음인지 옹기종기 달라붙어서 야단들입니다.

교육은 우리에게 없지 못할 것이며 2세 국민을 바른길로 교도하며 옳은 지식을 넣어 주는 것은 앞으로 점점 더 강한 나라를 만드는 데 절대 첫 조건이 되는 것입니다. 이 아동들은 오래지 않아서 지도하는 선생님의 말씀과 학식을 모조리 배워서 든든한 육체와 확실한 지식을 아울러서 성숙한 국민의 모습을 우리 앞에 자랑하게 될 것입니다. 장차 익을 열매의 아름다운 꽃, 분명히 우리나라를 흥왕케 할 제2세 국민, 9월 하늘은 높은데 희망과 절조 또한 높이 국민학교 마당 마당 가득히 차 있습니다.

종로국민학교 개학 날

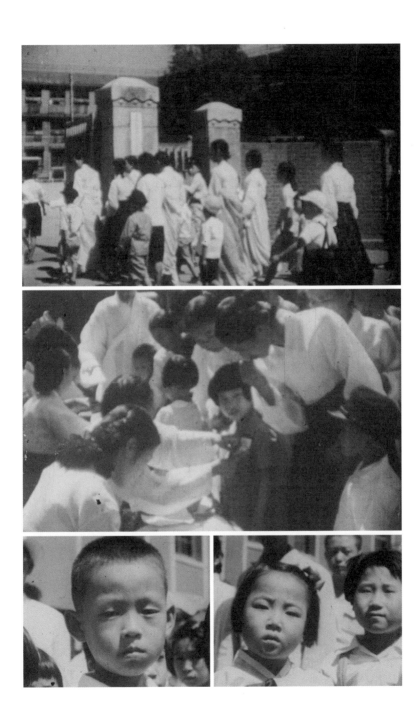

합동결혼식

1 9 4 9
9월 3일

듣기에도 다채로운 신랑 신부 5쌍의 합동결혼식이 지난 9월 3일 향린원 남산 분원에서 서울시장 이기붕 씨의 주례하에 거행됐습니다.

이날 농림장관 이종현 씨를 비롯한 각계각층의 내빈이 운집한 가운데 식은 시작되었습니다. 이들 5쌍의 신랑 신부는 강원도 지방 개척단원들로서 공승조 군과 이소옥 양, 김무훈 군과 이정숙 양, 조동호 군과 홍(……) 양, 김일(……) 군과 허인영 양, 이용춘 군과 박경화 양 다섯 쌍이었습니다.

특히 이채를 띄운 것은 농림장관으로부터 보내온 괭이, 삽, 호미 그리고 교회 측으로부터 보내온 선물은 성경찬미였으며, 선물은 모두가 곧 관목 등의 식용품이었습니다. 이리하여 식이 끝나고 곧 피로연이 있었는데 여기서는 그들의 손으로 심어 거둔 감자와 고구마를 가지고서 한층 인상적인 결혼 광경을 보였습니다.

향린원 남산 분원 합동결혼식

호림부대 공판

1 모여든 군중
2 미군 군복을 입은 채 법정에 앉아 있는 호림부대원
3 재판장 박준모
4 호림부대원

▶‖ **호림부대(虎林部隊)**

1949년 2월 25일 육군본부 정보국 산하에 창설되어 대북 침투 공작을 담당했던 특수부대. 북한의 주장에 따르면, 호림부대원 106명은 사살되고 44명이 포로가 됐다. 이들에 대한 재판은 모란봉극장에서 공개로 진행되어 사형이 선고됐다.

1 9 4 9 우리나라 최초의 항공 기념일
9월 15일

지난 9월 15일, 여의도에서는 대한민국 항공일 첫돌을 맞이해서 자라가고 있는 하늘의 진용을 장쾌하게 자랑했습니다.

이날 이 자리에는 부통령 이시영 씨를 비롯해 이범석 국무총리, 신익희 국회의장, 신성모 국방장관, 채병덕 총참모장, 임병직 외무부장관, 윤보선 상공부장관, 주한 미군 군사고문단장 로버트 대장과 그 밖의 인사가 다수 모인 가운데 10만 대중의 열렬한 기대를 받으면서 식은 거행됐습니다.

먼저 군악대의 주악과 더불어서 우리 공군은 씩씩한 자태로 사열을 받고 곧이어서 비행 훈련이 시작됐는데 어느결에 우리 공군이 저렇게 자랐는가 모두 감탄함을 금치 못했습니다.

뒤이어서 이번에 각지 전투에 있어서 많은 군공을 세운 김신 중령과 그리고 신현후 중위, 김성용 중위에게 꽃다발 증정이 있었습니다. 비행 훈련은 공중 분열식 그리고 우리나라에서 유일한 여류 비행가 이정희 대위의 특수비행이 있었고, 대지 공격 모의 전투, 폭탄 투하 등 여러 가지 주도한 훈련을 보여 준 가운데도, 더욱이 우리를 황홀케 한 것은 김(갑출) 이등상사의 낙하산 투하였습니다.

우리나라에서는 처음 있는 이 낙하산 투하에 군중은 우레 같은 박수를 했던 것입니다. 다음으로 통신 체험 비행 등 우리 대한민국 공군의 기능과 안전성과 또는 전투력에 대해서 각 방면으로 모범을 보여주어서 육해군과 손을 겨루어 국방과 국민의 복리를 기약해 주는 등 하늘을 무찌르고 날으는 날개 우렁찬 소리는 모인 군중의 흉금을 흔들어서 마지않았습니다. 이리하여 나날이 자라가는 우리 공군의 앞날에 빛나는 광영이 길이 있기를 축복했던 것입니다.

이범석, 신성모, 로버트, 채병덕

철도 50주년 기렴식

1 9 4 9
9월 18일

우리나라에 철도가 생긴 지 어언간 50년. 지금으로부터 50년 전 9월 18일 처음으로 이 땅에 철마가 지축을 울리면서 제물포를 향해서 달렸던 것입니다. 이리하여 50주년 기념식을 맞이한 교통부에서는 지난 9월 18일 용산 교통부 그라운드에서 성대한 기념식을 거행했습니다.

이날 전국으로부터 몰려온 만여 명의 교통부원들이 질서도 정연하게 서 있는 가운데, 특히 이 대통령과 그리고 부인, 이 부통령, 신 국회의장을 위시해서 각 부처 장관과 무초 대사와 내외 귀빈이 모인 가운데 해군 군악대의 주악으로 식은 시작되었습니다.

먼저 허정 교통부장관의 기념사로 교통 기관은 국가의 동맥이요, 국가의 발전을 좌우하는 열쇠라는 요지의 식사가 있은 다음에 이 대통령의 훈화로 국가의 동맥인 철도는 우리나라의 복리를 직접 좌우하는 것이며, 여러분은 각기 개인을 위해서 일할 것이 아니라 국가를 위해서 그 사명을 다해 주기를 바란다는 간곡한 말씀이 있었습니다.

다음에는 전국 4만여 명 철도 종업원들의 성의로 모은, 이 대통령 각하의 흉상을 봉정해서 한 층 더 식전을 화려하게 했습니다.

그리고 나서 하늘을 울리는 교통부 노래에 이어서 신 국회의장과 이 국무총리 그리고 무초 대사의 "모든 교통 기관 중에서 특히 철도는 국가의 동력일 뿐만 아니라 개척의 생명"이라는 축사가 있었습니다.

다음으로 25개년 이상 근속자를 표창했는데, 실로 813명에 달하며 특히 최고 공로자 노명철 씨는 46년간 철도 사업에 자기 몸을 바친 분이었습니다. 다음으로 교통부장관의 표창장을 받는 그들의 눈에는 눈물조차 어리었고, 군중은 운동장이 떠나갈 듯 박수로서 축복해 주었습니다. 뒤이어서 강 공전국장의 종업원을 대표하는 선서문 낭독이 있은 다음에 감격과 축복에 쌓인 기념식이 끝났습니다.

1 철도 50주년 기념식
2 허정 교통부장관
3 근속 표창자

의거 입북한 함선 스미스호

1 9 4 9
9월 20일

(남포)

스미스호 환영대회

천문기상 전람회

지난 9월 12일부터 21일까지 열흘 동안에 걸쳐서 송월동에 있는 우리 국립중앙 관상대에서는 천문기상 전람회를 개최했습니다. 이날 이 식장에는 이 부통령을 비롯해서 신성모 국방부장관, 이윤영 사회부장관, 서울시장, 김규식 박사 등 관민 다수가 이 전람회를 보러 모였습니다. 먼저 식을 거행했는데 이 대통령의 축사를 이 부통령이 대독하고, 신 국방장관의 축사가 있었고, 식이 끝난 다음에 일동은 전람회장을 구경했습니다.

이번에 이 전람회에서는 대체로 천문기상은 국민 생활에 절대 불가분의 관계가 있고 농업, 수산업, 교통, 체신, 토목, 전기 등 일체 국가의 주요한 산업에 직접 간접으로 막대한 역할을 하는 것이므로, 일찍이 우리나라에서도 이 방면에 연구를 기울여서 지금으로부터 500년 전에 세종대왕 때에 측우의 제도를 세워서 우량을 관측했고, 단기

천문기상 전람회

4217년 6월에는 부산과 일본 하관 사이에 해상 기상을 알기 위해서 부산 전신국에 간단한 기계장치를 하고 관측을 해 오던 것이었습니다. 이로부터 약 55년간 계속 발전하여 그간 천란만고를 겪고 오늘날은 우리나라 14곳에 불완전하나마 현재에 이르게 된 것입니다.

그리하여 전람회에는 관측법, 각종 측기, 자연계의 모든 상태, 원리, 설명, 각종 통계, 예보, 지식, 방법, 재해를 미연에 방지하는 것 등 신라시대 첨성대로부터 오늘날에 현대적인 관측기와 방법에 이르기까지를 모다 전람해서 일반 국민의 천문기상에 대한 이지적 흥미를 북돋우며 천문기상을 보급 발전시키고자 했던 것입니다.

천문기상 전람회

중국 항공 사절단 래한

1949 9월 23일

공로를 통해서 맺어지는 한중 친선은 많은 기대를 가지고 우리나라의 앞날을 축복해 주는데, 지난 9월 23일 김포비행장에는 중국 항공 사절단이 도착했다고 합니다. 그런데 일행은 중국 체신부 대표 오원초 씨를 선두로 한중 항공 지구에 관한 문제를 피차 교섭하기 위해서 온 것입니다.

또한 이 자리에는 중국 항공공사 지배인 유경희 씨, 전 중국 항공대학교 교장 지덕섭 씨 외 일곱 명이었습니다. 이 사절단을 환영하기 위해서 대한민국 측으로부터는 국방 차관 최용덕 씨를 비롯해서 정부 직원 다수가 김포비행장에 나왔고, 주 한국 중국 대사관 측에서는 진영역 비서관을 비롯한 직원 다수가 따뜻한 환영의 손을 잡았습니다.

중국 항공사절단 내한

중앙고녀에 대화재

집을 없애고 큰 건물을 버리고 금전 손해는 말할 것도 없거니와 귀중한 생명까지도 삼켜 버리는 불, 화재. 화재는 또 일어나서 우리나라의 주요한 교육 기관 중에 하나인 중앙여자중학교를 엄습했습니다. 불은 중앙여자중학교 옆에 인접해 있는 장 씨 집에서 시작해서 본교 별관으로 옮아와 걷잡을 수 없이 타는 불길은 능히 손을 댈 수도 없었습니다. 불이 일어난 것은 밤 10시였는데, 11시 진화되기까지는 별관은 전소하고, 다시 또 본관으로 옮아와서 절반이나 탔습니다. 소방수들은 전력을 다해서 소화에 노력했으나 원체가 신속한 화력이 되어서 어찌할 도리가 없었던 것입니다. 이번 화재의 손해는 책상 500개, 의자 500개를 합해서 약 300만 원 이상이나 된다고 하며 다행히 인명의 손상은 없었다고 합니다.

이와 같이 아무도 없는 밤중에 불이 일어난 것은 실로 불운한 탓이었으며, 요새와 같이 학교가 부족하여 곤란한 이때에 이와 같이 배움의 전당이 화재의 위운을 만났다는 것은 참으로 말할 수 없는 비극입니다. 화재는 언제나 사람들의 원수입니다. 우리는 다시 한번 불조심을 생각해 보기로 하십시다.

▶‖ 고녀(高女)
　　 고등여자보통학교

1 화재가 일어난 중앙여자중학교
2 불탄 학교

1 9 4 9
9월 27일
대한로총 제2회 대의원대회

대한노총 경전(경성전기) 노동조합에서는 제2회 대의원대회를 열었습니다. 회의는 운수부 전차과 강당에서 동 노동조합 위원장 정대천 씨의 개회사로 열렸습니다. 국민 의식과 맹가의 우렁찬 합창이 있었고 대의원 심사 보고, 차국찬 선전부장의 경과보고, 원갑선 씨의 재정 보고 등이 끝난 다음에 내빈 축사로 들어가서 전진한, 장택상, 유기태, 황기성 제씨의 간곡한 축사가 있었습니다. 해방 직후에 일제의 손이 떨어지자 이들 맹원들은 전심전력으로서 대한민국을 위해서 일해 왔고, 또 앞으로도 계속 노력함으로써 우리나라의 발전을 나날이 빛낼 것입니다. 이어서 모범 맹원의 표창식이 있었는데, 표창을 받은 맹원은 홍윤표 양을 홍일점으로 39명이나 됐으며, 이들 맹원을 모범 삼아서 더욱더 굳게 조국을 위해서 대한노총의 목표를 따라서 감수할 것을 격려했습니다.

이어서 끝으로 역원 계선으로 들어가 각 대의원의 진중한 토의의 결과로 전 위원장인 정대천 씨가 다시 당선되었습니다. 발전해 나가는 민주주의 국민들로 짐을 아끼지 않고 일하는 이들로만 조직된 이 대한노총은 그 활동도 아름다울 뿐만 아니라 우리나라 발전 향상에 큰 역할을 하고 있는 것입니다.

1　(현수막) 대한로동총연맹 전업연맹
2　회장
3　홍윤표

1 9 4 9
10월 1일

리 대통령 주한국 미국인 연극단을 초대하다

지난 10월 1일 대통령 관저에서는 재한 미국인 무대인들을 초청하여 간단한 다과회가 있었는데 이 대통령 부처께서는 손수 그들 연극인들을 맞아서 구월 이십사일에 부민관에서 공연한 소인극 조지 워싱턴에 대해서 치하하셨습니다. 과연 조지 워싱턴은 훌륭한 연기로 상연되어 보는 이로 하여금 모다 감탄을 자아내게 했습니다.

또한 이 대통령과 대통령 부인께서는 그들로 말미암아서 우리나라 문화 발달상에 많은 영향을 끼쳐 준 데 대해서 거듭 칭찬을 하시고 대통령 부인께서는 뉴욕타임스 특파원 존스턴 씨와 한국은행 고문 스미스 씨 부인과 즐겁게 얘기를 하고 계셨습니다. 머지않아서 그들은 또 다음 공연을 보여줄 것인데 자못 기대되고 있으며, 우방 미국과 대한민국 사이에 연결된 문화의 줄은 우리나라 장래의 연극계에 큰 도움이 될 것을 믿어 마지않습니다.

1 이 대통령이 주한국 미국인 연극단을 초대하다.
2 미국 연극단

1 9 4 9
10월 3일
중화인민공화국 수립
평양시 중국인대회

평양국립예술극장

개천절 축하식

10월 3일 개천가절을 맞이해서 해방 후에 처음으로 강화도 마니산에서 축하식을 거행하게 됐습니다. 이날 경축하는 자리에는 안호상 문교부장관을 비롯해서 국회의원 제위, 구자옥 경기도지사, 전 총무처장, 노진설 감찰의원장, 명제세 심계원장, 그 밖에 학생 단체 등으로 가득 찬 가운데 오전 7시 길상면 전등사에서 안 문교부장관의 성화 점화로 이날의 행사는 시작되었습니다.

이리하여 성화가 참성단에 이르는 동안에 참성단에서는 성화의 도착을 기다리다가 마침내 성화가 도착되자 전 총무처장이 단에 받아

세우고 구왕궁 아악대의 연주와 육군 군악대의 주악으로 식은 열린 것입니다.

뒤이어서 전 총무처장의 축사가 있었고, 이 부통령 각하의 축사는 안 문교부장관이 대독했습니다. 그리고 신 국회의장의 축사는 윤 부의장이 대독했습니다. 또 이 국무총리의 축사는 이정순 씨가 대독했습니다. 뒤이어서 개천절의 노래가 마니산을 울리고 만세삼창과 육군 군악대의 주악으로 식은 끝났습니다.

강화도 마니산에서 열린 개천절 축하식

1 9 4 9
10월 4일

전국 지방 대항
중등학교 뻬-스볼 시합

지난 10월 1일부터 4일까지 서울운동장에서는 전국 지구 대항 중등학교 야구시합이 열렸는데, 먼저 시합에 앞서서 간단한 식이 거행되었습니다.

선수들의 입장이 있고 뒤이어서 신익희 국회의장과 임병직 외무부장관 및 주한국 미국 대사 무초 씨의 축사가 있었습니다.

축사가 끝난 다음에는 임 외무부장관과 무초 대사의 시구로 시합은 개시되었습니다. 그들은 모다 일장일단의 공백을 가지기 어려운 페어플레이를 해 주었으나, 겨루는 데는 역시 승부가 있는 법이어서 마침내 최후 결승전은 작년에도 우승한 경남 중학과 대구 능인중학과의 용호전이 벌어졌습니다.

이날 여기에 참가한 학교는 서울 경기중학교, 인천 동산중학교, 광주 서중학교, 부산 동래중학교, 군산중학교, 대구 능인중학교, 경남중학교 등이었습니다. 이리하여 게임은 경남 중학 팀은 처음부터 조금도 질 수 없는 (……) 또 홈인, 이리하여 결국 마지막 결승 스코어는 16대 0으로서 대구팀의 백열적 대항에도 불구하고 당당히 금년도 또 우승했습니다. 이와 같이 시합은 성황리에 끝났고 이긴 팀이나 진 팀이나 조금도 다름이 없이 활발한 스포츠맨 정신을 (……)

1 부산 경남중학교 학생들
2 경기 중인 학생들
3 신익희 국회의장
4 무초 대사

1 9 4 9
10월 9일

기차 사고를 방지하는
모범 교양 열차

철도는 우리나라의 큰 동맥입니다. 밤낮을 가리지 않고 370대의 객차와 화물차가 쉴 새 없이 달리며 매일 손님과 화물을 수송하는데, 그 수는 실로 16만을 돌파하는 여객과 1만 5천 톤 이상의 화물을 나르고 있습니다. 이와 같이 좋은 결과를 내고 있는 그 반면에는 800여 명의 기관사 1,600여 명의 기관 조수와 및 열차 차장을 합해서 3,500여 명의 장부들이 날마다 애를 쓰고 있습니다. 뿐만 아니라 그들은 열차를 운전하는 도중에 부닥치는 모든 위험과 지장을 방지하려고 눈물겨운 분투를 감행하고 있는 것입니다.

가령 기차가 달리는 가운데 통행인이 지나간다든지 불도 잘 켜지지 않은 자동차가 궤도를 넘어 달린다든지 이러한 불안으로 인해서 기차는 (……) 고장 등 사고를 일으키는 것입니다.

그러므로 교통부에서는 허정 장관, 김 비서실장, ECA 교통부 고문 버피 씨 등 고관들의 착안으로써 교양 열차를 실시하고 종업원들에게 여러 가지 사고를 방지하고 열차를 정확히 운전할 교양을 두었습니다.

이와 같이 특별한 교양을 실시함으로써 급한 경우를 당했을 때 넉넉히 민첩한 활동을 함으로써 사고도 미연에 막을 수 있고 인명도 구할 뿐 아니라 기차도 잘 복원할 수 있는 것입니다.

허 교통부장관은 순수 작업복을 입고 서울역에서 다른 귀빈들과 더불어서 교양 열차에 올랐습니다. 열차는 서울과 양평 사이를 달리는 동안 15~6종류의 사고 방지가 훈련된 종업원들로 말미암아서 실시되었는데, 이것은 열차가 가는 동안에 갑자기 사람이 치인 광경입니다. 이런 경우에는 열차를 정지시키고 제일 가까운 역으로 사고를 보고하는 한편, 현장에서는 응급 치료를 하는 등 가장 민완한 활동을 개시합니다. 또 이것은 엔진의 호스가 고장이 나서 열차가 움직이지 않으므로 종업원들은 정신을 집중해서 결국은 사고 난 부분을 발견하고 곧 적당한 조치를 해서 오래 지나서 열차는 다시금 무사히 움직이는 것입니다. 또 이것은 식당차가 화재를 만나서 차량을 서로 떼어놓고 화재에 진력을 하는 것입니다. 이리하야 여러 가지 사고에 대한 교양 훈련을 마치고 열차는 다시 무사히 서울로 돌아왔습니다.

운행 중인 열차

1949 10월 17일

구라파 재난민 구호협회
원조물자 수여식

지난 10월 17일 대통령 관저에서는 간단하나마 매우 우의 깊은 구라파 재난민 구호협회의 원조 물자를 불쌍한 고아들에게 나누어 주는 수여식이 있었습니다. 이 기관은 미국의 시민들이 각기 자원해서 기부하는 10불씩을 가지고 식료품, 양복감 그 밖의 한 상자 속에 각각 10불 어치씩을 넣어서 여러 나라 불쌍한 이들에게 보내는 구호 사업 기관으로서, 이번 기회를 비롯해서 우리나라에도 계속적으로 원조 물자가 올 것이라고 합니다.

이날 이 대통령께서는 주한국 미국 구라파 재난민 구호 협회장 페우 브레브 씨와 극동 지배인 제크 씨가 참석한 식장에서 우리는 이와 같은 인정의 혜택으로서 냉전을 이기고 민주주의를 발전시켜서 완전한 민주주의 국가가 되도록 노력해야 할 것이라고 하신 다음에 손수 한국 고아를 대표한 권완식, 서다후, 조욱현, 방미자, 박필란 등 다섯 명의 고아에게 나누어 주셨습니다. 그런데 이번에 도착된 원조 물자는 양복감이 252상자, 아동용 식료품이 250상자, 비누와 약품이 50상자라고 합니다.

1 구호품을 받은 아이들
2 구호품을 나눠 주는 이승만 대통령

전국 과학전람회

1 9 4 9
10월 21일~11월 3일

문교부에서는 조선 상공회의소와 그 밖의 18단체의 후원을 얻어서 경복궁 안에 있는 미술관에서 제2회 전국 과학전람회를 열었습니다. 그런데 각지에서 모인 출품은 922점이나 되며, 이것을 전부 전람할 수가 없어서 엄선한 결과 그중 667점이 전시되었습니다.

출품을 각 부문으로 나누어 보면 어린이관이 252점, 물리화학관 33점, 발명관 30점, 기계관 46점, 제품관 11점, 전기관 45점, 지하자원관 48점, 천문기상관 35점, 생활개선관 53점, 항공항해관 35점입니다. 특히 국민학교 아동들의 창의로 만들어진 어린이관에는 과연 놀라웁고도 흥미 있는 작품들이 많이 전시되어 관객을 탄복시켰습니다. 이번 전람회에서 대통령상을 탄 사람은 경기중학의 임한종, 엄규용 양 군으로서 전람한 작품은 개구리의 기생충과 식생이었습니다.

이번 과학전람회의 19일간 입장자의 총수는 15만 명이 넘으며 전람회의 총비용은 1,200만 원이라는 거액인 것을 미루어 보더라도 우리나라 국민들의 과학에 대한 관심이 커진 것을 엿볼 수 있습니다.

1 과학전람회장
2 관람하는 아이들

1 9 4 9
10월 29일

한미 친선 미국 함대 래한

지난 10월 29일 인천항에는 한미 간의 친선을 한층 더 빛나게 하는 미국 함대가 우리나라를 방문했습니다. 미 해군 중장 알레스 볼코 씨의 인솔하여 순양함 센트폴호와 미 해군 아시아 함대 구축함 2척이 인천 외항에 정박하고, 간부 장교 30여 명과 300여 명의 수병은 대한민국 국방차관 최용덕 씨, 해군 총참모장 대리, 그 밖에 해군 장교 다수 환영리에 인천 부두에 상륙했습니다.

그들의 희색이 만면한 얼굴을 비록 처음 대하는 사이면서도 넉넉히 흉금을 터놓고 사귈 수 있는 화목한 태도로서 과연 이미 빚어져 있는 두 나라 사이의 우의를 측량하고도 남음이 있었습니다.

이날 우리나라를 방문한 일행은 그 길로 준비 중에 있던 특별 열차로 서울에 도착하여 이 대통령 관저를 예방하고 많은 환대를 받은 다음에 함대로 돌아갔습니다.

1 한미 인사들
2 미 해군 중장 알레스 볼코
3, 4 서울 방문

1 9 4 9
10월 30일 제1회 모형항공기 경기대회

국가의 기둥인 청년 학도들의 자라가는 항공열을 배양하기 위해서 교통부 항공과에서는 제1회 전국 모형항공기 경기대회를 여의도 비행장에서 열었습니다.

안호상 문교부장관, 김석관 교통부차관, 최용덕 국방차관을 비롯한 귀빈 다수 내빈하여 초등 중등학교 삼천 건아들이 모여서 국민 의식이 있은 다음에, 허 장관의 고사로서 우리가 독립 국가를 수립한 이래 우리는 정치 경제 문화 각 방면에 큰 발전을 했음에도 불구하고 항공재에 관심이 부족하니 이제부터라도 국민 항공 건설에 힘을 기울여서 우선 그라이더로부터 발전할 것이라는 말씀을 김 차관이 대독하고, 안 문교부장관, 신성모 국방장관의 특사를 각각 대독한 다음에 김신 중령의 모범 비행이 있었고, 이어서 모형항공기의 경기로 들어가서 삼광국민학교와 양정중학이 각각 대통령상을 받았습니다.

대회에 참여한 학생들

▶|| **여의도 비행장**
1916년부터 1958년까지 서울 여의도에 있던 공항. 이후에도 공군기지로 쓰이다가 1971년에 폐쇄되었다.

1 9 4 9
10월 30일

조소 친선과
소비에트 문화순간

1~3 조소 친선과 소비에트 문화순간
4   바이올리니스트 백고산

1 9 4 9
10월

제철당한 국화

청초하고도 고상하기를 다른 어떤 꽃보다도 제일로 치는 국화는 일찍이부터 우리나라 국민의 애호 완상하는 바 되어 왔습니다. 해마다 가을철부터 겨울을 안고 국화꽃 피는 시절이 되면은 우리의 발길은 자연이 꽃 앞에 머물지 않을 수가 없게 됩니다. 그 깨끗한 문양도 좋거니와 떠오르는 향기는 과연 그윽한 경사를 아담한 국민의 품에서 자아내는 것입니다.

이렇듯 보는 이마다 좋고 (……) 일컫는 이 국화는 세계적으로 약 500종류가 되는데, 현재 한 50가지 종류로서 대략 그 이름을 들면 대국, 중국, 소국, 실국화, 감국화, 한국, 들국화로서 지금 덕수궁 뜰에 만발해 있습니다.

1 (제목) 제철당한 국화
2 국화

쏘련을 탈출한 일본인 전재민들

1 9 4 9
10월

제2차 세계대전에 일본이 패전하자 북한에 남아 있던 일본 사람들은 소련으로 끌려가서 강제 노동을 하다가 공산주의 압제를 이탈하여 일본에 돌아가고자 우선 38선을 넘어 대한민국에 들어오게 됐습니다.

일찍이는 우리에게 말할 수 없는 학대를 한 일본 사람이었지만, 오늘날 패전의 뜨거움을 맛보고 더욱이 공산주의에 시달려서 탈출한 그들이니만큼 민주 국가의 넓은 도량을 베풀어서 그들 일본 사람 전재민 일행 45명을 잘 위로해 보냈습니다.

일행 중에는 여자가 5명 그리고 어린애가 6명도 섞여 있었습니다.

강제로 일거일동을 제약받던 그들이 공산주의를 박차고 탈출하는 제일보로서 38선을 넘어 대한민국에서 비로소 사람 대우를 받았던 것입니다. 그들 일행은 우리나라에서 일주일 동안 경찰의 온정 아래 보호되어 있다가 일본으로 갔는데, 그들의 말에 의하면 소련에서는 자기들에게 공산주의 사상을 주입코저 갖은 수단을 다 썼다고 했습니다.

소련을 탈출한 일본인들

1 9 4 9 10월   춘천 미국문화연구소 개원식

주한국 미국 대사 무초 씨는 주한국 미국 공보원장 스튜어트 씨와 미국 국무성에서 한국에 온 두 분 손님과 같이 춘천 미국문화연구소 아동 유원지 개원식에 참례하고자 춘천으로 향했습니다.

무초 대사와 그 일행은 춘천역을 떠나서 도보로 20분간을 걸어 마침내 미국문화연구소 춘천 지구에 도착했습니다. 거리에서도 일행은 도민들의 활발한 환영의 자태를 보았고, 역전 대로에는 의장병의 위엄 있는 환영까지 있었습니다.

이리하여 무초 대사 일행은 인상적인 미국문화연구소 대문을 들어섰습니다. 대문을 들어서면 나무가 아름답게 우거진 언덕이 있어 과연 문화연구소로서 적절한 장소임을 느낄 수 있었습니다.

여기서 무초 대사는 우리나라의 좋은 일기와 아름다운 풍경 등을 들어서 축사를 해 주었는데 그들은 미리 준비했던 아름다운 꽃목걸이를 무초 대사에게 증정하였습니다. 또한 미국 공보원장 스튜어트 씨의 축사로서 문화연구소란 문화의 집합소이며, 국민의 교육과 피로 회복을 위한 유일의 시설이라고 본다는 의미심장한 말씀이 있은 다음에 역시 화환의 증정이 있었습니다.

이와 같이 열린 개원식은 노래와 그 밖의 여러 가지 여흥으로 재미진진이 진행되었는데 춘천소학교 학생들의 합창과 춘천 중학생들 그리고 춘천 농업전문학교 학생의 취주악이 있었습니다.

또 그뿐만 아니라 아름답게 율동하는 춘천여중 학생, 또 춘천소학교 남녀 생도들은 대한의 아들이라는 제명의 무용이 있었습니다. 이리하여 여러 가지 행사도 다채로운 가운데 식은 끝나고 일동은 마당으로 흩어졌습니다. 무초 대사는 인자한 얼굴로 김창혜 양이 뛰는 그네를 밀어주며 스튜어트 씨도 귀여운 아동의 그네를 밀어주며 희색이 만면했습니다. 춘천 미국문화연구소 본관 언덕을 멀리 쳐다보며 활발하게 열린 이 아동 유원지는 온 춘천의 어린이들의 낙원이 될 것입니다.

1 춘천 미국문화연구소
2 개원식에 참여한 스튜어트 주한 미 공보원장, 무초 주한 미국 대사
3 공연하는 어린이들

1 9 4 9
10월

호 부대 산악전투 훈련

대한민국 국군의 창설 부대요, 38선에서 제일선 전투의 그 용명을 날리는 제7사단 산하 제1연대 호 부대에서는 부단의 훈련을 쌓고 있는 것을 전진대한보 촬영반이 기록했습니다.

의정부에 총본부를 둔 호 부대는 연대장 김종오 대령 직접 지휘 아래 소총 기관총 박격포 등의 실탄을 쏘아 가면서 의정부 백운대 산록에서 행동을 개시한 부대는 산을 넘고 또 넘어서 실탄이 날리는 가운데 실전과 조금도 다름이 없이 용맹스러운 의기로서 실탄 훈련을 행한 것입니다.

사진에서 보시는 바와 같이 호 부대 장병 일동의 민첩한 동작은 보는 이로 하여금 마음을 든든케 함은 물론 국민을 위해서 민주적 투쟁을 감행하는 데는 머리를 숙여서 경의를 표하지 않을 수 없습니다. 실제에 있어서 이 부대는 날마다 공산주의자들과의 전투 상태에 있다고 해도 과언이 아닐 만큼 자유의 적이오, 증오와 발악으로서 일삼는 공비들과 38선에 접경하여 싸우고 있는 것입니다.

산악전투 훈련 중인 호 부대

제7사단 장병의 원농 작업

1 9 4 9
10월

우리나라 농민들의 제일 기쁜 날, 이날은 즉 추수하는 날입니다.

여름내 진땀을 흘려 가면서 기다린 오늘의 수확은 참으로 노력의 결정이며, 눈물겨운 보배라고 하겠습니다. 그런데 의정부에 있는 제7사단 본부와 그 산하 제1연대 장병들은 추수 때는 되었는데 미처 손이 모자라서 거두지 못하고 있는 근처 농촌에 나가서 원농 작업을 실시했습니다.

이날 제7사단 이준식 준장과 제1연대 김종오 대령은 각각 우리는 그동안 농민들에게 막대한 신세를 졌으니 이 신세를 조금이라도 갚으

려면 우리는 1년 중에서 농민들이 제일 바쁜 이 추수기에 그들을 도
와주지 않으면 안 될 것입니다.

"그들은 자기 자신들의 일가족뿐만 아니라 온 국민을 위해서 더욱이
국방진들을 위해서 피땀을 아끼지 않은 것은 누구나 다 아는 바입니
다. 그러므로 어디까지나 군대 정신을 발휘해서 질서정연하게 농민
들의 추수 작업을 거들어 주기를 바랍니다." 하는 간곡한 훈시가 있은
다음에 이 사단장 이하 사단본부 장병 그리고 김 연대장 이하 제1연
대 장병 일동은 부근으로 출동해서 저녁 늦게까지 씩씩하게 도와주
어서 군민 일체의 표본을 보이는 동시에 농민들이 장병들에게 대한
심리를 한층 더 친절케 하는 등 그들의 상상 이외의 일이었으므로 크
나큰 호평을 받았습니다.

제7사단 장병의 원농 작업

1949 10월 임병직 외무부장관 담화 발표 〈UN과 한국〉

(임병직 현장음) 미국과 소련 간의 소위 냉전 분쟁은 그 결정적 국면에 가까워 옵니다. 보시오. 아세아에서는 중국의 국민 정부가 공산당에게 참패되어 중원의 거의 전부를 상실하였고 그 반면 구라파에서는 서구 제국과 미국이 합력하여 절생적 항전한 결과 소련의 침략적 계획은 일시 좌초를 만나 실패되었습니다. 보시오. 북대서양조약의 완성과 8월 14일 서방 독일 선거에서 공산주의 패북을 만난 소련은 그 대가를 태평양 방면에서 찾아내려고 모략하고 있습니다. 이 모든 상황하에서 한국은 세계 무대상 중요한 과제를 맡았는데, 그 역할이야말로 냉전에서도 크고 총포를 사격하는 열전이 온다면 그때는 더 일층 커집니다.

보시오 우리 한국은 벌써 동양에서의 반공 투쟁하는 민족 전선의 최선봉이 되지 않았습니까. 그렇기 때문에 당장 우리 대통령 이승만 박사께서 태평양 동맹을 위하여 비율빈 대통령 퀴리노 씨와 중국 총통 장개석 대장과 연락하신 것도 그 의의가 여기 계신 것입니다.

북대서양 조약과 마찬가지로 태평양 동맹의 필요성은 세계 민주주의를 사랑하는 모든 정치 대가들이 이미 깊이 생각하고 있는 바입니다. 우리는 세계의 사물과 사조를 배부르게 흡수하여 가지고 우리보다 선진한 나라를 따라갈 뿐만 아니라 뒤에는 그들보다 앞장서야겠습니다. 이 모든 일에 대해서 UN은 우리의 요구에 순응하고 합작하여 줄 줄을 나는 믿습니다.

이리하야 10월 24일을 UN DAY라고 제정하고 경축 장려하고 있지만, 사실은 완전한 평화가 오고 국공주의자들로 하여금 입을 열지 못하도록 하기 전에는 날마다 날마다가 UN DAY라고 해야 옳겠습니다. 진정한 평화, 세계 평화가 오지 않으면 우리나라는 실제로 통일하기가 곤란할 것입니다. 또한 국제연합의 강력한 자유 애호와 합법적 정신에 기준하지 않으면 세계 평화는 실제적으로 오기 어려운 것입니다. 국제연합은 온 세계의 희망을 모은 것입니다.

임병직

김일성 동상 제막식
(평양 강동군)

1 제막식에 참석한 시민들
2 가려진 김일성 동상

군경 친선 행진

10월 그믐날부터 11월 9일까지는 현하 초비상사태에 당면해서 군경의 융화로서 일치단결하여 난국을 타개하고자 군경 친선 주간을 실시하고 여러 가지 행사를 진행하는 중에, 군경 혼성부대의 시가행진이 있었습니다. 행진은 대한민국의 헌법을 존중하고 국가를 위해서 모든 희생을 아끼지 않겠다고 맹서한 귀중한 방어진이올시다.

우리가 거국 일치해서 공산주의와 싸우는 이때에 민주주의의 고결한 내재적 이념인 자유 애호의 본성까지도 파괴하려는 극악한 공비의 무자비한 행위를 송두리째 뽑아버리고 (……)의 길을 속히 걸어서 자나 깨나 잊을 수 없는 38선을 헐고 통일 대성의 길을 걷게 하기 위해서 일선에 나선 우리 군경들은 피차의 화친 융합은 물론, 국민들과의 사이도 동고동락을 주장 삼아서 아름다운 역사를 나날이 기억하면서 이날도 그들의 결심을 한층 공고케 하기 위해 온 국민 앞에 굳은 약속의 행진을 한 것입니다.

행진하는 군인, 경찰

1949 11월 15일 | 영월선 철도 일부 개통식 — 제천서 송학까지

대한민국 교통부에서는 작년 1월부터 측량 계획을 하여 영암, 단양, 영월의 각서를 공사하기로 되어 금년 4월 3일부터 10월 30일까지 여섯 달 동안에 걸쳐서 영월선 일부 제천 송학 간의 공사가 끝났습니다. 이 제천 송악 간의 거리는 10킬로 300미터로서 비록 그리 길지는 않으나 충청북도의 요지를 관통하는 주요한 공사입니다.

이번 공사는 조흥토건주식회사에서 맡아 왔는데, 아주 건실히 종업원 일동이 합심 노력해 준 결과로써 오늘 이와 같은 개통식을 보게 된 것입니다. 이 시설국장의 보고에 의하면 총공사비는 실로 2억 587만 317원이나 들었으며 공사 중에 동원된 총인원 수는 14만 9,500명이나 된다고 합니다. 이제 새 철도는 어서 개통식이 끝나고 힘 있는 기관차가 기적 소리도 높이 레일 위를 달려 주기만 기다리고 있었습니다.

이리하여 11월 15일 비로소 개통식을 성대히 거행했는데 허정 교통부장관, 장기영 체신 장관을 비롯하여 무초 대사, 번스 박사, 버피 씨, 엔덜슨 박사 등 수십 명을 태우고 시운전을 하게 됐던 것입니다.

이광 충청북도지사도 만강의 찬사를 아끼지 않은 다음에 마지막 못을 박고 선로는 완전히 연결되어 모든 난관 타파를 상징하는 얼음덩이가 깨어지고 드디어 기차는 천천히 움직여 송학을 향해서 달렸습니다.

1 영월선 일부 개통식장
2 송학행 열차
3 달리는 열차

▶‖ **영월선**

1949년 5월 3일 ECA 원조로 착공해 1949년 11월 15일 제천~송학 간 9.8㎞를 개통했다.

제1회 전국미술전람회

1 9 4 9
11월 21일~12월 11일

경복궁 미술관에서는 전국을 망라해서 각 부문에 이르는 미술 전람회를 개최하였는데, 미술 방면에 많은 조예를 닦으면서도 적당한 기회가 없어서 애쓰던 우리 미술가들이 앞을 다투어서 최선의 작품을 내놓았는데 우리나라가 독립한 이래로 이와 같이 전국적으로 열리는 전람회는 처음이었습니다. 자유로운 분위기에서 그들은 예부터 전해 내려오는 우리나라의 유구한 문화를 받고 받들어서 고대로부터 내려오는 역사적 의미를 빛내고자 노력했던 것입니다.

현대의 자유로운 대한의 예술가들은 또한 현대적인 서양의 유화 조각 등을 수입하여 이미 눈부신 (⋯⋯)을 하고 있으며 전통적인 동양화의 서체와 묵화 등은 자랑할 만한 것입니다. 민족 문화의 앞날을 위해서 이루어진 이 전람회의 출품 종목은 동양화, 공예, 조각, 서양화 등으로서 그중에는 고전을 자랑하는 수채화로 서울 사는 서세각 씨의 꽃장수가 국무총리의 상을 받았습니다.

이번의 총출품 수는 서예가 129점, 동양화가 71점, 공예가 56점, 조각이 41점, 서양화가 543점이었습니다.

---

1 제1회 미술전람회 대한민국 11/21~12/11
2~5 전시장 내부

1 9 4 9
11월
굉장히 큰 무, 배추, 고구마

같은 채소라도 이렇게 우수한 작품이 나온다면 보십시오. 이것은 청량리에 있는 농업기술원에서 가꾼 양배추, 무, 고구마 등을 대통령께 진정했는데 하도 잘 되었으므로 국민의 농업심을 한층 더 강조하는 의미하에서 이 우수품을 대통령께서는 진열해 놓고 손수 칭찬을 마지않으셨습니다.

이종현 농림부장관, 이철원 공보처장, ECA의 농무부 책임자 등 그 밖의 인사 다수 참석한 가운데 이 거대한 야채들은 새로 수입된 비료를 증명하는 듯 몸씨도 크고 침착해 보입니다.

제일 큰 양배추는 직경 12인치, 무게가 3,750그램, 제일 큰 무는 길이가 21인치나 되고 2,500그램입니다. 또 제일 큰 고구마는 직경이 6인치에 무게가 3,500그램이라 하니 놀라지 않겠습니까.

이에 대해서 이 대통령께서는 이와 같이 큰 거둠에 있게 한 우방 미국의 우정을 크게 감사하다고 말씀하셨습니다.

1 굉장히 큰 무, 배추, 고구마
2 작물을 살펴보는 이종현 농림부장관

우리나라 최초 전송사진

1 9 4 9
11월

벌써 1년 이상을 우리나라에서도 국제 통신이 개통되어 무전으로 다른 나라와 서로 통신을 주고받는데, 체신부 전신 전화국에서는 그 기술을 습득하기 위해 노력하여 이제는 세계 어느 곳에라도 전보를 칠 수 있고, 또한 전화로 이야기할 수가 있습니다. 이곳은 통신실입니다. 여기서는 이러한 기계들을 관리하여 전보를 받기도 하고 또 외국으로 보내기도 합니다.

또한 손님이 가져온 전문을 통신사가 텔레타이프로 찍으면 그 전문은 부호로 화해서 테이프에 구멍이 뚫어집니다. 그 구멍이 뚫린 테이프로 여기 보이는 기계에 넣으면은 통신기를 통해서 세계로 흩어지는데 이 기계는 1분간에 450자를 찍어냅니다. 이것도 또 수신됩니다. 지금 샌프란시스코에서 오는 전문입니다.

그리고 우리가 가지고 있는 기계에는 사진을 보낼 수 있는 기계가 있습니다. 그것은 전송사진 기계입니다. 기계는 비록 조그맣지만 일단 사용하게 되면 수천 마일 되는 곳에 단 7분 동안에 사진을 보낼 수 있습니다.

1 전신 전화국에서 기계를 조작하는 사람들
2 전송사진

대한민국 최초
민간 항공로 개통

대한민국이 수립된 지도 벌써 1년 이상이 되었고 육해군도 보무 당당히 전진하는 이때에 공군이 항공부로 독립됨에 따라서 비행기에 관한 국민들의 관심은 나날이 더해가는데 교통부에서는 지난 27일 미국으로부터 여객 비행기 3대를 알선 구입해서 우리나라 최초의 민간 항공 교통이 시작되었습니다.

이리하여 김포비행장에서는 수입된 여객기 스탠슨호를 언론인 다수 참관하에, 시험 비행을 하는 한편, 서울을 중심으로 전국 각 주요 도시 사이에 정기 공로를 시설하기로 되었습니다. 이 세 채의 비행기는

모든 부속품을 제외하고 기체만 매 한 채당 500여만 원가량으로서 한 채에 탈 수 있는 인원수는 세 사람입니다. 이것은 교통부의 알선으로서 신유국 비행사가 경연하게 된 것이라고 합니다. 항로는 서울시를 중심으로 부산, 제주도, 광주, 대구, 강릉 등인데 서울-부산 간에는 이미 운행하고 있는 중이고, 또 이용하는 손님도 대단히 많아서 10여 일 전에 예약하지 않으면 타지 못할 정도입니다.

이것은 우리나라의 발전을 또 한 번 축복하는 대한민국 최초의 공로 개통인 동시에 그다지 크고 활발한 기관이 못되고 가늘피나마 자랑하는 우리의 편로가 여기에 나타남을 기뻐 마지않습니다.

1 대한민국 최초 민간 항공로 개통
2 대한국민항공사 비행기

1 9 4 9
12월 11일
북한에 억류되었다가 돌아온
미국 대사관 경제고문 두 사람

작년 9월 스무이튿날 이래 진남포에서 억류당했던 주한국 미국 경제 원조 사절단원 두 명이 이번 북한으로부터 돌아오게 되어, 38선에 있는 여현으로 서울로부터 특별 열차로 그들을 맞이하기 위해 도착한 대한민국 정부 측, 미국 대사관 측, 내외국 기자단들이 열심히 기다리고 있었습니다. 이 두 명은 부산 목포를 운항하던 배 안에 공산당 종업원이 있어 배를 진남포로 끌고 도망갔던 까닭에 이와 같은 봉변을 한 것입니다.

그들은 이 두 명을 평양으로 데리고 가서 81일간을 감금했던 것입니다. 그리하여 미국과 소련 간에, 장시일 동안을 상호 담판에 의해서 북한 괴뢰의 무리들은 마침내 그들을 놓아 보내게 된 것입니다. 외무부장관 임병직 씨도 일행과 더불어서 여현에 도착했습니다. 일행이 도착한 지 약 2시간 후, 미국 대사관 일등서기관 노블 박사와 그리고 미국 대사관 프레스토가 38선에 나타났습니다.

그러고 나서 북한 괴뢰 측에서는 억류당했던 두 사람을 데려가는 데 대한 서류에다가 공산당 정권을 승인하는 문구를 억지로 씌우려고 하여 약 3시간 반 동안을 논쟁 끝에 마침내 그들도 할 수 없이 두 사람을 돌려 보내주고 말았습니다. 두 사람이 38선을 넘어서 대한 땅을 밟자, 임 외무부장관과 많은 기자들은 비로소 안도의 한숨을 내쉬었습니다.

한편 노블 씨와 프레스토도 그들이 대한민국으로 돌아오게 된 것을 무한 기뻐하였습니다. 그들이 기동차에 타자 일행은 준비했던 음식과 축하의 술로 우선 굶주린 그들을 위로했는데 그동안 내외국 기자들은 열심히 여러 가지로 그들의 경험을 물었습니다. 기차가 서울역에 도착하여, 여기는 무초 대사가 기다려 그들을 맞이했고, 그중에 한 사람인 몰리 씨 부인도 남편이 돌아옴에 형언할 수 없이 기뻐했습니다.

1   지켜보는 사람들
2, 3   북한에 억류되었다가 돌아온 미국 대사관 경제고문 두 사람
4   돌아온 미국 대사관 경제고문 가족

1949 12월 15일 미국 군의협회 명예회원이 된 윤치왕 대령

대한민국 군의관 윤치왕 대령은 이번 미국 군의협회 명예회원으로 추대되어 회원 휘장을 수여하게 되었는데, 이 기장 수여식을 위해서 특히 미 극동군 군의관 흄 소장이 맥아더 사령부 비행기로 김포비행장에 도착했습니다. 그리하여 신태영 육군 총참모장, 현 수도경비사령관, 윤 의무감 등의 환영을 받아 가면서 신 총참모장의 안내로 흄 소장은 식장으로 향했습니다.

식장에는 신 총참모장, 최용덕 국방차관, 윤치영 국회부의장, 구영숙 보건부장관을 비롯해서 미 군사사절단 매덕스 대장 외에 다수 미군 장병들, 미국 대사관들의 참여로써 자못 성황을 이루었습니다. 흄 소장은 먼저 간단한 인사의 말을 한 다음에, 손수 순금으로 된 십자형 휘장을 윤치왕 대령 가슴에 달아주었습니다. 여기에 더해서 윤 대령은 "내가 미군 군의협회의 명예회원이 된 것은 단지 나 한 개인의 명예가 아니라 대한민국 국군의 명예로 생각합니다. 하여간 미국의 호의를 보답하는 의미에서 우리나라 국군에 충성을 당할 것을 맹서합니다."하는 답사를 한 다음에 분열식에 들어갔습니다. 여기에 흄 소장도 만족한 얼굴로서 분열식을 사열하고 식을 끝마쳤습니다.

▶|| **윤치왕**(1895~1982)
일제강점기에 영국과 일본에 유학 후 의사로 활동하다가 해방 후 서울대 의대 교수로 재직했다.

윤치왕 대령

1 9 4 9 12월 17일 　많은 성공을 가지고 돌아온 조병옥 특사 귀국

미국 뉴욕에서 열리는 국제연합에 대한민국을 위한 막대한 임무를 받아 가지고 미국에 갔던 조병옥 특사는 8개월 만에 사명을 다하고 돌아왔습니다. 이날 김포비행장에는 김도연 재무부장관, 신성모 국방부장관, 전 농림부장관 이종현 씨, 김동원, 윤치영 국회부의장, 안호상 문교부장관, 이 공보처장 비롯해서 많은 사람이 환영했습니다. 환영의 꽃다발을 받은 조 특사는 맞아 주는 여러분과 악수로 혹은 말로 인사를 나눈 다음에 경무대로 대통령께 이번 사명의 결과를 보고하러 갔습니다.

이런지 수일 후, 중앙청 앞 광장에서는 조 특사의 의전 성공을 축하하는 환영회가 있었는데 이시영 부통령, 이범석 국무총리, 임병직 외무부장관, 그 밖에 각 부처의 장관 이하 다수 직원이 참석하여 주악으로 식은 열렸습니다.

주악이 끝난 후 임 외무부장관은 우리 대통령 각하의 특명을 받들어서 다대한 업적을 남기고 돌아온 조 특사를 진심으로 기쁘게 환영한다는 환영사가 있었고, 이어서 신 국회의장의 축사가 있었습니다.

여기에 대해서 조 특사는 중책을 받들고 (……) 그리고 군사적, 경제적 원조에 성과를 거둔 것을 천만다행으로 여기는 바이라는 겸손한 답사가 있은 후 식은 끝났습니다.

1 조병옥 특사 귀국
2 조병옥 특사

▶‖ **조병옥**(趙炳玉, 1894~1960)

1945년 해방 이후 송진우, 장덕수 등과 한국민주당을 창당하고, 미군정청의 경무부장에 취임했으며, 1948년 정부 수립 후 대통령 특사, UN 한국 대표 등을 역임했다.

1 9 4 9
12월 18일

전국 임시 징병검사 실시

국토 방위를 위해서 전국에 있는 장정 장병으로 단기 4262년 9월 2일부터 단기 4263년 9월 3일까지 사이에 출생한 남아는 모다 자진에서 징병검사에 응했는데, 서울 일신국민학교에서도, 서울특별시에 살고 있는 장병들의 신체검사가 약 10일간 계속되었습니다.

든든한 몸과 건전한 정신으로 국가를 위해서 살려고 결심하고 모여든 그들은, 자기의 이름을 불려질 적마다 활달하고도 명랑한 목소리로 크게 대답하는 것이었습니다.

자, 여러분 이 갑종 합격자의 씩씩한 모습을 보십시오. 빛나는 얼굴

용감한 정신 튼실한 체격 훌륭하지 않습니까?

그리고 제6일째 되는 날에는 일요일임에도 불구하고 이 대통령께서 친히 검사장을 시찰하시고, 갑종 제증을 받은 장병들과 뜻깊은 악수를 하셨습니다.

이리하여 검사는 끝마쳤는데, 서울 운동장에서는 국방부, 문교부, 중앙 학도호국단 공동 주최로 임시 징병제 실시 축하 (……)했습니다. 식이 끝난 후 일동은 기쁨을 금키 어려워서 헌병대를 선두로 안호상 문교부장관의 사열을 받고 축하의 행진을 계속했습니다.

1 검사받는 장병들
2 축하행진

1950

062

6·25 전쟁

6·25 사변 기록

1 9 5 0
6월 25일~10월

단기 4283년 6월 25일, 평화로이 잠든 산천에 아침 해가 뜬다.
아침 안개도 사라지지 않은 새벽 5시 서울의 온 시민은 고요히 잠들
었고, 길가에는 새벽 전차를 기다리는 사람이 서 있을 뿐, 38선 지역
에도 아침 안개가 자욱하고 무심히 잠들었으니 그 누가 북한 괴뢰집
단의 흉계를 예측이나 했으랴.

서울 각처의 보도판 앞 발을 멈춘 시민들

그러나 그들은 악마의 포문을 겨누어 무심히 잠든 남한의 강토 위에 포탄을 퍼붓기 시작했던 것이다. 6월 25일 일요일 새벽 5시, 무도한 공산괴뢰군은 감히 불법 남침을 감행하여 자손만대에 행복을 누릴 삼천리 강토 위에 피비린내 나는 참변을 빚어냈던 것이다.

서울 각처의 보도판 앞에는 시민들이 발을 멈추고 날카로운 신경으로 전과를 기다린다. 우선 정부 측에서는 긴급히 무기 원조를 미국에 요청하며 각 부대는 속속 일선에 배치되었다. 그러나 평화와 백성의 행복을 원하는 대한민국에는 침략을 위한 대응비는 없었다.

그러나 민족의 생사를 어깨에 짊어진 용감한 국군장병들은 남침하는 괴뢰공비들을 맞이해서 결사적인 항전을 거듭하였다.

채병덕 참모총장은 몸소 진두에 서서 작전을 지휘하며 병사와 함께 총탄 속에서 용전에 용전을 거듭하였다.

국군장병들은 계획적인 군비를 갖추고 소련제 탱크를 앞세운 공산괴뢰군들에 대해서 소총과 육탄을 가지고 조국의 자유와 평화를 사수하러 용감히 나섰던 것이다.

동두천 방면에서는 격전이 전개되고, 증원부대는 임진강 전선에 출동하였다.

그러나 전투는 용기와 맨주먹만으로는 할 수 없는 것이다. 미국의 군사원조를 기다리며 작전상 후퇴하지 않을 수 없었다. 국군은 후퇴작전에 있어서도 무기와 탄환과 차량을 아끼며 따라온 피난민들을 보호하면서 질서 있는 행동으로 괴뢰군들의 침략을 지연시키는 데 만전을 기했던 것이다.

우리는 안다. 그 누가 조국의 강토를 동족의 피로써 물들이게 했는가를. 과거 5년간 갖은 허위선전과 온갖 파괴공작이 수포로 돌아가자 그들

1 작전을 지휘하는 채병덕 참모총장
2 피난민을 보호하는 국군

은 마침내 무력으로써 그들의 흉악한 야망을 달성하고자 기도했던 것이다.

온 세계의 평화를 깨뜨리고 전 인류를 노예화하려는 그 무슨 가소로운 야망이냐.

그들 자신이 촬영하고 아군에게 노획된 이 화면 속에서 우리는 뚜렷하게 그들의 계획적인 만행을 엿볼 수 있으며, 평화의 파괴자가 누구인가를 판단할 수 있는 것이다. 괴뢰군이 촬영한 이 장면은 원주에 침입한 침략군의 가소로운 모습이다.

남침하는 적을 물리쳐 일부 국군은 해주시에 육박하였다.

그러나 작전상 후퇴명령을 받고 눈물을 머금으며 장래의 작전을 위

해서 후퇴하지 않을 수 없었던 것이다.

세계와 민족의 평화를 희구하는 대한민국의 동란은 세계 평화애호 국민들의 이목을 놀라게 하였으며, 한국의 평화 파탄은 그들로 하여금 세계 평화에 위협을 느끼게 하였던 것이다. 즉시로 세계 평화애호 국가들은 국제연합에 모여 세계 평화유지를 위해서 세계 자유국가의 희망을 건 이 마당에서 한국문제를 토의하게 되었던 것이다.

안보이사회는 드디어 정전을 통보하여 공산괴뢰군은 삼팔선 이북으로 철퇴할 것을 명령하였다,

그러나 말 모르는 개 무리들은 폭력을 믿으며 이 명령을 무시하고 계속 남침을 서둘렀다. 이상 참을 수 없게 되자 국제연합군은 행동을

1 국제연합
2 유엔 회의

2

©NARA

개시했다.

미국을 비롯해서 영국, 호주, 필리핀, 스코틀랜드의 각 육해공군은 한국을 향해서 출동하고 7월 6일을 기해서 연합국 지상부대의 총공격이 개시되었다.

7월 8일, 국제연합군 통일사령부가 설치됨에 따라 한국군은 유엔군으로 편입되었고, 맥아더 원수가 연합군 최고사령관으로 임명되었다.

평화의 천사 유엔군은 마침내 무기를 들고 육해공의 각 부문에서 격렬한 공격을 전개했으며 세계 평화의 원수 공산 괴뢰군을 지구상에서 소탕하기 위해서 앞으로, 앞으로 나섰다.

부산항구에는 군수품이 산적되고, 신예 무기로 무장한 연합군은 도망하는 공산군을 쫓아 노도와 같이 물밀고 나간다.

제트 비행기를 포함한 연합군 공군은 각지에서 적의 군사시설과 수송기관을 폭격하였으며 연합해군은 거대한 포로 해안의 괴뢰군사시설을 격파하였다.

자유와 평화 민족의 생사를 위해 싸우는 연합군 앞에 침략과 파괴를 일삼는 공산괴뢰군은 하잘것없이 전면적으로 퇴각을 개시하며 가는 곳마다 처참한 학살과 방화를 일삼았던 것이다.

신식 무기와 정의로써 싸우는 국제연합군 앞에 공산괴뢰군은 지탱할 길이 없어 퇴각을 계속하다 퇴각하는 그들 머리 위에는 연합군 공군의 맹격이 있으며 뒤에는 노도와 같이 밀리는 국군의 위력이 있다.

5년간 공산 괴뢰집단의 허위선전에 속고 강제로 총칼을 들고 끌려온 그들은 이제야 비로소 정의의 군대의 위력을 깨닫고 싸우는 이보다 투항을 원하게 되어 포로와 노획 무기의 수는 나날이 증가하였다.

9월 15일, 유엔군은 인천상륙작전을 전개하였다. 때아닌 함포의 은

은한 포성은 서울 상공에까지 울렸으며 함포와 00를 통해서 들려오는 상륙의 소식은 지하실 구석구석에 한 줄기 광명을 이루었다.

연합군 총사령관 맥아더 장군이 진두지휘하는 연합군의 상륙작전은 최후 발악하는 괴뢰집단을 여지없이 분쇄했으며 연합군은 두 방면에서 서울시에 육박하였다. 퇴각의 일로를 서두르는 괴뢰군 공비들은 서울시민을 강제 징발해 가지고 시가에 바리케이트를 쌓고 최후의 항전을 꿈꿨으나 물밀 같은 아군의 진격 막을 도리 없어 무기와 시체를 내버린 채 도망하며 온갖 잔악한 행동을 취했던 것이다. 마침내 9월 20일 우리 해병단은 서울시에 돌입하였다. 자유의 깃발 태극기는 아직 연기와 포성이 사라지지 않은 서울시가에 물결같이 나부꼈다.

유엔군 입성 만세. 국군 입성 만세. 동포 여러분 그동안 얼마나 고생하셨습니까. 서울시를 완전 탈환한 국군은 군악대가 연주하는 군악에 맞추어 사기도 왕성하게 시가를 행진한다. 승리의 행진은 이로써 끝나는 것은 아니다. 북으로 북으로 괴뢰집단을 소탕하고 북한 동포를 구원하기 위해서 앞으로 앞으로 나간다.

도망한 괴뢰공비들은 드디어 그들의 진상을 폭로하고 말았다. 온 서울 시민의 눈앞에 그들의 소위 민주개혁과 민주주의의 진상을 역력히 보여 주었다. 살인과 폭력과 방화 그들이 입을 벌릴 때마다 떠들던 민주주의란 죄 없는 동포를 무참히 살육하는 것이며 번화한 거리를 잿더미로 만드는 것이었다. 눈 뜨고 보지 못할 처참한 광경을 앞에 보며 온 시민의 원한과 비분은 갈 곳을 모른다. 그들에게는 민족도 없고 부모도 없는 것이냐. 부모, 형제, 자식을 잃은 슬픔은 온 겨레 가슴속에 사무친다.

무너진 벽과 흩어진 잿더미 속에 서서 우리는 무엇을 느끼는가. 폭풍

과 같이 서울을 휩쓸고 지나간 파괴와 방화와 학살, 민주주의란 그런 것은 아니다. 백성의 복리를 도모하는 모든 시설과 역사적 기념물을 파괴하고 백의민족 4천 년 역사의 예 없는 학살을 하는 것이 민주주의는 아니다. 개인의 자유를 유린하고 총칼을 들어 백성을 강제하며 암흑 속에서 독재를 노리는 그런 민주주의는 있을 수 없다.

진정한 민주주의를 아는 사람은 그들의 정체를 똑똑히 보았다. 4천 년의 장구한 역사와 민족 문화를 자랑하는 대한민국의 땅 위에서 공산괴뢰집단은 무엇을 하였는가. 보라 그들의 죄상을. 무너진 기념비석, 땅속에 잠들은 조상의 원한도 그들 위에 있으랴. 평화와 자유 속에서 조국 건설을 위해서 우리들은 대한민국 초창기부터 꾸준히 노력해 왔다. 단군의 유지를 받들고 국제연합 각국 우호 국가의 건실한 원조 밑에서 나날이 장족의 건설과 발전을 계속해 왔다. 그러나 이리떼와 같은 공산도배들의 남침으로 말미암아 아름다운 우리들의 도시가 얼마나 파괴되었으며 아까운 애국지사의 피로 산천을 물들였던가. 이제 평화가 다시 싹트는 이때 우리는 씩씩하게 재건으로, 재건으로 발맞추어 나가야 한다. 그들에게서 얻은 쓰라린 경험을 새삼스럽게 느끼며 강제와 학대 없는 조국을 재건하는 이 싸움터에 너도나도 앞서서 나가자.

마침내 진정한 민주주의의 성취는 그들 위에 떨어졌다. 석 달 동안 백성을 못살게 굴던 인민위원회 위원장의 말로를 보라. 굶주리고 학대받은 시민을 위해서 가두방송대는 갈 길을 가르쳐 주며 이제 명랑히 개인 서울 하늘 밑에 재건의 희망이 넘친다. 한편 국제연합 국가

1   유엔군
2   유엔군 입성 만세
3   길거리 어린이
4, 5 무너진 벽과 흩어진 잿더미

567

들은 우호적인 선물을 보내오니 쌀을 비롯한 구호물자는 서울시청 앞마당에 산과 같이 쌓인다.

얼굴마다 희색이 넘치며 무상으로 배급될 식량을 나르기에 매우 분주하다.

전화로 장난감을 잃어버린 어린이들에게는 새 장난감이 생겼다. 괴뢰군이 버리고 간 탱크는 어린이들의 장난감이 되었다. 전화는 북으로 사라지고 서울의 온 시민들은 자발적으로 복구사업에 발 벗고 나섰다. 언제나 슬픔과 원한에만 파묻혀서는 안 된다. 우리들은 씩씩하게 우리들의 수도를 재건해야 한다. 전기시설도 복구해야 한다. 이제야말로 백의민족의 열성과 실력을 발휘할 때는 왔다. 우리들은 아낌없이 도와주는 연합국가에 감사하며 하루바삐 통일된 대한민국 자유와 평화가 깃들은 조국을 재건하자.

수도 서울을 탈환한 우리 부대는 숨돌릴 사이도 없이 북진을 계속하고 있다. 치밀한 작전하에 공비 소탕전이 전개되어 굴속에서 저항하는 공산군에 대해서 맹렬한 기관총 공격이 벌어지고 있다. 괴뢰군은 속속 투항 귀순해 와 그 수효는 오만을 초과하였다. 한편 유엔 공군은 지상 작전에 호응해서 적을 찾아 맹렬한 총 폭격을 계속하였고 지상부대는 신예 무기의 집중 공격으로 적을 격멸하며 전진하였다.

국군은 쉴 사이도 없이 북진한다.

이천을 통과하는 국군, 공산 괴뢰의 포로와 많은 전리품을 노획하면서 진격을 계속하고 있다. 소련이 자랑하는 장거리포는 국군의 웃음

---

1   중앙청 앞
2   건물 외벽을 청소하는 사람들
3, 4 압송되는 사람들
5   서울시청 앞마당에 쌓인 구호물자들

을 사고 있다.

한편 적십자사도 출동해서 무료봉사로 치료하고 있어 국민의 감격을 자아내고 있으며 포로도 차별 없이 온정으로 대하고 있다.

피땀의 전투 가운데서도 한가로운 때가 있으니, 이제 위안회가 벌어져 즐거움에 도취하고 있다. 군가 가요곡으로 피로의 회복과 사기를 돋우며 내일을 대비하는 것이다.

다시 진격명령이 내려 우리 부대는 괴뢰집단의 수도 평양으로, 평양으로 노도와 같이 물결쳐 들어가고 있다. 이제 삼팔선은 국경선이 아니라 지리상의 위도에 불과하고 또한 그들의 침공으로 말미암아 자연 소멸되고 만 것이다. 이제 조국 통일과 자유 평화를 어깨에 짊어지고 국군은 산을 넘고 물을 건너 공산군을 소탕하면서 정의의 걸음을 쉬지 않고 있다.

최후의 발악을 하다가 쓰러진 괴뢰군의 시체가 길가에 늘어져 있는가 하면 무고한 양민과 애국자 기독교 신자를 교회당에 넣고 불 질러 학살한 천인공노할 만행을 볼 수 있다. 애국자에 대한 그들의 만행은 이루 헤아릴 수 없지만, 이 참극을 눈을 뜨고 눈물 없이 볼 수 있으리요. 이것이 소위 그들이 말하는 민주혁명이라는 것이다.

살인폭풍이 지나가 이제야 가족 친족의 시체를 운반 정리하고 있다.

포로는 늘어나고 피난민은 국군의 진주를 맞이해서 집을 찾아 돌아오고 있다.

앞으로 평양까지 86킬로, 찬연 무쌍한 우리 부대는 악전고투, 강을 건너며 전과를 확대하고 있다. 가는 길에는 승리와 환영만이 기다리고 있는 것이다. 평양으로, 평양으로 정의의 진군은 계속되고 있다.

마침내 국군 제5816부대는 10월 18일 평양 동남방, 유엔군 4개 사단

1 북진을 계속하는 국군
2 시체를 수습하는 사람들

©NARA

호주군과 합류한 영국 제27여단은 평양에 집결하여 마의 도시를 총공격하였다. 항공기는 강변을 폭격하고 전투기는 철도 요충을 목표로 기총을 퍼부어 적의 저항을 봉쇄하였다. 지상에 기관총 발사 신예무기 발사 또한 계속되는 폭격으로 그들이 무력을 해제하였다.

평양은 눈앞에 닥쳐왔다. 역사와 명승을 지닌 을밀대가 평화의 사업을 고대하고 있다. 평양의 길목 대동교 드디어 정예 무비한 국군과 유엔군은 10월 19일 상오 11시 18분에 평양시가를 전격적으로 돌입, 오후에 평양을 완전히 탈환하였다. 소련의 앞잡이 김일성이가 5년간 암흑정치를 펴고 일천만 북한 동포를 못살게 하던 평양은 정의의 진격으로 마침내 탈환되었다. 이제 괴뢰집단의 아성이던 건물에는 태극기가 나부끼고 있다. 패전을 거듭하던 공산괴뢰군은 평양에서 일

대 공방전을 꾀하던 것도 허사로 돌아가고 평양은 평화의 길로 소생의 길을 걷고 있다. 김일성 도당은 이미 행방을 감추었고 추한 그들의 잔행만이 늘비하다. 이제 태극기를 백두산 상상봉에 꽂을 때까지 정의의 진격은 계속될 것이다.

맥아더 장군의 치밀한 계획과 과감한 작전으로 숙천과 희천 사이에 낙하산 부대를 투하하고 있다. 산설고 물설은 이 땅에 와서 그들은 오로지 민주와 자유 세계를 위해서 창공에 몸을 던지는 순간이다. 자유의 백화가 창공에 만발하니 삼천리강산에 새로 찾아온 역사의 봄이 아니면 아닐 것이다. 국제연합의 실력은 착착 증명되며 전쟁에 결합한 국제연합 각 우호 국가는 앞으로 평화로의 결합을 굳게 하며, 세계 평화의 열매를 맺을 것이다.

1 무너진 대동교
2 숙천과 희천 사이에 투하된 낙하산 부대

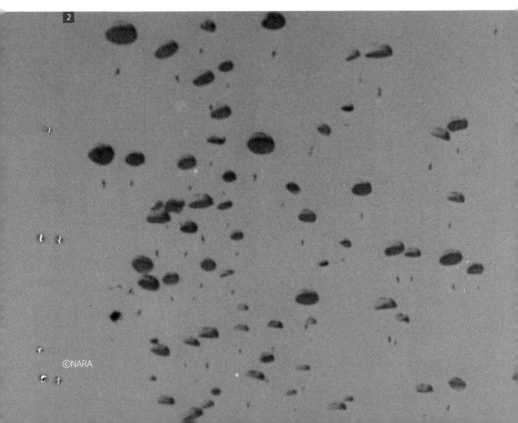

2

©NARA

우리는 영상을 찾고 있습니다

KBS 현대사 아카이브팀이 2020년부터 지속적으로 발굴, 수집해 온 영상은 약 1,400개(11,000분 분량). 우리는 이 기록이 자료실 선반, 학자의 연구실에만 묻혀 있어서는 안 된다고 생각했습니다. 한국 현대사를 모두가 더 생생하게 보고 느낄 수 있기를 바랐습니다. 이에 KBS 현대사 아카이브팀은 2023년부터 '모두가 공유하는 역사'를 목표로 대한민국 역사박물관과 협업해 온라인 기록영상 아카이브 플랫폼인 〈움직이는 현대사: 선명한 역사(archives.kbs.co.kr / archive.much.go.kr)〉를 구축, 영상을 일부 공개하고 있습니다. 이용자에게 더 정확한 정보를 제공하고자 영상을 해제하고 정보를 정리하는 작업에 시간을 많이 쏟고 있어 영상이 순차적으로 공개되고 있지만, 언젠가 전량 공개할 수 있기를 바라고 있습니다.

수집한 영상의 정보를 정리하는 것은 〈움직이는 현대사: 선명한 역사〉 플랫폼의 시스템 구축 면에서도, 앞으로 찾을 영상이 무엇인지 가늠해 보는 데도 중요합니다. 가까운 과거 시기 우리 경험을 담고 있는 영상에 정확한 정보가 더해진다면 우리가 어떻게 한 시대를 살아왔는지, 우리가 누구인지를 더 잘 알고, 이해할 수 있을 것입니다. 〈움직이는 현대사: 선명한 역사〉는 이렇게 정리된 정보를 통해 시대별, 위치별, 주제별로 영상들을 분류해 플랫폼에 접속한 이용자들이 관심에 맞게 영상을 찾아볼 수 있도록 제공합니다.

이미 수집해 실물로 가지고 있는 뉴스영화가 무엇인지 파악하고 각각의 정보를 정리하면서, 우리는 앞으로 무엇을 더 찾아야 할지도 가늠할 수 있었습니다. 1945년부터 1950년 사이, 해방 정국에서 6·25 전쟁 발발까지의 한국 현대사에서 가장 중요한 시기를 다룬 〈해방뉴스〉, 〈시보〉, 〈전진조선보〉, 〈전진대한보〉 등 네 종류의 뉴스영화에서 찾지 못 한 빈 호(號)를 정리할 수 있었습니다.

1945년 8월부터 1947년까지를 다루는 〈해방뉴스〉는 일본판, 영미판 등 다양한 판본이 존재하지만, 국내에서 제작, 편집, 공개된 조선영화사 제작 〈해방뉴스〉 14편은 아직 실물을 발견하지 못하고 있습니다. 1945년 8월부터 1946년 10월까지의 〈해방뉴스〉는 일본판과 영미판 내용으로 어느 정도 추정이 가능합니다. 1946년 10월부터 1947년까지의 〈해방뉴스〉를 더 찾아야 합니다. 미군정청 공보과 제작 뉴스영화 〈시보〉는 1946년 1월부터 1947년 12월까지를 다룹니다. 전체 28호가 제작됐으나, 실물로 수집된 것은 4개 호에 불과합니다. 24편을 더 찾아야 합니다. 〈전진보〉는 제작 주체가 미 공보원에서 대한민국 공보처 영화과로 바뀌고, 제목도 〈전진조선보〉에서 〈전진대한보〉로 바뀌지만, 호수는 이어집니다. 〈전진보〉 전체 54호 중 실물이 수집된 것은 30여 호로, 20여 편을 더 찾아야 합니다.

더 찾아야 하는 것은 뉴스영화의 빈 호(號)뿐만이 아닙니다. 관련 문서를 공부하면서 '있을 것 같다'라고 기대되는 영상들, 예상치 못하게 어디엔가 숨어 있는 영상들도 여전히 우리가 찾고 있는 대상입니다. 뉴스가 되지 못한 푸티지 영상들, 미군 노획 필름에 포함되지 않은 과거 북한이 제작한 영상도 어딘가 있을 것이라고 믿고 있습니다. 세계 곳곳 어딘가의 아카이브에, 혹은 국내 어딘가의 창고에서 먼지에 덮여 있을 해방 정국의 뉴스영화들과 영상 기록물들이 하루빨리 빛을 볼 수 있기를 기대합니다.

■ 영상물의 원소장처

구분	제목	원소장처
뉴스영화	해방뉴스 일본판	고베영화자료관
	해방뉴스 영미판(서울영화주식회사 뉴스영화)	University of Southern California Korean Heritage Library
	시보	National Archives and Records Administration
	전진조선보	KBS
	전진대한보	KBS
	전진대한보 42호(추정)	John E. Allen, Inc.
	Telenews	Sherman Grinberg
	Universal News	National Archives and Records Administration
	조선시보	National Archives and Records Administration
기록영화	고 백범 김구 선생 국민장의식	KBS
	대한민국 임시정부 주석 고 백범 김구 선생 국민장	KBS
	전 대한민국임시정부 고 백범 김구 주석 국민장의	KBS
	남북연석회의	National Archives and Records Administration
	인민군대	National Archives and Records Administration
	8·15	National Archives and Records Administration
	건국투쟁사	KBS
	해방조선을 가다	미디어 한국
	소련 기록영화	Chronos film
미군 영상	ADC	National Archives and Records Administration
	MID	National Archives and Records Administration
기타	여순사건	Chronos film
	대한영화통신	KBS
	Voice of America	National Archives and Records Administration

▤ 참고 자료(기록물)

- 국립중앙도서관 신문 아카이브
- 국사편찬위원회 한국사데이터베이스

해방 한국 1945~1950

초판 1쇄 인쇄 · 2024. 8. 7.
초판 1쇄 발행 · 2024. 8. 15.
—

엮은이　　김형석·이상아
발행인　　이상용··이성훈
발행처　　청아출판사
출판등록　1979. 11. 13. 제9-84호
주소　　　경기도 파주시 회동길 363-15
대표전화　031-955-6031 팩스 031-955-6036
전자우편　chungabook@naver.com
—

ⓒ 김형석, 이상아, 2024
ISBN 978-89-368-1243-0 03910
—